체르노빌 오염 지역 안으로 들어가는 입구에는 검문소가 있다. 아무나 갈 수 없는 곳. 26년이 지난 지금도 체르노빌은 죽음의 땅이다.

체르노빌의 최근 방사능 수치와 통제 구역의 지도가 입구에 서 있다. 여전히 방사능 수치는 인간이 살기 어려운 수준이다.

극장과 쇼핑센터가 보이는 프리피야트의 광장. 없던 나무가 뻗었고, 돌이끼가 아스팔트를 덮어가고 있다. 더 이상 사람이 살지 않는 유령도시는 세기말의 모습 그대로 그곳에 남았다.
ⓒ Ihor Burliai/Shutterstock.com

'석관'이 보이는 체르노빌 발전소 앞. 아직도 방사능 수치는 0.7마이크로시버트. 결코 낮은 수치가 아니다.

사고 후 '청소' 작업에 투입된 차량은 아직도 통제 구역 안에 남아 있다. 바퀴에서는 여전히 높은 수치의 방사능이 검출된다. ⓒ 남종영

프리피야트에서 바라본 체르노빌 발전소. 석관을 씌운 4호기 왼편의 5호기와 6호기는 사고 당시 건설 중이었지만, 높은 방사능으로 건설이 중단되었다.

'석관'을 씌운 4호기에 그들은 '승리'를 기념하며 이름을 새겨넣었고, 기념조형물도 세웠다. 하지만 이는 영원히 계속될 싸움의 시작에 불과했다. ⓒ Hellen Sergeyeva/Shutterstock.com

인근 마을 파리쉬브의 다리에서 멀리 체르노빌 발전소가 보인다. 사고가 발생한 새벽, 이곳에서 마을 사람들은 터져나오는 방사능 불꽃을 구경했다.

통제 구역 안에는 '공식적'으로 사람이 살지 않는다. 하지만 사고 후 떠났다가 돌아온 사람들은 그곳에서 쉽게 만날 수 없는 가족을 그리워하며 생을 이어가고 있다.

발전소에서 얼마 떨어지지 않는 파리쉬브 마을의 할리나 아브첸코라(74세) 할머니. 농사를 짓던 할머니의 남편은 사고 후 발전소에 물을 공급하는 청소 요원으로 투입되었다. 그리고 돌아가셨다.

통제 구역 안 파리쉬브 마을의 노부부. 키예프의 임시 피난처로 떠나야 했지만 정부의 보상도 거절하고 태어나고 자란 위험한 고향으로 돌아왔다. 그들에게 '고향'은 어떤 곳일까. 이반 이바노비치(74세, 왼쪽), 마리아 콘드라트바나(72세)

고향으로 돌아왔지만 예전의 고향은 젊음과 함께 사진 속으로 사라졌다.

체르노빌 사고 당시 희생된 소방관을 기리는 추모비. 사고 후 가장 먼저 달려온 이도, 가장 먼저 죽어간 이도 그들이었다.

녹슨 장난감은 아이들을 잃었다. 침대도, 건물도 주인을 잃고 유령처럼 프리피야트에 남았다.

프리피야트의 연인들, 가족들의 웃음소리가 있었던 곳에는 지금 삐걱거리는 기계소리밖에 남지 않았다.
ⓒ 남종영

'백러시아는 검은 적이 있었다.' 국토의 4분의 1이 방사능에 오염되어버린 벨라루스의 아이들은 누구도 쉽게 '체르노빌'을 입에 담지 않는다.

체르노빌은 아이들에게 지울 수 없는 상처를 남겼다. 집이 폐쇄되고, 경고 문구가 나붙었다. 그리고 다른 곳으로 떠나야 했다. 벨라루스의 아이들이 그린 그림.

체르노빌의 기억은 철조망으로 둘러싸인 마을뿐만이 아니었다. 시간이 흐르면서 아이들은 갑상선 암을 비롯한 다양한 질병에 시달리게 되었다.

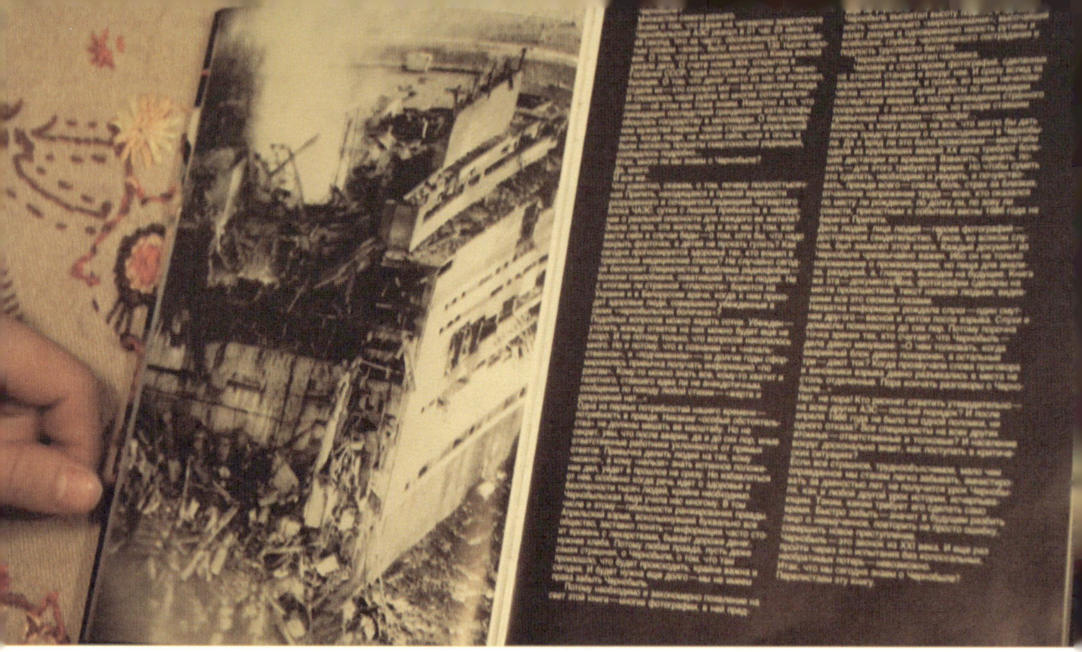

체르노빌 사고 수습의 총책임자였던 핵공학자 레핀 박사는 당시의 사진과 함께 그날을 회상했다. 그리고 노학자는 단호하게 말했다. "핵발전은 절대로 하지 말아야 한다."

부서진 체르노빌 발전소의 모습, 무너져버린 4호기 발전소의 모습이 또렷이 보인다. 침묵의 살인자는 이 곳에서 세상으로 풀려나왔다. 그리고 발길이 닿는 곳마다 살아 있는 모든 것을 바꾸어놓았다.

우크라이나의 체르노빌 박물관 입구에는 사고로 사라진 마을의 이름이 나열되어 있다. 얼마나 많은 사람들이 고통 속에 고향을 떠나야 했을까.

매년 4월 26일 새벽 1시에는 체르노빌 추모 행사가 열린다. 희생자의 이름이 새겨진 체르노빌 성당에서 열리는 행사에 정교회 대주교를 비롯한 유명 정치인들까지 참가한다.

체르노빌 박물관에는 당시 사고 수습을 위해 투입되었다가 사망한 희생자들의 모습이 가득하다. 그들의 편지와 옷, 지도 등의 소소한 물품까지 전시되어 있다.

체르노빌 성당에 새겨진 희생자들의 이름. 채소를 팔던 농부도, 어린 병사도, 소방관도, 노동자도 그곳에 깊은 상처로 새겨져 있다.

사고 당시 체르노빌 4호기 중앙제어실 근무자. 죽어간 중앙제어실 근무자들과는 같은 마을에 살았다.

그도 텔레비전을 통해 후쿠시마 사고를 보았다. 안전을 자랑하는 핵발전소 노동자의 자부심은 타오르는 붉은색으로 기억되었다.

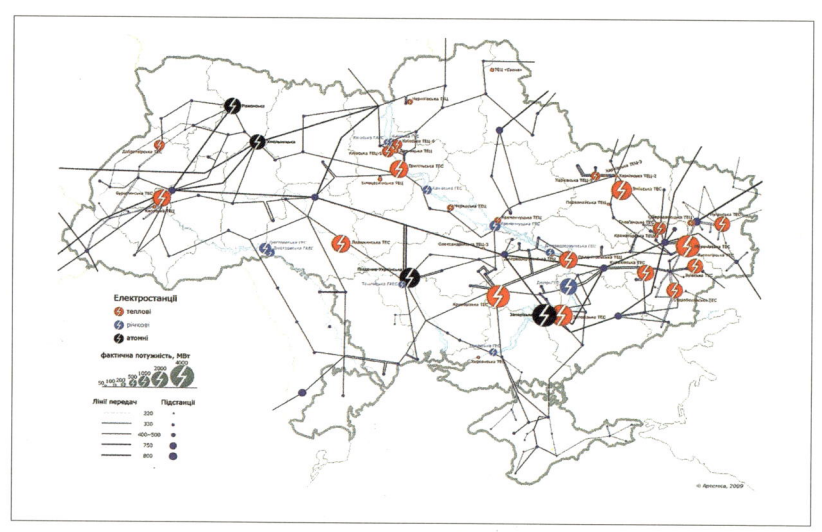

우크라이나는 여전히 핵발전소를 운영하고 있다. 우크라이나 정부 예산의 상당 규모를 지출해야 하는 체르노빌의 후유증에도 불구하고 핵발전소를 확대하려는 계획은 중단하지 않고 있다.

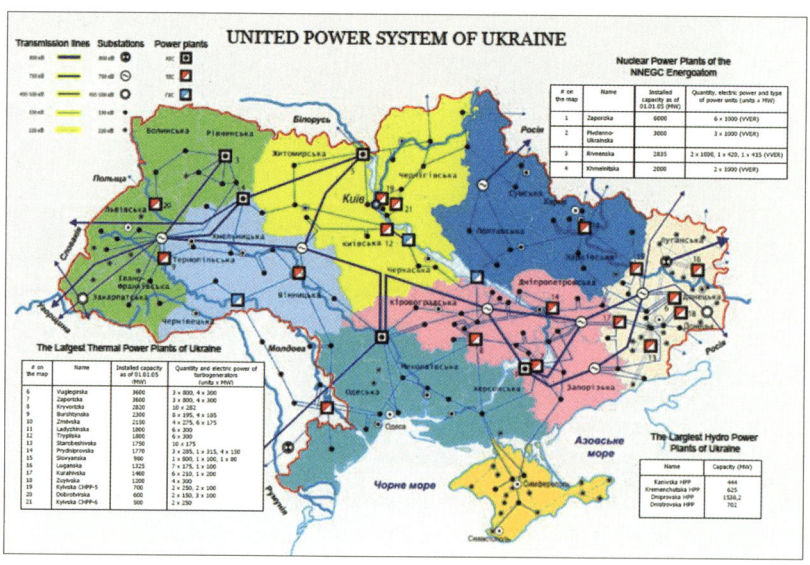

갓 스무 살의 어린 소련 병사들이 '청소'를 위해 사고 현장에 투입되었다. 그들에게 주어진 것은 '영웅' 칭호와 100루블이었다. 인간이 들어가서는 안 되는 그곳에 투입된 그들은 이제 기념 조형물로만 남았다.

'체르노빌 전투'는 '석관'의 완공으로 승리한 것처럼 보였다. 하지만 녹아버린 핵연료는 여전히 죽음을 내뿜고 있다. 앞으로 수만 년이 지나도 그렇게 남아 있을 것이다. 여기저기 무너지고 있는 석관은 이제 새로운 강철 지붕으로 씌워질 예정이다. 강철 지붕의 수명은 100년이다. 하지만 100년 후에도 체르노빌의 죽음은 사라지지 않을 것이다.

3월 15일 저녁 미야기현 센다이시 미야기현청 2층에 마련된 대피소. 연락이 두절된 이산 가족들을 찾아주는 프로그램을 지켜보는 주민들. ⓒ 최형락

'후쿠시마는 좌절하지 않는다!' 후쿠시마 시 거리의 현수막.

삶의 터전을 버리고 임시 피난처로 떠나왔지만 삶은 계속된다. 임시 피난처에서 익어가는 곶감은 방사능에 안전할까.

행운을 기원하는 고양이 스티커와 '힘내라! 후쿠시마'가 쓰인 문패를 단 임시 피난처.

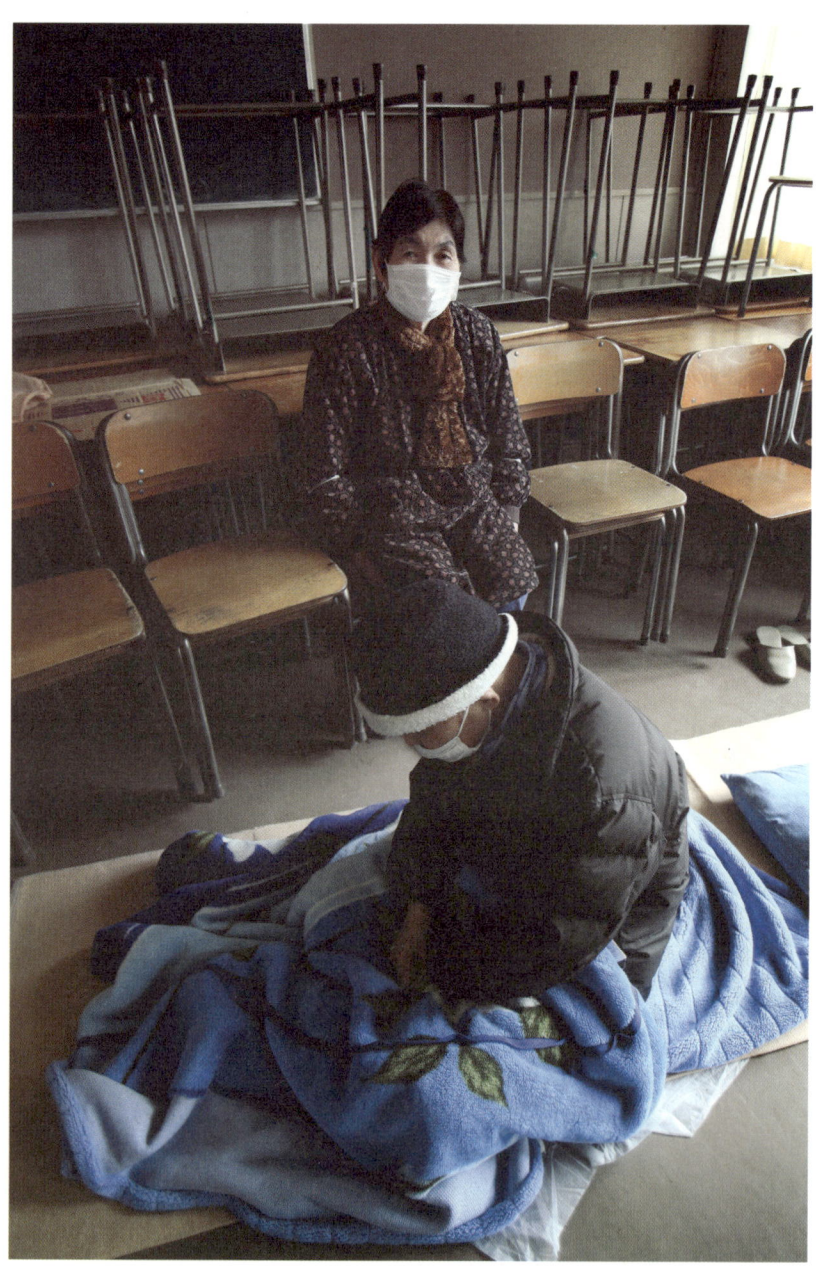

3월 16일 미야기현 히가시마츠시마(東松島)시의 이시노마키니시(石卷西) 고등학교 대피소의 피난민 부부.
ⓒ 최형락

그들이 세상과 유일하게 통할 수 있었던 것은 작은 라디오 하나뿐이었다. ⓒ 최형락

사람들이 모두 떠난 방사능 오염 통제 구역. '청소' 요원들이 방사능 제거를 위해 그곳에 투입되어, 지붕을 닦고 방사능을 측정하는 일을 반복하고 있다.

다시 돌아갈 수 있을까. 그 교실로, 그 골목으로, 그 집으로. ⓒ 최형락

후쿠시마 사고 후 열린 요코하마 탈원전세계회의의 열기는 뜨거웠다. 참가자들이 각종 반핵 포스터를 둘러보고 있다.

2012 요코하마 탈원전세계회의에 후쿠시마 인근 마을의 아이들이 참가했다. 아이들의 눈물은 누구의 탓인가.

데뷔 20년차의 유명 아이돌 '제복향상위원회'도 요코하마 탈원전세계회의를 찾았다. 소녀들은 반핵의 메시지를 노래에 담았다.

그들은 노래했다.
"안전하다면 당신이 살면 되죠."

후쿠시마 인근의 어린이들에 대한 방사능 피폭 허용량이 상향 조정되었다. 그리고 일본 경제산업성 앞에는 후쿠시마의 아이들을 지키려는 어머니들의 농성 텐트가 세워졌다. 에다노 유키에 경제산업성 대신은 농성장의 철거를 명령했지만 엄마들은 움직이지 않았다. 90대의 할머니도 아이들을 위해 거리에 나섰다.

도쿄 시의 대학생들이 오염된 마을 미나미소마를 위한 엽서를 보냈다. 희망을 잃지 말라는 '해바라기'가 각지에서 모여들었다. 아주 긴 시간 동안 방사능과 싸워야 할 사람들에게 태양을 바라보는 해바라기는 어떤 의미일까.

체르노빌 후쿠시마 한국

체르노빌 후쿠시마 한국

강은주 지음

Archive

| 차례 |

프롤로그 · 9

1 체르노빌 19
1986년 4월 26일, 체르노빌

인터뷰 체르노빌, 2011년 4월 68

그날 오후에는 3만 5000명의 주민들이 봄날의 평화로운 토요일을 즐기고 있었다. 이미 방사능 수치는 평균치보다 400배가 넘고 있었다. 그들이 보고 느끼고 숨 쉬고 살아가는 모든 것들이 오염되었다. 보이지도 느껴지지도 않는, 인간의 오감으로는 절대로 인지할 수 없는 침묵의 살인자들은 순식간에 그들을 덮쳤다. 입고 있는 옷, 정원의 잔디, 바람에 날리는 꽃잎, 햇살에 반짝이는 나뭇잎, 집안의 모든 살림들 그리고 피부까지 모두가 방사능에 오염되었고, 그들의 생명을 단축시키고 있었다. 그들이 살았던 집과 가구와 가재도구들은 이제 영원히 누구도 쓸 수 없게 되었다. 터져버린 발전소에서는 방사능이 뿜어져나오고 있었지만, 어떤 경보도 주의 조치도 이루어지지 않았다.

2 후쿠시마 101
2011년 3월 11일, 후쿠시마

인터뷰 후쿠시마, 2012년 1월 146

정부의 '안전하다'는 말을 믿어서든, 혹은 떠나지 못하는 다른 이유 때문이든 후쿠시마에는 여전히 사람들과 아이들이 남아 있다. 사람들은 죽음의 공기 속에서 아이들에게 무엇을 어떻게 해주어야 하는지 모른 채 남아 있다. 후쿠시마에서 태어났고, 자랐으며, 땅을 일구고, 바다를 바라보며 후쿠시마를 사랑하고 사랑하는 법을 아이들에게 가르치던 사람들은 이제 그곳이 영영 아이들을 기를 수 없는 땅이 되어버리는 현실을 바라보고 있다. 너무나 당연하다고 믿었던 공기와 물은 이제 아이들의 목을 겨누는 날카로운 칼날이 되어버렸다.

3 한국　　　　　　　　　　　　　　　　　　　　　171
2011년 3월 11일, 후쿠시마 이후 한국

인터뷰 한국, 2012년 1월　　　　　　　　　　　　　218

찬반으로 나뉜 주민들은 서로간의 심각한 집단폭력과 따돌림에 시달려야 했으며, 소소한 갈등은 크게 번졌고, 법적 공방은 늘어났다. 이 기간 동안 공동체는 완전히 파괴되었다. 대대로 협동과 신뢰를 바탕으로 같은 바다를 일구고 같은 배에서 생사고락을 함께하던 가난한 어촌 마을은 불신과 미움의 공기로 가득 찼다. 길고 긴 재판 과정은 그들을 더욱 깊은 상처로 내몰았다. 평화로웠던 어촌 마을은 깊게 파인 상처만 남은 침묵의 마을이 되었다.

에필로그 · 230

저자 후기 · 254

세계의 핵발전소

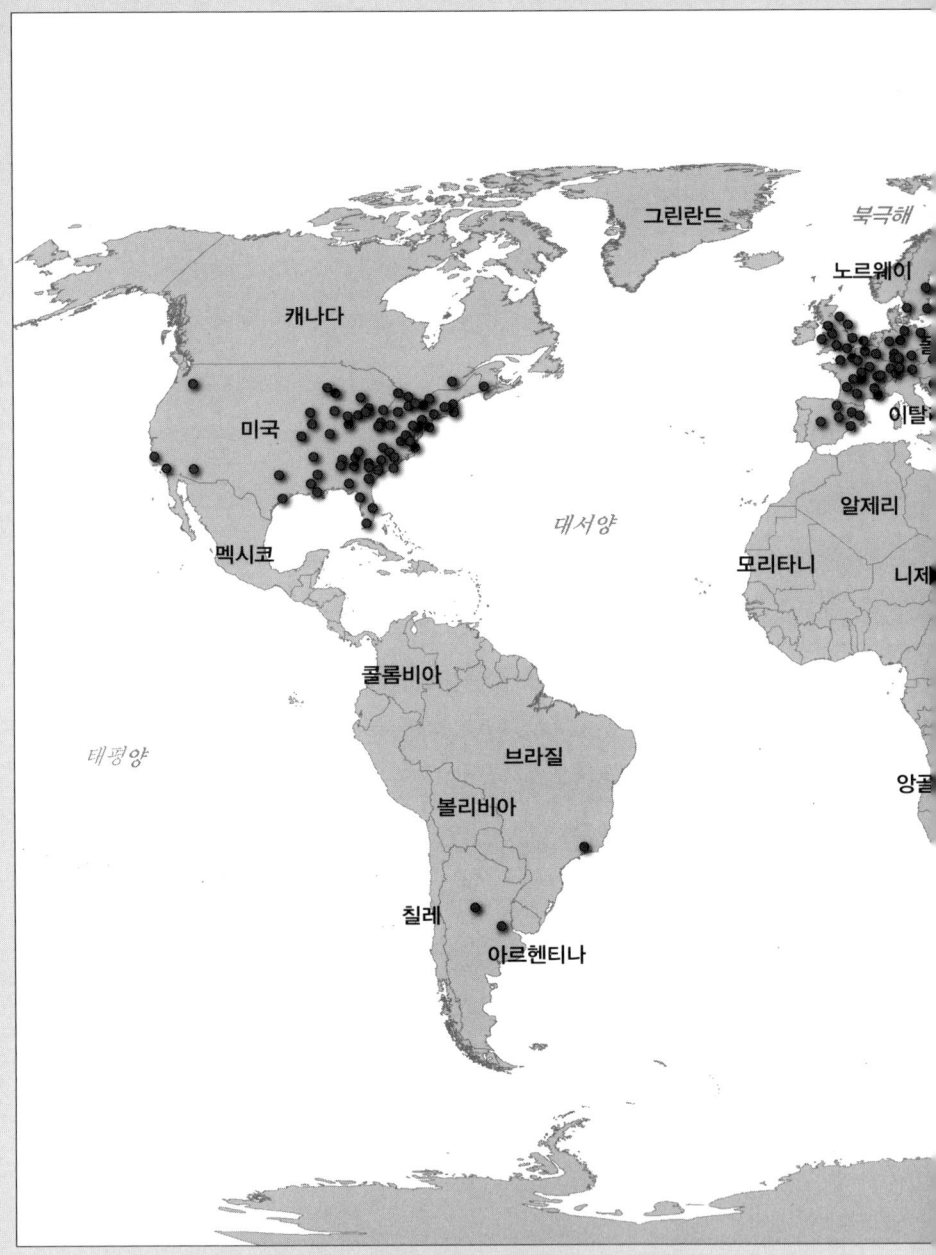

일러두기

본문에 자주 나오는 각종 단위입니다.

뢴트겐(Roentgen, R)
- 1928년부터 사용한, 조사(照射)된 방사선량의 총량을 나타내는 단위.
  방사선의 종류에 따라 인체에 미치는 영향이 달라 이를 조정한 렘 단위를 주로 사용

렘(Roentgen equivalent, rem)
- 방사선의 위험을 정확히 나타내기 위해 흡수선량에 해당하는 방사선의 상대적인 생물학적 효과를 곱하여 조정한 단위
- 1mSv=100mrem

시버트(Sivert, Sv)
- 생체에 피폭되는 크기를 나타내는 단위

그레이(Gray, Gy)
- 방사선 흡수선량의 단위. 방사선 흡수선량은 사람 등의 조직이 실제 흡수한 에너지 양
- 1kg의 물질에 1줄(Joule)의 방사 에너지가 흡수될 때의 방사선량을 1그레이로 정의(J/kg)
- 흡수되는 방사선에 대해서는 그레이, 조사량에 대해서는 시버트로 표기

래드(rad)
- 방사선 흡수선량을 나타내는 단위
- 1rad=0.01Gy

베크렐(Bq)
- 방사능의 양을 표시하는 단위
- 1베크렐은 1초에 하나의 원자핵이 붕괴하여 발생시키는 방사선이 갖는 방사능 양

큐리(Ci)
- 인체에 흡수되는 방사선량을 나타내는 단위
- 1Ci는 1g의 라듐이 내는 방사능 값
- 1Ci = 3.7×10^{10}Bq

프롤로그

'콘센트 너머에 원전이 있다'

2011년 3월 11일 이전과 이후, 많은 것이 달라졌다. 일본에 지진이 일어났다는 소식이 들렸다. 얼마 지나지 않아 '도쿄전력 후쿠시마 제1발전소가 위험'하다는 소식이 타전되었다. 그리고 핵발전소가 폭발했다. 연이은 발전소의 폭발 소식은 형언할 수 없는 공포였다. 격납용기 안에 갇혀 있던 죽음은 통제할 수 없는 공간으로 풀려나왔고, 알 수 없는 죽음으로 내몰 것이었다. 그리고 1년이 지났다. 시간이 지나면서 후쿠시마는 우리나라 사람들의 기억 속에서는 조금씩 잊히고 있다. 간간이 들려오는 뉴스는 국내의 바쁜 정치 뉴스에 묻힌다. 후쿠시마는 지금 어떤 모습일까. 방사능에 오염된 지역의 사람들은 어떻게 살고 있을까.

2012월 2월 20일 후쿠시마 사고 현장이 기자들에게 공개되었다.

2011년 12월 원자로의 온도가 100도 이하로 떨어지는 냉온 정지 상태가 되었다고 했지만, 후쿠시마 발전소 인근의 방사능 수치는 여전히 살인적이었다. 기자들에게 허용된 취재 시간은 15분이었다. 가장 손상이 큰 3호기 인근은 버스 안에서도 시간당 1500마이크로시버트를 기록했다. 현장은 3000마이크로시버트에 육박한다고 했다. 연간 피폭 허용량을 훌쩍 넘고도 남는 수치다. 추운 날씨에 냉각수 호스가 얼어 보온재로 호스를 감싸가며 물을 부어대고 있다. 이 일은 기계가 하지 않는다. 지진과 쓰나미로 집을 잃은 농부들, 가난한 일용직 노동자들, 도쿄전력의 하청 노동자들이 하고 있다. 방호복을 입었다고 하지만 방사능은 앞으로 그들의 생에 어떤 영향을 미칠지 아무도 모른다.

후쿠시마 사고를 피해 다른 곳으로 전학 간 아이들은 왕따를 당하고 있고, 후쿠시마 번호판을 달고 있는 차량은 기피 대상이 된다. 후쿠시마에 살았다는 이유로, 현장 수습요원으로 일했다는 이유로 그들은 건강과 삶뿐 아니라 타자와의 관계마저 단절당하고 세계에서 지워질지도 모른다. 체르노빌에서도 그랬다. 인근 마을의 주민들은 임시 피난처에서 도시 빈민으로 떠돌아야 했고, 청소 인력으로 투입된 사람들은 여전히 힘든 삶을 이어나가고 있다. 최근까지도 그들이 대규모 집회를 열어 자신의 목소리를 세상에 알렸던 것은 그 때문이었다. 사람들은 쉽게 잊는다. 밀양의 초고압 송전탑을 7년째 반대해왔지만, 세상 사람들이 관심을 가진 것은 70대 노인이 몸에 불을 붙이고 나서였다. 이전까지 사람들에게는 그저 노인들의 '님비' 그 이상도 그 이하도 아니었다.

우리는 '온실가스 없는 청정에너지 원자력'이라는 단어에 매우 익숙하다. 고등학생들이 배우는 교과서에조차 "지구온난화를 막기 위한 중요한 대책으로는 이산화탄소가 배출되지 않는 방식의 발전소를 세우는 것이 있다. 현재 원자력발전소가 이에 속하며" 등의 내용으로 채워져 있다. 이는 연간 100억 원의 홍보비를 사용하는 원자력문화재단의 힘이다. 해마다 재단은 교과서를 샅샅이 살펴 부정적인 내용을 수정해 달라는 요청을 한다. 2011년 교과서(최운식 외,《고등학교 경제지리》)는 333건을 수정 요청하여 65건이 수정되었다. 최근에는 차세대 주력 사업인 원자력발전소를 아랍에미리트에 수출한 성과도 포함되었다.

교과서 위주로 충실히 공부한 우리들은 '착한 에너지 원자력'을 기억하게 될 터이다. 하지만 교과서라고 모두 '진실'을 담고 있는 것은 아니다. 본문에는 '핵'이라는 단어를 사용하지 않았다. 핵무기와 핵폭발 등 '핵'이라는 단어가 주는 부정적 인상을 애써 지우려는 '원자력'이라는 단어는 정부가 사용하는 공식 용어이다. 방사능 폐기물 처리장은 '원자력환경관리센터'라는 이름으로, '수명 연장'은 '계속 운전'이라는 그럴싸한 이름으로 사용한다. 핵분열을 거쳐 에너지를 동력으로 전기를 생산하는 발전소의 이름은 핵발전소가 옳다. 그럼에도 '원자력'이라는 단어를 고집하는 것은 노동자라는 단어가 싫어 근로자로 사용하는 것과 다르지 않다.

제2차 세계대전의 끝은 인류가 낳은 재앙의 기술과 함께였다. 히로시마와 나가사키에 떨어진 핵폭탄은 인류가 기술의 발전이라는 이름으로 어떤 괴물을 꺼냈는지 세상에 알렸다. 일본은 세계 유일의 핵폭탄 피폭 국가가 되었다. 그런 일본이 세계 3위의 핵발전 운영 국가가 되었다. 100퍼센트 안전하게 운영되었기 때문에? 그렇지 않다. 핵발전소와 관련된 사고로 사람이 죽거나 다친 일은 후쿠시마 이전에도 있었다.

1999년 9월 30일 이바라키 현 도카이무라의 (주)JOC가 운영하는 핵연료 가공 공장에서 '임계사고'가 일어났다. 핵분열은 연쇄반응이지만 핵발전소에서는 연쇄반응을 제어한다. 임계사고란 이 연속적 핵분열을 제어하지 못한 사고를 뜻한다. 도카이무라의 사고는 핵분열을 인간의 뜻대로 제어하지 못했던 사고였고, 국제원자력 사고 등급 중 4단계로 기록되었다. 사고가 발생하고 10킬로미터 내의 주민들에게 피난 권고와 옥내 대피령이 내려졌다. 하지만 700명에 가까운 사람들이 방사능에 피폭되었다. 가장 많은 피폭은 역시 노동자들이었다. 오우치 히사시(당시 35세)는 현장에서 그대로 쓰러졌다. 이바라키 현의 가장 큰 병원인 미토 병원으로 실려 갔지만, 병원은 '방사능으로 오염된 피폭자의 진찰을 거절'했다. 결국 지바 시의 방사선의학종합연구원으로 이송되었다. 검진 결과는 '이제 살릴 수 없다'는 것이었다. 그는 도쿄대학병원으로 다시 옮겨졌다. 쓰러진 후 그의 상태는 어떠했을까. 햇볕에 탄 듯한 약간의 붉은 반점 외에는 특별한 외상도 없었다. 하지만 한 달이 지난 뒤 모든 피부가 무너져내렸다. 내장도 뼈도 혈액도 모두 무너졌다. 그는 83일 후 사망했다. 그를 유지했던 것은 그의 몸이 아니라 엄청난 양의 마약성 진통제뿐이었다.

일본 정부는 2011년 12월 21일 후쿠시마 핵발전소의 폐로를 위한 중장기 로드맵을 승인했다. 녹아버린 핵연료를 수거하고 발전소를 해체하는 데 40년가량이 걸릴 것으로 예측했다. 40년이 지난다 해도 안전을 장담할 수는 없다. 물론 10년가량은 핵연료의 온도가 상승하지 못하도록 냉각수를 주입하는 미련한 짓을 계속해야 할 것이다. 몇몇 부자들은 일본의 서쪽 도시로 거주지를 옮기고, 인터넷에서는 귀 없는 토끼 사진과 아이들의 손톱이 빠진다는 괴담인지 진실인지 모를 이야기가 떠돌고 있다. 일본산 식품의 안전성 우려로 앞으로 오랜 시간 동안 일본은 식료품 수출에 제한을 받을 것이다. 후쿠시마 사고의 수습을 진두지휘하던 제1발전소 소장은 병을 이유로 사임했다. 후쿠시마산 농산물을 공개적으로 먹던 방송인은 급성 백혈병을 얻었다. 후쿠시마는 이제 고작 1호기의 외벽을 씌우는 데 성공했을 뿐이다.

후쿠시마 현 스카가와 시에서 30년간 유기농업을 일구던 예순네 살의 농부가 자살을 했다. 그리고 소를 키우던 50대의 농부가 헛간에서 스스로 목을 맸다. 우유를 짜서 버리기를 반복하고, 키우던 소 30마리를 처분한 그는 헛간 벽에 유서를 남기고 스스로 목숨을 끊었다. 그가 살던 이다테무라는 낙농으로 유명한 마을이었다. 그리고 유기농업과 에코 주택으로 친환경 마을을 가꾸던 곳이었다. 하지만 지금 그곳은 누구도 살 수 없는 마을이 되었다. 헛간 벽에 분필로 새겨 쓴 그의 유서는 '핵발전소만 없었더라면'이었다. 피난 이후 반경 20킬로미터의 주민들은 두 번, 30킬로미터의 주민들은 한 번 자신이 살던 집을 찾았을 뿐이다. 떠난 사람들은 앞으로 수십 년 동안 고향으로 돌아갈 수 없을 것이다. 그들은 고향에 찾아와 제일 먼저 부모의 무덤을 찾아갔다.

사고 이후 자녀들이 코피를 흘리고 복통을 호소했다는 부모들, 형편이 여의치 않아 이사도 전학도 쉽지 않은 사람들은 울분을 토했다. 후쿠시마의 작은 마을에 최첨단 신기술 공장이 들어온다고 했을 때만 해도 사람들은 '꿈같은 일'이라고 기뻐했다. 경제가 발전하고 사람들이 늘어나는 활기찬 마을이 될 것이라고 생각했다. 하지만 발전소 공사가 끝나자 건설 노동자들은 마을을 빠져나갔고, 가난하고 외딴 마을이 되어가는 것은 변함이 없었다. 지진과 쓰나미로 생계가 어려운 사람들은 발전소 수습이나 오염 지역의 제염을 위한 일용직 노동자로 취직해야 했다. 사고 후 '피난하라'는 말은 들었지만, 어디로 어떻게 언제까지 해야 하는지도 정확히 몰랐다. 피난 후 직장을 잃은 사람은 생계의 어려움이라는 이중고를 겪고 있다. 전 세계 어디든 핵발전소가 있는 곳, 그리고 사고가 난 곳에서 가장 힘든 사람들은 힘없고 약한 사람들이다.

우리나라에는 사용후 핵연료만 약 1만 1000톤이 쌓여 있고 해마다 700톤씩 늘고 있다. 핵연료는 3~4년밖에 사용하지 못한다. 사용후 핵연료는 수십만 년이라는 기간 동안 인간과 격리되어 있지 않으면 안 된다. 수십만 년 전에 인류는 어떤 모습이었고, 수십만 년 후는 또 어떤 모습일까. 매일매일 만들어내는 핵쓰레기는 어딘가에 가두는 방법 외에는 답이 없다. 26년여 전 체르노빌의 '석관(石棺)'은 설계 수명보다 빠른 부식으로 전 유럽의 골칫덩이가 되었다. 벨라루스 경제의 발목을 잡는 것은 방사능 오염이다. 일본 정부는 후쿠시마 인근의 오염 지역을 포기했다.

핵발전소가 들어선 가난하고 외진 마을의 사람들은 이주를 해야 했다. 누구도 위험하다고 말해주지 않았고, '정부 정책'이라는 이름으로 많은 이들이 삶을 위협당했다. 1970년대 고리 사람들과 2012년 2월 밀양은 다르지 않았다. 방사능 폐기물 처리장 후보지로 떠올랐던 모든 지역은 갈가리 찢겼다. 마을의 인구보다 많은 전경들이 마을을 에워쌌고, 형제와 부모가 반목했다. 홍보에만 수십억 원이 뿌려지고, 고소 고발이 이어졌다. 상처는 깊게 서로를 헤집었다. 누구의 탓일까. 왜 우리는 누군가의 희생을 담보로 구조를 지탱해야 하는 것일까. 우리뿐 아니라 인도를 비롯하여 아프리카 사람들의 건강을 대가로 하지 않으면 안 되는 것일까.

핵발전소 없이 살 수 있느냐고 물으면, 그럴 수 있으며 그래야 한다고 대답할 것이고, 그것이 쉽지 않은 길임도 인정할 것이다. 우리가 만들어낸 핵쓰레기는 우리 세대가 바뀌어도 사라지지 않는다. 불야성인 도시의 밤거리 뒤에는 핵폐기물이 있다. 인류가 만들어낸 무서운 괴물이 씩씩거리며 살아 있는 한 우리는 스스로의 목을 죄고 있는 어리석은 자들이다.

박정희 정부 이후 일곱 차례 정권이 바뀌는 동안 어떤 정부도 핵발전소를 폐쇄하자는 말이나 핵폐기물의 처리에 대한 해법을 말하지 않았다. 후쿠시마 이후에도 한국은 달라지지 않았다. 이명박 대통령은 '여기서 물러서면 후퇴'라는 말도 서슴지 않았다. 2011년 12월 23일 크리스마스를 앞둔 연말에 한국 정부는 신규 핵발전소 부지를 선정했다. 경상북도 영덕과 강원도 삼척은 반핵과 찬핵으로 쪼개져 시린 겨울을 보내고 있다. 괴물을 안고 사는 일, 잠재적 핵무기를 이고 사는 일, 과연 올바른 선택일까. 삶이 모두 뜯겨나갈지도 모르는 '확률'을 이기심으로 덮어버린 채 우리는 '안녕'히 살고 있는 것일까. 내가 말하고 싶었던 것은 당신의 '안녕'이었다. '전기요금만 내고 나면 당신은 안녕한 것입니까?'

'사람'들의 이야기를 쓰고 싶었다. 우라늄 광산 근처에서 태어났다는 이유로 아픈 아이들, 체르노빌에서 '영웅' 칭호와 함께 남은 생을 포기해버린 어린 병사들, 후쿠시마 비정규직 노동자들, 그리고 우리나라 핵발전소의 역사와 함께 고통 받는 지역의 사람들까지. 서울에 살고 있는 이기적인 나 자신과 인간의 오만함 탓에 희생당한 많은 영혼들의 이야기를 담고 싶었다. 그래서 어떻게 하자는 말보다 이렇기 때문에 안 된다는 말을 전하고 싶었다. 우리의 선택이 핵발전소가 아니어야 한다는 말을 '사람들의 이야기' 속에 담아내고 싶었다.

책이 나오기까지 서투른 글쟁이에게 격려와 응원을 아끼지 않은 아카이브출판사 관계자와 체르노빌과 후쿠시마를 다녀와 생생한 사진과 이야기를 들려준 가장 든든한 동지이자 책의 기획자인 이헌석 대표, 다카노 사토시 씨를 비롯한 에너지정의행동 활동가들에게 깊은 감사의 말을 전한다. 구글 번역기와 씨름해야 했던 미련한 시간을 인내해준 가족들과 이름을 기억하는 모든 이들에게도 사랑과 안녕의 인사를 하고 싶다.

핵발전이 없으면 우리는 살 수 없는 걸까. 나의 스위치를 따라가면 밀양 보라마을의 이치우 씨가 있는 건 아닐까. 휴대전화를 만지작거리며, 컴퓨터를 습관적으로 켜며 일본의 반핵 집회에서 외쳤던 말이 오래도록 남는다. "콘센트 너머에 원전이 있다."

1

체르노빌

CHERNOBYL

1986년 4월 26월, 체르노빌

1986년 4월 26일 새벽 1시 30분경, 굉음이 울렸다. 몇 번의 폭발음이 조용한 변방 마을의 새벽을 깨웠다. 그리고 그곳은 곧 아무것도 남지 않은 유령도시가 되었고, 보이지도 만질 수도 느낄 수도 없는 침묵의 살인자만이 배회하는 땅이 되었다. 그리고 그 살인자는 26년여가 지난 오늘날에도 건재하다. 옛 소련의 도시였고 지금은 우크라이나의 영토가 된, 핵발전소가 있다는 것을 제외하면 그저 평화롭고 조용하기만 했을 작은 도시는 지금까지 인간이 만들어낸 '저주의 기술'의 상징이 되었고, 앞으로도 영원에 가깝도록 계속될 것이다.

전 세계가 체르노빌이라는 이름을 알고 있다. 하지만 우리는 이를 얼마나 제대로 '기억'하고 있을까. 26년여가 지난 사고를 다시 확인하고 그 피해를 말하려는 까닭은 공포를 조장하기 위함이 아니다. 당시 사고 수습을 위해 죽어간, 그리고 그 때문에 여전히 고통 받는 사람들에 대한 감사와 기억은 현재의 우리와 미래의 우리에 대한 질문과 그에 대한 대답이기 때문이다.

　사고 후 약 넉 달 뒤인 1986년 8월 25~29일 오스트리아 빈에서 열린 국제원자력기구가 주최한 전문가 회의에 소련 국가원자력이용위원회가 제출한 보고서에 따르면, 체르노빌 폭발 사고는 원자로의 터빈 발전기의 관성력을 이용하는 실험을 하기 위한 작은 실험에서 비롯되었다고 알려져 있다. 레오니드 토프투노프와 보리스 스톨랴르추크, 유리 카르네예프 등 터빈과 펌프를 관리하던 노동자들이 실험 과정에서 제어봉을 규칙보다 적게 남겨두었고, 펌프와 원자로에 물을 주입하는 과정에서 실수가 발생했다는 것이다. 실험을 위해 원자로의 출력을 3분의 1 수준으로 저하시킬 예정이었지만, 작업자들의 실수로 정지 상태에 이르는 수준까지 터빈의 동력을 저하시켰고, 다시 출력을 상승시키는 과정에서 무리해 결국 원자로의 폭발을 불러왔다고 소련의 보고서는 기록하고 있다. 하지만 훗날 이마저도 은폐와 조작이라는 의혹이 제기되었다.

　어떤 이유이든 체르노빌 핵발전소 4호기에서는 4월 26일 새벽 1시 23분쯤 발전용 터빈에 도달하는 증기가 차단되었고, 냉각 펌프에 전달되는 전력이 감소했다. 냉각수의 양은 줄어들기 시작했다. 35초 후 냉각수의 부족으로 반응로 안에서는 온도가 급격히 상승하고 있었다. 이 열은 엄청난 온도로 상승을 동반했고, 곧 냉각수를 끓이기 시작했다. 증기의 양은 늘어갔다. 핵반응 속도는 증가하였고, 핵연료는 급격히 분열하기 시작했다. 새벽 1시 23분 4초에 시작한 실험은 채 몇 분이 지나지 않아 굉음을 울렸다. 실험 시작 후 40여 초가 흐른 뒤 긴급정지 시스템을 작동해 제어봉을 삽입했지만, 그 이전의 실험을 위한 조치 때문에 제어봉을 완전히 삽입하는 데 시간이 걸렸다. 단 몇 분, 단 몇 초 만에 상상 속에만 존재하던 재앙은 현실이 되었다. 제어봉을 삽입하는 동안 핵분열은 가속화되었고, 제어봉을 밀어내는 상황에까지 이르렀다. 원자로의 출력은 상승하고 있었다. 통제를 벗어난 원자로는 정상 출력의 100배에 이르렀다. 통제실의 노동자 토프투노프가 원자로의 가동을 멈추는 스위치를 눌렀지만 원자로는 멈추지 않았다. 그리고 폭발음이 이어졌다. 2000톤에 이르는 원자로의 덮개가 완전히 날아가버렸다. 새벽 2시에 이미 지붕 전체가 날아갔고, 화재가 발생했다. 무지갯빛의 증기가 1000킬로미터 상공으로 치솟았다. 1000톤에 가까운 방사성 물질이 건물 밖으로 뿜어져나왔다. 누출된 물질에 의한 방사능의 총량은 약 5.3엑사베크렐(EBq)로 추정된다. 수십 종의 방사성 동위원소를 품은 증기의 색은 아름다웠을 것이다. 그 고요한 새벽의 하늘을 찬란한 빛으로 물들였을 것이다. 침묵의 살인자는 그렇게 세상으로 나왔다.

　폭발 사고 직후인 1시 28분경 4호기와 3호기의 화재를 진압하기 위해 알렉산드르 아키모프를 대장으로 하는 14명의 소방대원이 파견되었다. 체르노빌 부속 소방서에 대기 중이던 소방대원들은 폭발 사고 후 4분여 만에 출동했다. 현장에 처음 도착한 14명은 그것이 단순한 발전소 화재라고만 생각했다. 소방서장이던 표트르 크멜조차 그것이 어떤 물질인지 어떤 화재인지 전혀 알지 못했다. 단지 그들은 지붕 위에서 화재를 진압하는 데 최선을 다하고 있었다. 그들이 숨 쉬고 보고 느끼는 모든 것이 자신들을 죽음으로 내몰 것이라는 사실을 전혀 알지 못했다.

　원자로 안에는 원자폭탄 20개를 만들 수 있는 핵물질, 방사능이 함유된 수천 톤의 흑연이 들어 있었다. 물을 더 부어 화재를 진압하고 싶었지만, 엄청난 고열로 뜻대로 되지 않았다. 1시간 30분 동안 화재와 씨름하던 그들은 하나둘씩 구토와 함께 의식을 잃고 후송되었다. 크멜 서장 역시 모스크바 병원으로 이송되었다. 새벽 4시경에는 250명의 소방대원이 추가로 파견되었다. 그들의 노력과 희생 덕분에 새벽 5시경에 큰 불은 잡을 수 있었다. 발전소의 노동자들은 원자로가 파괴된 것을 알았다. 원자로를 냉각시키고 싶었지만 그럴 수 없었다. 이미 수습할 수 없을 만큼 원자로는 부서졌고, 연료봉은 노출되었다. 현장을 확인하고 돌아온 노동자들의 얼굴이 변하기 시작했다. 하지만 발전소의 소장에게는 원자로가 냉각 중이라고 보고되었다. 방사능에 피폭된 노동자들은 병원에 보내졌고, 귀가 조치되었을 뿐이었다. 그들의 피부는 무너져내리고 혀는 부어올랐다. 통증이 시작되었다. 그리고 그들은 곧 죽음이 눈앞에 와 있음을 깨닫게 되었고, 그렇게 되었다.

　상황은 심각해져갔다. 화재 진압을 위해 사용된 물이 기화되면서 원자로 주변은 증기로 가득 찼고, 이 증기는 지르코늄(Zr)이나 흑연과 반응했다. 그리고 수소 가스 등의 가연성 물질을 만들어냈다. 이 물질은 결국 사고 발생 20시간이 지난 오후 9시 40분경에 반응로의 잔해를 폭발시키고 말았다. 그 불기둥은 50미터에 달했다. 다급한 노동자들은 생명이 다할 것을 알고도 원자로 냉각을 위해 맨손으로 게이트 밸브를 열었다. 그들의 희생은 의미가 없었다. 물탱크도 원자로도 모두 부서져버렸다. 수천 종의 방사능이 쉴 새 없이 건물 밖으로 뿜어져나오고 있었다. 1차 폭발로 노심이 파괴되었고, 반응로는 대기 중에 그대로 노출되었다. 2차 폭발은 콘크리트 천장을 날려버렸다. 불은 옆의 3호기까지 번졌고 인근 건물 30개소 이상에서 화재가 발생했다. 사고로 발생한 화재는 4시간 뒤인 새벽 5시경에 겨우 진압할 수 있었지만, 원자로 내부의 흑연에 붙은 불은 그렇지 못했다. 이 불은 사고 발생 후 9일간 지속되었다.

출세가도를 달리고 있던 소장은 이 사고가 심각한 것이 아니기를 바랐고, 모스크바 당국은 사건의 진실을 알고 싶어하지 않았다. 방사능 수치를 알리는 계기판의 눈금 최대치는 3.6뢴트겐이었는데, 이미 바늘은 계기판을 벗어났다. 소장이 외친 것은 '3.6일 수도'였다. 그리고 모스크바에는 3.6뢴트겐이라고 보고되었다. 사고 발생 8시간 후 고르바초프가 보고 받은 것은 '발전소의 화재'였지 폭발에 관한 이야기는 아니었다. 하지만 현장의 상황은 전혀 달랐다. 쉽게 수습할 수 없는 화재라는 생각에 키예프에서 3000명의 병력을 파견했고, 모스크바는 최고의 과학자인 발레리 레가소프를 중심으로 한 조사단을 파견하기로 결정했다. 물론 모스크바에는 소련의 기술력과 훌륭한 군인들, 그리고 소방대원들이 사고를 잘 수습하고 있다고 보고되었다. 그리고 그들은 순조롭게 이 사건이 끝날 것이라 믿었다. 프리피야트의 호텔에 묵었던 조사단은 6월경이면 발전소를 다시 사용할 수 있을지도 모른다고 생각했다.

하지만 사고 당시의 폭발로 4호기 근무 노동자인 발레리 호뎀추크

(순환펌프 기사)는 즉사했으며, 자동제어시스템 기술자 블라디미르 샤샤노크는 전신화상을 입고 후송된 뒤 사고 당일 사망했다. 화재를 진압하기 위해 달려온 소방대원과 폭발 직후 사고를 수습하기 위해 투입된 소방대원 1100명 중 134명이 급성 방사능 피폭으로 확진되었고, 이들 중 최초의 소방관 14명을 포함한 28명은 며칠에서 몇 달 이내에 모두 사망했다. 사후 그들이 받은 것은 소련의 '영웅'과 '용기'라는 훈장과 칭호였다.

그들이 두려워했던 것, '진실'

사고 당일 오전 10시, 원전 인근의 방사능 수치가 3.6뢴트겐이 아닌 1만 5000뢴트겐이라는 사실을 알았다. 500뢴트겐에 5시간 정도 노출되면 고농도 피폭 증상으로 치사량이 된다. 1만 5000~2만 뢴트겐은 단 1시간 만에 사람을 죽일 수 있는 양이었다. 발전소의 소장은 발전소 인근 노동자 마을의 주민들을 대피시켜야 한다고 말했지만, 당국은 기다리라는 말만 되풀이했다. 당국은 주민들의 동요가 방사능보다 더 두려웠다. 고요하고 따뜻하기만 한 봄날, 주민들은 발전소에 폭발이 있었고 화재가 발생했다는 사실을 알았지만 경보 사이렌 한 번 울리지 않았다. 그리고 그들의 신화 '안전한 원자력'을 믿었다.

그날 오후에는 3만 5000명의 주민들이 봄날의 평화로운 토요일을 즐기고 있었다. 이미 방사능 수치는 평균치보다 400배가 넘고 있었다.

그들이 보고 느끼고 숨 쉬고 살아가는 모든 것이 오염되었다. 보이지도 느껴지지도 않는, 인간의 오감으로는 절대로 인지할 수 없는 침묵의 살인자들은 순식간에 그들을 덮쳤다. 입고 있는 옷, 정원의 잔디, 바람에 날리는 꽃잎, 햇살에 반짝이는 나뭇잎, 집안의 모든 살림들 그리고 피부까지 모두가 방사능에 오염되었고, 그들의 생명을 단축시키고 있었다. 그들이 살았던 집과 가구와 가재도구들은 이제 영원히 누구도 쓸 수 없게 되었다. 터져버린 발전소에서는 방사능이 뿜어져나오고 있었지만, 어떤 경보도 주의 조치도 이루어지지 않았다. 당국이 오직 두려워한 것은 방사능이 아니라 진실이었다. 사고가 발생한 1986년은 고르바초프가 소련공산당 서기장에 취임한 지 1년밖에 되지 않았을 때였다. 사고 공개는 소련 기술력에 대한 수치라 여겨졌다.

사고 당일 오후가 되어서도 모스크바는 이 상황을 심각하게 받아들이지 않았다. 화재로 지붕이 약간 손상되었지만, 소방대원들이 이를 성공적으로 진압했다고 보고되었다. 인근 주민들의 동요를 우려해 출동한 군인들에게는 마스크와 보호 장비도 금지되었다. 하지만 사고 현장에서는 소방관들과 노동자들이 쓰러져갔다. 인근 마을 프리피야트의 방사능은 평상시의 1만 5000배를 넘어섰으며, 저녁에는 60만 배까지 치솟고 있었다. 측정기기도 인간의 상상도 뛰어넘는 수치였다. 현장의 진압 요원들과 노동자들은 이미 늦었음을 알았다. 하지만 그들이 할 수 있는 일은 아무것도 없었다. 원자로는 계속 불타고 있었다. 2만 5000톤의 방사능 덩어리인 탄소가 불타고 있었다. 시간당 1톤씩 탄다고 해도 석 달간 탈 수 있는 양이었다. 상황은 최악이었지만, 사고 발생 22시간이 지나도록 인근 국가에는 전혀 알려지지 않았다.

바로 옆의 벨라루스에서는 아무것도 알지 못한 채 보이지 않는 살인 공기를 그대로 뒤집어쓸 수밖에 없었다. 오염물질의 대부분인 약 70퍼센트가 벨라루스를 덮쳤다. 가난한 농업 국가인 벨라루스의 국민들이 지은 죄는 없었다. 그들은 단지 잘못된 지역에 잘못된 시간에 살고 있었을 뿐이다. 그들을 위한 사고 초기의 대책은 전무했다. 경보도 대피에 관한 이야기도 없었다. 살인 공기가 그들의 모든 것을 오염시킬 동안 그들의 표정은 평온했을 것이다. 정부 당국은 그대로 두어서는 안 된다는 것을 알았고, 당황했지만 이제껏 겪어보지 못한 사고 앞에서 이를 수습할 방안을 알지 못했다. 그 책임 또한 불분명했다.

3일째 콜라이엔토치킨 대령과 그의 부대원으로 구성된 80대의 헬기가 동원되었다. 사고 후 6일간 동원된 헬기는 약 1800대에 이르렀다. 발전소 200미터 상공의 온도는 180도를 육박했고, 방사능 측정기의 바늘은 계기판을 벗어나 미친 듯 춤을 추었다. 최소한 1000뢴트겐 이상으로 추정되었다. 30분 정도면 치사량인 양이었다. 숙련된 젊은 헬기 조종사들이 달려왔다. 하루 300회 출격하는 날도 있었다. 한 명의 조종사가 33번 출격하기도 했다. 헬기는 상공에 머무르면서 병사들이 맨손으로 80킬로그램의 납자루를 아래로 던졌다. 방사능 수치는 3500뢴트겐으로 치사량의 9배에 이르렀다. 인근 전선에 걸려 헬기가 추락해 조종사가 사망하기도 했다. 엄청난 열기로 그들은 땀에 젖었다. 그리고 땀과 함께 방사능에 오염되었다. 조종사들은 샤워를 했지만 곧 구토 증세를 보였다. 유일한 방사능 피폭 치료기관인 모스코6호병원으로 보내졌지만 그들은 죽어가고 있었다. 27명은 곧 사망했다. 남은 자들은 심각한 화상 등에 시달렸다. 피부와 뼈가 녹아내렸다. 이후 15년 동안 당시 조종사 중 첫 사망자만이 공식 희생자로 당국에 인정받았다.

　화재 진압과 사고 수습을 위해 투하된 납의 양은 2400톤을 넘어섰다. 열흘이 넘는 작전 기간 동안 600명의 조종사가 피폭을 입었고, 훗날 그들은 모두 사망했다. 헬기는 중성자를 안정시키는 붕산 화합물 40톤, 화재를 막기 위해 이산화탄소를 발생시키는 돌로마이트 600톤, 방사능 차폐를 위한 납 2400톤, 모래와 진흙 1800톤을 떨어뜨렸다. 물론 고농도의 방사능 피폭을 피하기 위해 지나가면서 투하했기 때문에 정확히 원자로에 떨어지지 못하기도 했다. 원자로 인근에 투하된 물질은 오히려 열을 잡아두어 반응로의 온도를 상승시키기도 했다. 헬기에 의한 진압은 5월 7일까지 계속되었고, 폭발로 건물 구조가 약해져 붕괴나 멜트다운의 우려로 5월 10일까지 잠정 중단되기도 했지만 석관 작업이 완료될 때까지 헬기들은 멈추지 않았다.

모든 것이 뜯겨나갔다

발전소에서 3킬로미터 떨어진 프리피야트 마을 주민들에 대한 대피는 사고 다음 날인 4월 27일이 되어서야 시작되었다. 하지만 이미 그들은 방사능에 장시간 무방비로 노출된 후였다. 소개령은 27일 오전 11시에 발표되었다. 27일 오후 1200대의 버스가 마을에 도착했고, 약 세

시간에 걸쳐 프리피야트 시민 1만 9360명과 야노프 주민 254명이 키예프의 아파트로 이주되었다. 그리고 그들은 다시 마을로 돌아오지 못했고, 남은 생을 죽음과 싸우는 운명을 마주하게 되었다. 그들은 간단한 소지품만을 챙겨 버스에 올랐다. 그들은 옷 한 벌 변변히 제대로 가지고 나올 수 없었다. 그 모든 것이 오염되었기 때문이다. 1200대의 버스 행렬은 15킬로미터에 이르렀다. 주민들은 버스에 오르는 그 순간에도 단 며칠간 집을 떠나 있으면 될 것이라고 믿었다. 하지만 그렇지 못했다. 4월 30일 이후에는 사고 지역 주변 30킬로미터 이내의 주민들에 대한 소개도 이루어졌다. 3000제곱킬로미터의 사람들이 일평생 일구었던 삶과 문화와 격리되었다. 모든 것이 뜯겨나갔다. 마을은 세기말 유령도시의 현신(現身)이 되었다.

시간은 계속 흐르고 있었지만, 원자로의 온도는 내려가지 못했다. 사고가 발생하고 7일째가 되었지만, 인근 방사능 수치는 40만 뢴트겐까지 치솟았다. 열 폭발의 위험을 제거하기 위해 원자로 아래에 있는 고농도의 방사능 오염 물을 빼야 했다. 군인들이 투입되었고, 그들은 손으로 방사능에 오염된 물속의 밸브를 열었다. 그들의 생명은 장담할 수 없었다. 그리고 그들의 희생으로 열 폭발은 막을 수 있었다.

열 폭발을 막기 위해 저장고의 물을 빼내야 했고, 소방관들이 펌프를 작동하고 있었지만 충분하지 않았습니다. 방사능에 오염된 물속으로 잠수부들이 들어가 밸브를 수동으로 열어야 했습니다. 많은 사람이 죽었고, 우리가 그 사람들을 죽게 만들었습니다. 이번에도 그랬지요. 우리는 군인들에게 진실을 말했고, 그들은 우리를 믿었습니다. 젊은이들은 이게 꼭 필요한 일이냐고 물었고, 우린 할 말이 없었습니다. 우린 해냈고, 결국 100만 명의 목숨을 구할 수 있었죠.

— 발레리 레가소프(핵물리학자)

    열흘이 지나도록 195톤 핵연료의 불은 꺼질 줄 몰랐고, 온도는 계속 상승하고 있었다. 원자로는 계속 녹아내리고 있었다. 공식 보고서에 의하면 원자로는 84분 만에 모두 파괴되었다. 하지만 당시에는 발전소 내부 노심의 상황을 눈으로 확인할 수 없었다. 발전소 아래로 녹아내린 연료가 수조에 도달하면 최악의 상황이 발생할 것으로 보였다. 발전소는 그대로 핵폭탄이 되어가는 중이었다. 전 유럽을 날려버리고 남을 상황으로 치닫고 있었다. 원자로가 주저앉게 되면 발전소 지하의 대수층(帶水層)까지 오염될 것이고, 이는 흑해까지 위협할 수도 있었으며 유럽 전체가 오염될 수도 있었다. 파국을 막아야 했다.

    결국 5월 13일 체르노빌에는 새로운 인원이 투입되었다. 그들은 하루 전에 모집된 툴라 광산의 광부들이었다. 크레믈린 채광업 상급공무원이 직접 툴라 광산에서 마흔이 되지 않은 젊은 광부들을 모집했다. 그들의 임무는 3호기부터 4호기의 파괴된 원자로 아래까지 150미터의 터널을 뚫어 액체질소로 된 복잡한 냉각장치를 설치하는 것이었다. 평상시라면 석 달이 걸릴 일을 한 달 동안 젊은 광부들은 3시간 교대로 24시간 작업해야 했다. 50도가 넘는 온도와 상상을 초월하는 방사능 수치 속에서 어떤 보호 장비도 없이 일했다. 환기장치조차 없었다. 모래알갱이 하나까지 모두 고농도의 방사능 덩어리였다. 모래알을 삼킨 노동자는 사망했다. 터널은 성공적으로 뚫었지만, 냉각장치의 설치는 실패했다. 결국 아무짝에도 쓸모없어진 지하공간은 시멘트로 메워졌다. 그들의 희생은 소용이 없었다. 2005년 보고서에 의하면, 이들의 4분의 1은 마흔이 되기 전에 사망한 것으로 알려져 있다. 물론 이에 관한 공식 기록은 존재하지 않는다.

국제사회의 압력이 계속되고 나서야 결국 소련 당국은 이 사건을 공개했다. 1986년 4월 28일 월요일 아침에 사고 지점에서 약 1200킬로미터 떨어진 스웨덴의 포스막 핵발전소에 출근한 핵공학자 클리프 로빈슨의 신발에서 전례 없는 방사능이 검출되었다. 그들은 다른 곳에서 핵폭탄이 터진 것이 아닌가 의심했다. 사고 다음 날인 4월 27일과 28일에는 평소보다 6배 높은 방사능이 스웨덴을 비롯하여 스칸디나비아 반도의 여러 지역과 핀란드, 덴마크 등에서 검출되자 바람의 경로를 추적했다. 그들은 소련에 해명을 요구하기에 이르렀다. 결국 소련이 관영 통신을 통해 사고 자체를 인정한 때는 4월 28일이었다.

하지만 사고의 원인이나 경과, 시각, 사망자 수 등은 밝히지 않았다. 소련의 이러한 행동은 오히려 불안을 증폭시켰고, 확인되지 않은 소문은 살인 공기와 함께 유럽을 배회했다. 추측성 보도가 나돌자 소련은 이를 부인했다. 소련 당국은 외신 기자들의 취재도 거부했다. 하지만 마침 폭발 28초 후 체르노빌 상공을 지나고 있던 첩보위성을 통해 미국은 폭발로 날아가버린 핵발전소를 확인했고 핵실험을 의심했다. 일본과 미국에 방사능 구름이 확산되기까지는 열흘밖에 걸리지 않았다.

체르노빌은 국제적인 사고로 주목받기 시작했고, 사고의 심각성은 이미 소련의 손을 떠나 있었다. 전 세계 언론의 신문 1면을 장식했다. 언론에는 '종말'이라는 단어도 심심치 않게 등장했다. 살인 공기에 국경은 없었다. 소련은 스웨덴에 공식적으로 사고 수습을 위한 소방관과 의료 지원을 요청했다. 더는 숨길 수도 없었다. 소련은 5월 6일에야 공식적으로 사고의 심각성을 보도했다. 방사능이 전 유럽에 이미 퍼진 후였다.

5월 1일경에는 바람의 방향이 바뀌어 우크라이나의 주도 키예프를 덮쳤다. 평소보다 수천 배 높은 방사능 수치였지만 주민들의 동요가 두려웠던 우크라이나 당국은 5월 전통 축제 참가를 독려했다. 보이지 않는 살인 공기 속에서 축제의 행렬이 시작되었다. 공식적으로 5월 축제 당시 방사능 수치는 기록되거나 공개되지 않았다. 우크라이나 당국은 훗날 이 축제에 관한 모든 공식 기록을 삭제했다. 발전소 인근 드네프르 강과 프리피야트 강의 오염으로 이 강이 흐르는 우크라이나 지역과 벨라루스는 향후 100년간 인간이 살 수 없는 땅이 될 것이지만 아무도 이를 공개하지 않았다.

체르노빌 전투

고르바초프에 의해 공식적으로 사고가 공개되고 난 후 본격적인 사고 수습이 시작되었다. 니콜라이 타라카노프 장군의 통솔로 대규모의 청소요원(liqudator)이 투입되었다. 10만 명의 젊은 군인과 40만 명의 시민이 동원되었고, 그들 모두 죽음의 땅 체르노빌을 거쳐 갔다. 투입 첫날 그들은 마스크를 썼지만, 이튿날부터는 그조차도 벗어버렸다. 평상시와 다를 것이 없었기 때문이다. 당연한 풍경 속에 인식할 수 없는 살인자가 있다는 것은 익숙지 않은 일이었다. 하지만 당시 사용된 지도는 26년여가 지난 지금도 방사능을 내뿜고 있다. 소련에서는 이 '위대한 전투'의 기록을 위해 종군기자 5명이 투입되었다. 그들 중 3명은 사망했다. 그들이 찍은 사진에는 방사능이 뿜어져나오는 모습이 그대로 찍혔다. 청소를 위해 50만 명이 동원되었다. 따로 구성된 사냥팀은 인근 지역의 동물을 사살했다. 주변 건물과 집에 대한 철거도 이루어졌다. 발전소를 중심으로 주변 30만 세제곱미터의 오염된 흙을 불도저로 밀어넣고 시멘트로 봉인했다. 헬기는 방사능 먼지를 달라붙게 하는 응고제를 수톤 쏟아부었다. 청소 인력들은 하루에 대여섯 번씩 샤워를 해야 했다.

인근 지역에 대한 방재 작업도 이루어졌다. 1987년까지 계속된 모래 뿌리기, 증기 분사하기, 표토 제거하여 매립하기, 아스팔트 재포장하기 등의 작업이었다. 하지만 크게 효과는 없었다. 오염된 토양에서 자란 식물은 또다시 방사능을 내뿜었다. 오염 제거 작업으로 오히려 방사성 폐기물은 늘어갔다. 이 폐기물은 출입금지 지역의 800개 지점에 매립되었다. 화재 진압에 사용된 헬기와 장비들은 여전히 프리피야트 외곽에 괴물처럼 바람에 삐걱거리며 방치되어 있다.

그로부터 8주가 지난 뒤에야 원자로를 '봉인'하기 위한 작전이 시작되었다. 길이 170미터, 높이 66미터의 구조물이 설계되고 제작되었다. 400여 명의 작업자가 15일간 이 설치에 참여했다. 그리고 체르노빌의 4호기 발전소는 사고 발생 206일 만인 그해 10월에 '석관'이라 불리는 콘크리트로 봉인되었다. 물론 이 작업에도 22만 6000여 명이 참가했으며, 이들 중 2만 5000명은 사망한 것으로 알려져 있다. 작업이 진행되는 동안 원자로 인근은 단 몇 분만 머물 수 있는 공간이었기 때문에 원격 조정 장치가 투입되었다. 하지만 그 장비조차도 사람에 의해 발전소 바로 앞까지 이동되어야 했다.

'봉인' 작업을 진행하는 동안 가장 큰 문제는 폭발로 흩뿌려진 방사능 조각들의 청소였다. 특히 3호기 지붕에는 폭발의 여파 때문에 그 자체로 방사능 덩어리인 흑연 조각이 널려 있었다. 이 흑연은 연료봉을 감싸고 있던 것으로, 1시간 안에 사람을 죽일 수 있는 방사능을 내뿜고 있었다. 공사 전 이것들을 제거해야만 했다. 로봇이 동원되었다. 흑연 조각을 60미터 지붕 아래로 떨어뜨리는 단순 작업이었지만, 결코 단순하지 않았다. 기계들의 전자회로는 미쳐 날뛰다 고장나버렸다. 한 대는 터져버렸다.

기계도 포기해버린 공간에는 바이오 로봇이라 불린 스무 살가량의 어린 소련 병사들이 투입되었다. 그들은 30킬로그램에 육박하는 납을 덧댄 특수 앞치마를 두르고 약 1분간 서너 번의 삽질을 통해 흑연 덩어리를 지붕 아래로 던지는 임무를 맡았다. 작업이 허용된 시간은 45초에 불과했다. 몇 분만 있어도 평생 노출될 방사능보다 많은 양이었다. 매초 매 순간 생존을 위협받는 곳으로 '두려워하지 말라'는 말과 함께 젊은 병사들이 투입되었다. 작업 후 그들이 받은 것은 영웅 칭호의 '증명서'와 100루블(100달러)이었다. 단 몇 번의 삽질만 허락된 시간, 그 작업에 투입된 사람들은 열흘간 3500명이었다. 단 1분간의 작업에도 지붕에서 내려온 후에는 주먹을 쥘 수도 없을 만큼 손이 저리고 아팠다. 일부는 코피를 흘리기도 했다. 입에서는 쇳내가 났다. 이들 중 다수가 수년 내에 사망했다. 기록에 의하면 지붕 위의 방사능 수치는 7000뢴트겐에 육박했다. 하지만 지붕 위의 방사능 수치는 단 35퍼센트만 제거되었다. 어린 병사들은 모든 것을 잃었다. 현재와 미래가 뒤바뀌었다. 결코 사람이 접근해서는 안 되는 공간이라는 것을 그때 그들은 몰랐다.

'청소' 작업에 동원된 사람들은 이후 몇 년간 구소련의 병원으로 밀려들었다. 그들은 장애를 입었고 하루하루 죽어가고 있었다. 2005년 기준으로 청소에 참여했던 50만 명 중 2만 명은 사망했고, 20만 명은 장애를 입었다. 자녀조차 마음대로 가질 수 없었다. 그들에게는 피폭된 방사능의 양조차 제대로 알려주지 않았다. 그들에 대한 어떤 통계도 없다. 그들은 그렇게 서서히 세계에서 사라지고 있었다. 우크라이나 당국은 예산 부족을 이유로 그들에 대한 복지 예산도 삭감했다.

10월, 6개월이나 걸린 석관 작업이 마무리된 후 그들은 보이지 않는 적과의 전투에서 승리했다고 믿었다. 붉은 깃발을 내걸었고, 석관 벽에 자신의 이름을 새겨넣었다. 하지만 이 석관은 단지 '임시 조치'에 불과하며 앞으로 영원히 계속될 전쟁의 시작에 불과했다. 발전소를 봉인한 콘크리트는 방사능보다 먼저 노쇠했다. 쏟아지는 빗물은 석관 안으로 스며들어간 뒤 다시 건물 밖으로 빠져나오면서 방사능을 건물 밖으로 실어 나르고 있다. 이 빗물은 석관 내부의 습도를 높여 철과 시멘트를 조금씩 갉아먹고 있다. 석관 안에는 아직도 당시 원자로 안에 있던 연료의 거의 대부분인 200톤가량이 남아 있다고 알려져 있다. 이후 26년여 간 체르노빌을 완전히 봉인하기 위한 다양한 아이디어가 제안되었지만, 현실화된 것은 아무것도 없었다. 1997년에야 미국을 비롯한 28개국은 체르노빌의 영구 격리를 위해 기금을 모았고, 7억 6800달러를 들여 2065년까지 강철 아치로 씌울 것을 합의했다.

체르노빌 목걸이

사고가 발생한 후 반경 30킬로미터 이내를 비롯한 고위험 지역에 대한 주민 소개가 이루어지기 시작했다. 9월까지 이주한 주민들은 75개 마을의 9만 1406명이었다. 러시아 지역까지 합쳐 187개 마을의 11만 6000여 명의 주민과 6만 마리의 가축이 강제 이주했다. 현재도 벨라루스, 우크라이나와 러시아의 방사능 오염 지역에 거주하는 사람들은 500만 명에 이르고 있다. 여전히 그들은 정기적인 건강검진을 받고 있으며, 일부는 일 년에 몇 달 이상을 입원으로 생을 보내고 있다. 또한 이주민 중 10만 명은 '심각하게 관리되어야 할' 지역에 거주하고 있다. 그들은 여전히 갑상선암 수술의 상흔인 '체르노빌 목걸이'와 함께 평생 갑상선(갑상샘) 기능을 대신하는 약을 먹으며 매일매일 죽음과 싸

체르노빌 주변 오염 지역

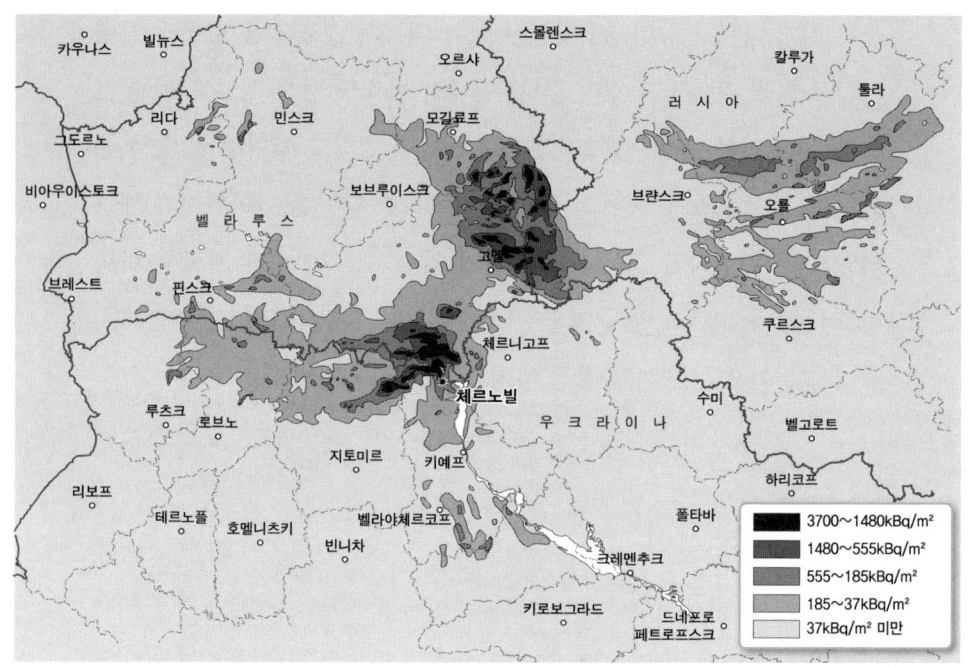

출처: 유엔과학위원회

우고 있다.

체르노빌의 폭발로 방출된 핵분열 물질은 히로시마와 나가사키에 떨어진 핵폭탄의 200배에 해당하는 양이었다. 발전소로부터 반경 30킬로미터 이내는 가장 심각하게 오염되었는데 세슘 137이 1500베크렐(Bq)이 넘는다. 또한 비가 내리면 방사능비가 내리고, 이것으로 다시 토양이 오염되는 악순환이 계속되고 있다. 환경 피해는 심각한 수준이다. 방사능은 그 자체로 소멸되지 않는다. 생태계의 순환 고리 안에서

체르노빌 사고 후 세슘 137에 의한 지표면 오염 상황

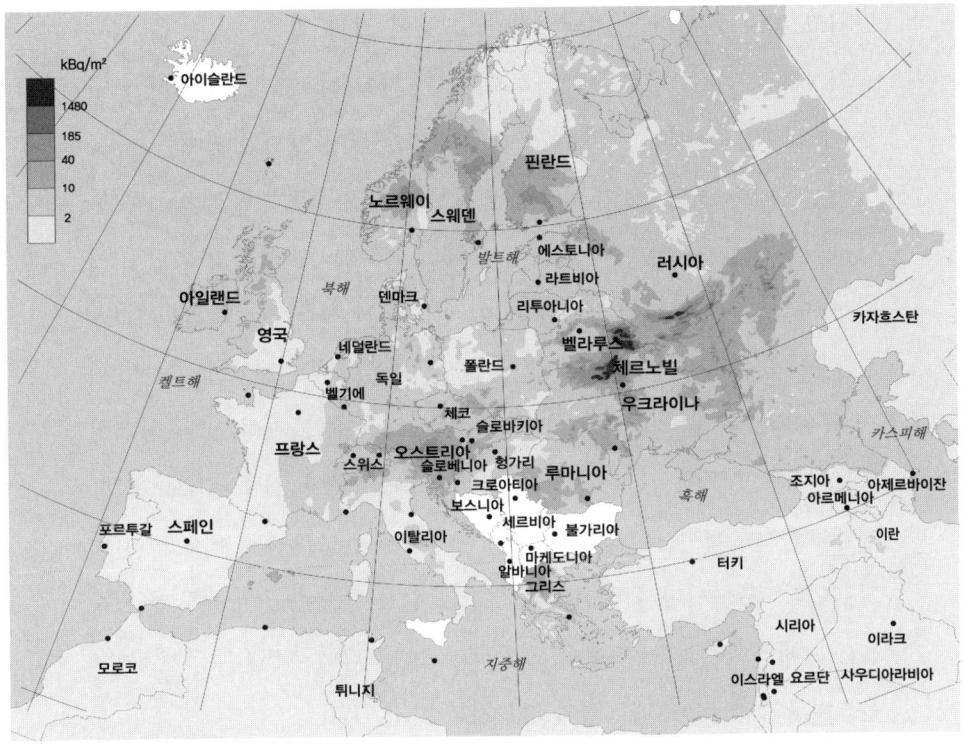

출처: 유엔과학위원회

서로 다른 종으로 이동하고 농도가 축적되며, 다양한 경로로 피해를 미친다.

방사능에 오염된 풀을 먹은 소가 오염되고, 그 소가 생산한 우유가 오염되며, 이어서 그 우유로 만든 가공식품이 오염된다. 당연히 이를 섭취한 사람도 방사능에 오염되는 것이다. 오염물질의 70퍼센트가 도착한 벨라루스는 20년 후인 2006년에도 21퍼센트의 오염물질이 남아 있다고 알려져 있다. 오염된 지역에서는 당연히 농업 금지 구역이 설정되고 어로 행위가 금지되었지만, 그곳에 살고 있는 주민들은 생계 등의 이유로 어로 행위를 계속하고 있다. 사고 지역 인근의 강과 호수는 반감기가 433년인 스트론튬(Sr) 등에 오염되어 있는 상황이다.

러시아에서는 발전소에서 약 500킬로미터 떨어진 브리안스크, 칼루가, 툴라, 오욜 주의 일부 지역이 오염되었고 벨라루스와 인접한 주에서는 제곱미터당 5메가베크렐(MBq) 이상의 수치를 기록하기도 했다. 그뿐만 아니라 영국·프랑스·독일은 물론 이베리아 반도에서까지 세슘 동위원소가 검출되었고, 그리스·오스트리아·불가리아 등 상대적으로 가까운 곳에서는 37킬로베크렐(kBq) 이상이 검출되기도 했다. 세계보건기구에서 규정하는 규제치는 음료 1킬로그램당 요오드 10베크렐이다. 후쿠시마 핵발전소의 사고와 같은 특수한 경우에도 허용치는 300베크렐이었다. 일본은 요오드는 1킬로그램당 300베크렐, 세슘은 1킬로그램당 200베크렐의 기준치를 갖고 있다.

사고 발생 90일이 지나고 오스트리아 빈에서 국제원자력기구 회의가 열렸다. 이 회의에서 소련이 제출한 보고서는 앞에서 언급한 대로 터빈 관성 실험을 하면서 일어난 사고였고, 작업자의 실수로 비롯되었다고 기록하고 있다. 하지만 후에 은폐 의혹이 일었다. 사고의 진실을 담은 보고서는 폐기되었고, 소련은 단순히 작업자의 실수라고 보고했다. 흑연 원자로의 설계상 결함이나 제어봉에 관한 이야기는 말하지 않았다. 죽어간 직원들의 실수로 치부되었다. 원래 보고서를 썼던 양심적인 핵물리학자 발레리 레가소프는 사고 발생 2년째 되는 1988년 스스로 목숨을 끊었다. 소련이 원한 것은 사고의 공개가 아니라 사고 수습을 훌륭히 진행하고 있다는 신뢰였기 때문에 진실은 세상에 공개될 수 없었다.

저는 솔직하지 못했지요. 빈 국제회의에 온 전 세계의 사람들 앞에서 제 어실의 연구원들을 비난했고, 그들의 무지 속에서 제가 한 일은 일절 언급하지 않았습니다. 모든 것을 솔직히 밝히고 허상을 폭로하려 했지만 제가 쓴 보고서나 인터뷰 기사들은 발표되지 않았고, 전 그저 경력에 오점을 남겼을 뿐이었습니다.

—발레리 레가소프

체르노빌 사고로 발생한 공식 사망자는 31명으로 기록되었다. 그들은 모두 소방관과 노동자들이었다. 소련은 후에 흑연 가속형 원자로의 설계상 결함을 인정하고 이를 모두 교체했다. 체르노빌에는 모두 4개의 발전소가 있었고, 추가로 2기의 발전소가 더 건설될 예정이었다. 사고 후 추가 건설 계획은 취소되었다.

체르노빌 발전소가 위치한 우크라이나는 1991년 겨울 국민투표를 통해 소련 연방에서 벗어나 독립국이 되었다. 1996년 5월 비핵무기 국가가 되었지만, 독립 당시 우크라이나는 세계 3대 핵무기 보유 국가였다. 1986년 체르노빌 4호기의 폭발 사고 이후 우크라이나는 1990년 8월 핵발전에 관한 모라토리엄을 선언하기에 이르렀다. 추가로 건설될 계획이던 6기의 핵발전소 건설이 중단되고, 핵발전소 반대 운동이

우크라이나 핵발전소 현황

이 름		원자로 형태	상 태	위 치	총 용량 (MWe)	전력망 연결
체르노빌	1호기	LWGR	영구 폐쇄 (1996년 11월)	키예프	800	1977년 9월 26일
	2호기	LWGR	영구 폐쇄 (1991년 10월)	키예프	1000	1978년 12월 21일
	3호기	LWGR	영구 폐쇄 (2000년 12월)	키예프	1000	1981년 12월 3일
	4호기	LWGR	영구 폐쇄 (1986년 4월)	키예프	1000	1983년 12월 22일
흐멜니츠키	1호기	PWR	가동 중	우크라이나	1000	1987년 12월 31일
	2호기	PWR	가동 중	우크라이나	1000	2004년 8월 7일
	3호기	PWR	건설 중	우크라이나	1000	2015년 1월 1일 예정
	4호기	PWR	건설 중	우크라이나	1000	2016년 1월 1일 예정
로브노	1호기	PWR	가동 중	서우크라이나	420	1980년 12월 31일
	2호기	PWR	가동 중	서우크라이나	415	1981년 12월 30일
	3호기	PWR	가동 중	서우크라이나	1000	1986년 12월 21일
	4호기	PWR	가동 중	서우크라이나	1000	2004년 10월 10일
남우크라이나	1호기	PWR	가동 중	우크라이나	1000	1982년 12월 31일
	2호기	PWR	가동 중	우크라이나	1000	1985년 1월 6일
	3호기	PWR	가동 중	우크라이나	1000	1989년 9월 20일
자포로제	1호기	PWR	가동 중	남우크라이나	1000	1984년 12월 10일
	2호기	PWR	가동 중	남우크라이나	1000	1985년 7월 22일
	3호기	PWR	가동 중	남우크라이나	1000	1986년 12월 10일
	4호기	PWR	가동 중	남우크라이나	1000	1987년 12월 18일
	5호기	PWR	가동 중	남우크라이나	1000	1989년 8월 14일
	6호기	PWR	가동 중	남우크라이나	1000	1995년 10월 19일

출처: IAEA, PRIS

> **벨라루스 정부가 밝힌 체르노빌 사고로 발생한 자국 피해**
>
> ■ 방사능 오염 피해
> - 전 국토의 23%가 세슘 137에 오염되어 있음
> - 전 국토의 10%가 스트론튬 90에 오염되어 있음
> - 전체 농경지의 20%가 세슘 137에 1Ci/km² 초과 방사능에 오염되어 있음
> - 26년여 동안 약 6000km² 지역이 출입 통제되고 있음(서울의 면적은 605.25km²)
>
> ■ 경제적 피해
> - 총 2350억 달러(약 2250조 원)의 손실(30년간 피해액 추정. 이는 1985년 국가 예산의 32배에 달함)
> - 손실액 중 81.6%: 핵 사고의 피해를 극복하거나 최소화하기 위한 예산
> - 손실액 중 12.6%: 농토와 국가 자산을 사용하지 못하게 됨에 따른 피해
> - 손실액 중 5.8%: 이자 손실
>
> ■ 사회적 피해
> - 오염된 지역에서 강제 이주된 사람: 138,000명
> - 오염된 지역에서 자발적으로 떠난 사람: 200,000명
> - 오염된 지역에 살고 있는 사람: 1,100,000명
>
> 출처: Ministry for Emergency Situations of the Republic of Belarus, "Reviving Our Homeland : Special Edition for the 25th Anniversary of the Chernobyl Catastrophe", 2011

활발히 벌어졌다. 여기에 1991년에 가동 중이던 체르노빌 핵발전소의 2호기가 화재로 사실상 사용 불가능한 상태에 빠지면서 국회는 1호기와 3호기도 폐쇄할 것을 결의했다. 하지만 최고회의는 전원 부족을 이유로 1994년 2월 대통령령으로 1, 3호기의 운전을 계속할 것을 결정했다. 하지만 2호기의 화재는 많은 유럽 국가들을 또다시 방사능 공포에 떨게 하기에 충분했다. G7을 비롯한 서방국가들은 체르노빌의 모든 핵발전소를 가동 중지할 것을 요구했다. 결국 1995년 12월 캐나다 오타와에서 "체르노빌 발전소를 2000년까지 영구 폐쇄한다"는 양해

각서를 체결하고, 건설 중인 흐멜니츠키 2호기(VVER-1000)와 로브노 4호기(VVER-1000)를 완성시킬 재정 지원을 조건으로 체르노빌 발전소를 폐쇄한다는 레오니드 쿠츠마 대통령의 발표를 이끌어냈다. 2000년 12월 7일 유럽부흥개발은행(EBRD)은 2억 1500만 달러의 융자를 결정했고, 12월 13일 유럽연합에서는 5억 8500만 달러의 재정 지원을 결정하였다. 또한 러시아도 재정 지원을 약속함에 따라 12월 15일 마지막까지 운전하고 있던 체르노빌 3호기를 영구 정지하는 행사를 열었다. 대통령이 직접 케이블을 절단하는 이 장면은 미국의 에너지 장관, 러시아 총리 등 세계 각국 인사 2000여 명이 참석한 가운데 텔레비전으로 생중계되었다.

공식 자료에 의하면 우크라이나, 벨라루스 그리고 러시아의 3개국에서만 약 840만 명이 방사능에 피폭되었다. 이탈리아 면적의 절반에 가까운 15만 5000제곱킬로미터가 오염되었다. 인간의 오감으로는 인지할 수 없는 살인 광선 속에서 오염 방재 작업에 동원된 어린 병사들은 '영웅' 칭호와 함께 죽어갔다. 사고 당시 현장에 있던 사람은 총 600여 명으로 알려져 있다. 그들 누구도 방사능 방호 장비나 측정 장비 따위를 가지고 있지 않았다. 초기 대응에 동원된 노동자와 소방대원 1100명 중 237명이 급성 방사능 피폭 증상을 보였고, 최종적으로 134명이 피폭으로 확진되었다. 이 가운데 28명은 몇 달 뒤 사망했다. 우크라이나 정부의 공식 집계로는 초기 대응 과정에서 총 56명이 사망에 이르렀다고 한다.

기괴한 숲

건강상의 인과관계를 명확하게 파악하는 것은 여전히 논쟁거리지만, 방사능으로 입는 피해는 지금까지 계속되고 있다. 체르노빌은 여전히 현재 진행형이다. 어린이들의 갑상선암은 폭발적으로 증가했다. 사고 전인 1981~1985년에는 100만 명당 4~6명 수준이던 것이 1986~1997년 45건으로 10배 정도 증가했다. 우크라이나의 15세 이하 갑상선암 환자 가운데 64퍼센트가 사고 오염 지역에 살고 있다고 밝혀진 바 있다. 가장 큰 피해를 입었던 지역에서는 아동 및 청소년 갑상선암 환자의 비율이 100배 이상 된다는 기록도 있다. 오염된 현지의 우유나 반감기가 짧은 동위원소인 아이오딘(iodine, 요오드)은 체내에 축적되어 아이들을 괴롭혔다. 방사능에 오염된 우유 등을 통해 아이들에게 치

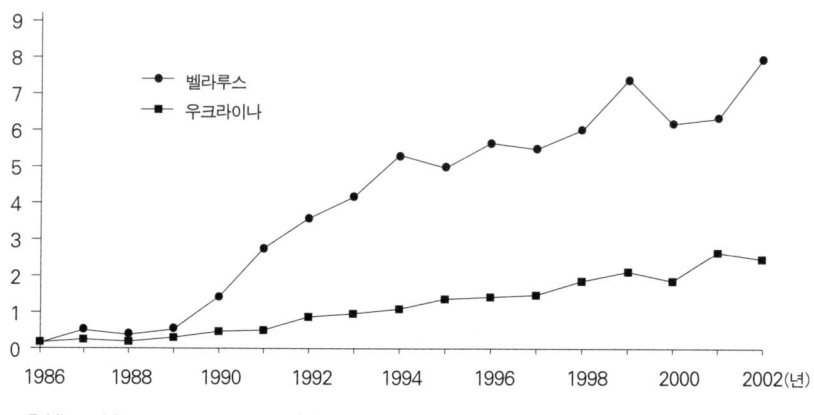

벨라루스와 우크라이나의 10만 명당 영유아 갑상선암 발생률

Fairlie and Sumner, *TORCH*, 2006에서 재인용

명적인 암을 유발시켰다.

　국제원자력기구는 '사고 발생 시에 0세부터 14세였던 아이 1800명이 갑상선암으로 기록되었는데, 이는 통상보다 훨씬 많은 수'라고 밝힌 바 있다. 갑상선은 아이들의 몸속에서 스펀지처럼 방사능을 빨아들였다. 문제는 그나마 갑상선암은 조기에 발병하고 수술 등으로 처치가 가능하지만, 잠복기가 10년이 넘는 유방암 등 고형 암의 경우는 파악조차 쉽지 않다는 것이다. 물론 사고가 난 지 몇 년 뒤에 발생한 암은 인과관계 증명이 어려워 통계에서 누락된 경우가 대부분이다. 체르노빌 사고 후 26년여가 흘렀지만, 그 피해를 추산하기는 아직 이르다는 것이 대부분 전문가들의 공통된 의견이다. 이 외에 사고로 인한 정신적 피해도 꾸준히 보고되고 있다.

　청소부로 체르노빌을 거쳐 갔던 사람들 역시 결혼이나 출산 등을 자유롭게 할 수 없는 상황에서 조금씩 병들어가고, 남은 생을 무기력하게 살아가고 있다. 소련 연방이 해체된 후 그들은 허울뿐인 훈장과 함께 연금도 삭감된 채 잊혀가고 있을 뿐이다. 사고로 피해를 입은 것은 인간뿐이 아니었다. 여전히 우리는 체르노빌 사고가 오염 지역에 살고 있는 동물들에게 어떤 피해를 입혔는지 자세히 알지 못한다. 오염된 땅에 들어가 생태조사를 하는 것은 쉽지 않은 일이다. 죽음의 땅 체르노빌에는 돌연변이 식물로 말미암은 '기괴한 숲'에 대한 소문이 떠돌고 있고, 새들의 울음소리가 들리지 않는다는 소문이 살인 공기와 함께 떠돌았다. 사고 인근 지역에서 발견된 제비는 전체의 15퍼센트가 알비노(백색증) 변이를 보였는데, 이는 유럽의 제비들에게 발견되는 수치보다 높았다. 오염 지역의 야생동물들에게서는 종양 발생, 면역 결여, 수명 단축, 조기 노화, 혈구 생성의 변화, 기형 등이 관찰되고 있다. '기괴한 숲'은 소문이 아니었다.

피폭으로 말미암은 건강 문제 역시 심각하지만 논란은 계속되고 있다. 몸의 이상이 체르노빌의 방사능 때문이라는 인과관계를 증명하는 것은 불가능에 가깝다. 하지만 다음 세 개의 보고서를 보면 체르노빌이 우리에게 어떤 메시지를 전달하고 있는지 명확히 알 수 있다. 우리가 기억해야 하는 것은 단순히 사고에 대한 것이 아니다. 이 사고는 아직도 진행 중이며, 시간과 공간을 뛰어넘어 우리에게 무엇을 요구하고 있는지에 대한 질문이자 대답이다.

유엔 보고서와 토치 보고서

유엔총회는 1990년에야 '체르노빌 핵발전소 사고의 수습을 위한 국제사회의 협력'이라는 제목의 결의문을 채택했다. 사무총장 직속의 테스크포스는 구호기금을 조성하고 유엔 체르노빌조정관, 그리고 피해 3개국 장관이 참여하는 장관급 협력위원회도 만들었다. 그들은 사고 복구를 위한 다양한 조사 활동과 원조 사업을 진행했다. 그 후 유엔은 환경과 건강에 관한 피해라는 점을 인식하고 2001년 국제연합환경계획(UNEP)의 지역책임자로 그 임무를 넘기고 중장기 계획을 수립한다. 스위스의 재정으로 운영되는 홈페이지 구축과 지속적인 국제사회의 관심을 환기하는 한편, 국제원자력기구가 주도하는 '체르노빌 포럼'을 통해 다양한 연구조사 활동을 전개했다.

2005년 체르노빌 20주년에 발간된 유엔 보고서에 의하면 2004년까지 직접적인 사망 원인이 방사선으로 확인된 사람은 50명이 되지 않았다. 그들은 모두 당시 사고 현장에서 구조 및 복구 활동을 하면서 고농도의 피폭을 당한 사람이었다. 구조대원들 대부분은 수개월 내에 사망했으며, 나머지는 2004년까지 사망한 사람들이다. 사고 첫날에는 100명의 수습 인원이 투입되었고, 이후 2년간 20만 명이 넘는 인원이 오염 제거 활동 등에 투입되었다. 이들 역시 방사선에 피폭되어 2200명이 사망할 것으로 내다봤다. 또한 보고서에서는 체르노빌의 방사선으로 모두 4000명 정도가 사망할 것이라고 했다.

아래는 유엔 보고서의 주요 내용이다.

1. 사고 당시의 방사선 노출로 주로 어린이와 청소년에게서 4000건의 갑상선암이 발생했고, 이 가운데 최소한 9명이 사망했다. 벨라루스에서의 조사결과 갑상선암 환자들의 생존율은 약 99퍼센트에 이른다.
2. 오염 지역에 살고 있는 대부분의 구조대원들과 주민들은 자연 방사선과 비교할 때 상대적으로 낮은 전신 노출 농도에 노출되어 있다. 결국 방사선 노출로 어떠한 부작용의 증거나 출산력의 저하를 보여주는 증거나 유사 증후도 확인되지 않았다.
3. 가난과 생활습관에서 오는 질병이 옛 소비에트 지역에서 크게 만

연하고 있다. 지역 사회에서 특히 정신건강 문제는 방사선 노출 농도보다 훨씬 큰 문제를 야기한다.
4. 사고로 말미암은 주민 이주는 35만 명의 사람들에게 충격적인 경험을 안겨주었는데, 사고 직후 11만 6000명이 가장 오염된 지역으로부터 이주하였다. 이후 추가로 이주한 경우는 방사선 노출을 줄이는 데 별로 기여하지 못했다.
5. 방사선 위협에 대해 지속되는 잘못된 인식과 믿음은 오염 지역의 주민들 사이에 무기력한 숙명주의를 야기하고 있다.
6. 구소련에 의해 시작되고 벨라루스, 러시아 그리고 우크라이나에서 계속되는 주민 정착 및 사회이윤 창출 프로그램은 방사선 오염 상태 변화, 재원 부족 및 낮은 목표 설정 등으로 새롭게 조정되어야 한다.
7. 사고 원자로에 만들어진 석관 구조물이 낡아 붕괴 위험이 확인되고 방사능 물질의 추가 누출이 우려된다.
8. 체르노빌 핵단지에 있는 수톤의 고준위 핵폐기물 처리를 위한 종합계획이 현재의 안전 수준에 맞추어서 새롭게 세워져야 한다.

하지만 이 유엔 보고서는 얼마 지나지 않아 축소 은폐의 의혹을 받았다. 관련 증거를 모두 배제하고 오직 32명의 사망자, 200명의 피폭자와 2000명의 갑상선암 환자만이 체르노빌 사고에 의한 것이라고 기록한 것은 명확한 축소라는 것이다.

영국의 이안 페얼리 박사와 데이비드 섬너 박사가 주도하여 2006년

4월 발간한 토치 보고서(TORCH, The Other Report of Chornobyl)는 유엔 보고서가 체르노빌 사고로 발생한 건강 및 환경 피해를 축소했다고 반박했다. 키예프에서 열린 토치 보고서 발표 기자회견에서 독일 녹색당 유레카 의원은 "우리는 2005년에 발표된 국제원자력기구의 체르노빌 평가보고서가 체르노빌 핵사고의 치명적인 결과들을 평가절하 하여 결과적으로 유럽과 세계로부터 의미 있는 평가를 받아내는 데 실패했다고 본다. 사고로 발생한 사망자가 4000명에 불과하다는 국제원자력기구의 추정치 발표는 과학계와 환경운동계로부터 즉각적인 비난을 불렀고 체르노빌 사고로 고통 받는 수많은 사람들을 모욕했다. 토치는 유엔 보고서의 잘못을 지적하고 바로잡기 위한 노력의 결과이다"라고 언급했다. 약자로 이루어진 보고서의 이름 토치(TORCH)의 뜻이 '햇불'이라는 점은 오히려 아이러니다.

특히 레베카 헬프스 의원은 유엔 보고서 작성에 참여한 국제원자력기구의 입장을 지적했다. 그는 "국제원자력기구는 기본적으로 체르노빌 피해 조사에서 중립적인 입장에 서 있지 않다. 그들은 핵기술의 확산을 목적으로 활동하는 기구가 아닌가?"라고 물었다.

또한 유엔 보고서의 축소 이유를 "유엔 내부에서 국제보건기구나 유엔 인도주의업무조정국(OCHA)의 내용이 아니라 국제원자력기구와 유엔과학위원회(UNSCEAR)의 입장만 반영되었기 때문에 32명의 사망자, 200명의 피폭자, 2000명의 갑상선 환자만을 기록한 것"이라고 주장했다. 특히 사고 인접 3개국보다 서유럽의 인구가 2배나 많은 점을 고려하면 집단적인 노출량과 그 피해가 훨씬 크며 암 발병 등의 질병

역시 2배 가까이 될 것이라고 말했다.

  토치 보고서의 내용은 상당히 충격적이다. 여전히 반경 30킬로미터 이내에 거주하고 있는 1만여 명의 주민들에 대한 대책이 시급하며, 1992년에는 국가 전체 예산의 15퍼센트를 체르노빌 사고에 사용한 우크라이나의 이야기도 담겨 있다. 또한 우크라이나에서만 2000억 달러의 경제 손실을 예상하고 있다. 사고가 발생한 지 20년이 넘었지만 피해가 줄어들고 또 수습되고 있는 것이 아니라 공식적으로 알려진 것보다 훨씬 더 큰 피해가 발생했으며, 장기적으로 환경은 물론 보건·사회·경제적으로 다양한 영향을 미치고 있다는 점을 언급하고 있다.

토치 보고서의 주요 내용을 살펴보면 아래와 같다.
1. 벨라루스, 우크라이나, 러시아는 방사능에 심하게 오염되었다. 그러나 체르노빌 핵사고로 유출된 방사능 낙진의 절반 이상은 이들 3개 나라 바깥 지역에 떨어졌다.
2. 체르노빌 핵사고로 유출된 방사능 낙진의 40퍼센트는 유럽 지역을 오염시켰다.
3. 가장 신뢰할 만한 자료에 의하면, 집단 선량(collective dose, 다수의 사람이 피폭되는 경우, 그 집단 구성원이 받은 전신, 특정 장기 등의 개인 피폭 방사선량의 합계)은 약 600,000맨시버트(man-Sv)로 이는 국제원자력기구, 세계보건기구가 2005년 예측한 5만 5000보다 10배나 많은 양이다.
4. 체르노빌 핵사고로 유출된 방사능의 인체 노출 집단 조사량의 약

3분의 2는 사고 지역 인접 3개국 이외의 지역 사람들, 특히 서유럽 사람들에게 노출되었다.
6. 위해 예측 모델링 결과, 벨라루스에서만 1만 8000명에서 6만 6000명까지 갑상선암 추가 발생이 예상된다.
7. 장기간의 잠복기를 갖는 유방암과 같은 고형 암의 경우 사고 발생 20년이 지나면서 피해가 나타나기 시작하고 있다.
8. 세슘 137은 공식 수치보다 3배나 많은 양이 배출된 것으로 예측된다.
9. 암 이외의 질환
10. 정신건강적 영향과 심리적 영향

이 보고서의 내용은 유엔 보고서의 내용이 명확히 축소된 것임을 보여준다. 사고 원자로의 핵연료 중 30퍼센트가 주변을 오염시켰고, 1~2퍼센트는 대기 중으로 배출되었으며, 체르노빌에서 출발한 방사능 낙진은 8000킬로미터나 떨어진 일본의 히로시마 지역에서도 검출되었다. 당시 우리나라에서도 체르노빌의 영향으로 방사능 오염 비가 내리니 가급적 맞지 않도록 주의하라는 뉴스가 보도된 바 있다. 또한 4000Bq/m^2 이상 세슘 137 낙진에 오염된 지역은 전 유럽의 40퍼센트(3,900,000제곱킬로미터)에 해당하며 40,000Bq/m^2 이상의 고농도에 오염된 지역은 유럽 전체의 2.3퍼센트에 해당한다고 밝히고 있다. 체르노빌 사고 지점 반경 30킬로미터인 통제 지역은 555,000Bq/m^2 이상의 오염을 보이고 있다.

국가별로는 벨라루스의 22퍼센트, 오스트리아의 13퍼센트가 고농도로 오염되었으며, 우크라이나·핀란드·스웨덴의 5퍼센트가 넘는 지역이 세슘 137에 40,000Bq/m² 이상 오염되었다고 한다. 약 4,000Bq/m²가 오염된 지역도 몰도바, 터키의 유럽 인근 지역, 스위스, 오스트리아, 슬로바키아공화국 등 80퍼센트 이상이며 독일의 44퍼센트, 영국의 34퍼센트가 이와 유사한 정도로 오염되어 있다. 유럽연합이 정한 낙농 제품의 세슘 137 제한치는 600베크렐이다. 하지만 유엔 보고서는 사고 인접 3개국 이외 나라의 오염에 대해서는 언급하고 있지 않다. 보고서가 발간되던 2006년을 기준으로 영국에서는 여전히 750제곱킬로미터의 지역 374개 농장 20만 마리의 양이 오염되어 이동 및 식품 소비 제한 조치를 받고 있다는 것은 매우 충격적이다. 2006년은 체르노빌 20주년이었다.

이 외에도 백내장과 심혈관계 등 암이 아닌 질병이 사고와 관련 있는 것으로 보고되고 있으며, 사회심리적으로 건강에 대한 두려움과 생활 변화로 술과 담배의 소비가 증가하고, 사회적 격리에 따른 불안 및 새로운 정착 과정에서의 다양한 문제가 잔존하고 있다고 밝혔다.

그린피스의 '제4그룹'

역시 체르노빌 20주기를 맞이하여 그린피스는 인접 3개국과 유럽 전역의 보건학 및 의학 전문가 60여 명이 참가하는 건강 피해 조사를 했다. 그리고 당시의 피해는 물론 앞으로의 피해까지도 예측한 〈체르노빌 재앙—인간의 건강에 대한 결과(The Chernobyl Catastrophe—Consequences on Human Health)〉라는 보고서를 발표했다. 방사능이 오랜 시간 동안 영향을 미친다는 것은 모두가 알고 있지만, 이 보고서에서 언급하는 미래의 건강 피해는 체르노빌이 지금 우리 세대가 아닌 다음 세대에 대한 엄청난 빚이라는 점을 명확히 인지시켜주었다.

보고서에 의하면 방사능 오염이 70년간 지속될 벨라루스에서만 2만 1420명, 그 외 국가까지 모두 9만 3000여 명이 사망한다는 것이다. 벨라루스를 비롯한 인근 국가에서의 갑상선암 발생은 2056년까지 모두 13만 7000건이 발생할 것이며, 고형 암은 12만 3000건이 발생할 것으로 예측했다.

그린피스는 이뿐만 아니라 피해자를 모두 4단계로 나누었다. 4단계의 피해 그룹 분류는 아래와 같다.

1그룹

사고 처리에 투입되어 고농도의 방사능에 피폭된 사람들

- 소방요원, 군인, 폐기물 처리반, 방재요원 등
- 사고 인접 3개국에서 74만 명이 동원되었고 이 외에 몰도바, 발틱 지역 국가들, 코카서스, 중앙아시아 지역에서 8만~9만 명이 사고 수습을 위해 동원되었다.

2그룹

사고 지역 반경 30킬로미터의 고농도 오염 지역에서 강제 소개된 주민들

체르노빌 관련 피해 보고서 비교

	유엔 보고서	토치 보고서	그린피스 보고서
조사 주체	세계보건기구, 국제원자력기구, 국제연합식량농업기구, 유엔개발계획, 국제연합환경계획, 세계은행 등	영국의 이안 페플리와 데이비드 섬너	그린피스
발표 시기	2005년	2006년	2006년
피해 예측	• 직접 사망 50명 이내(32명) • 추후 사망 예정 4000여 명 • 출산력 저하 등의 유사 증후 없음 • 피폭자 200여 명 • 갑상선암 환자 2000여 명	• 갑상선암(벨라루스 한정) 18,000~66,000명으로 추산 • 서유럽 암 발병률이 2배가량 될 것으로 예측	• 갑상선암 2056년까지 137,000건 • 고형 암 123,000건이 될 것으로 예측
조사 대상	체르노빌 인접 3개국	유럽 전역	유럽 전역
비고		유엔 보고서 축소 의혹	• 4개 피해 그룹으로 나누어 조사 • 다음 세대의 피해까지 예측

- 1986년 한 해에만 10만 명이 강제 이주되었다.

3그룹

반경 30킬로미터 밖에 상대적으로 저농도로 오염된 지역의 주민들

- 여전히 위험한 오염 지역에 거주하는 사람들
- 사고 인접 3개국의 가장 오염된 지역에서 소개된 사람들은 모두 35만여 명
- 사고 당일과 이후 몇 주 사이에 1Ci/km²의 고농도 방사능 낙진에 노출된 사람들은 우크라이나 최대 320만 명, 러시아 최대 240만 명,

벨라루스 최대 260만 명이고 유럽의 여러 나라(스웨덴·노르웨이·불가리아·루마니아·오스트리아·독일 남부, 기타) 50만~80만 명이다.

4그룹

1, 2, 3그룹의 부모로부터 태어난 어린이들

-200만 명이 넘을 것으로 추산

이 모든 그룹의 피해자들은 사망했거나 장애를 안고 살아가고 있다. 또한 그들은 결혼과 출산조차 마음대로 하지 못하거나 그 피해가 대를 이어 나타나기도 하며, 약과 고통, 세계의 무관심 속에서 지워져가고 있다. 그린피스 보고서 가운데 가장 주목되는 피해 그룹은 4그룹이다. 아직도 체르노빌이 현재 진행형인 사고라 부르는 이유다. 대를 이어, 인간의 시간을 뛰어넘어 영원에 가까운 시간 동안 체르노빌은 죽음의 상징이 될 것이기 때문이다.

2012년 4월은 체르노빌 사고가 발생한 지 26년이 되는 때다. 사고 후 세계는 인류 기술 발전의 위대한 상징이라 여겼던, 석유 이후 값싼 에너지 대안이라 믿었던 핵발전소의 '안전'에 대해 의심하기 시작했다. 유럽에서는 대규모 반핵 여론이 지지를 얻었으며, 녹색당 성장에 기여했다. 사람들은 더 이상 핵발전소가 무결점의 에너지라고 인식하지 않게 되었다. 체르노빌은 기술 위험과 소련 당국의 비밀주의가 낳은 인류 최악의 참사로 기록되었다. 이제는 후쿠시마가 그 자리를 대신할 예정이다. 그리고 여전히 유효한 체르노빌의 물음에 대한 대답은 우리에게 있다.

체르노빌 사고 초기 진압 당시 발생한 사망자

이름	생존 시기	사망 원인	직업	비 고
미콜라 바슈크	1959년 6월 5일~ 1986년 5월 14일	급성 방사선병	소방관	소방 병장, 빅토르 키베노크의 부하. 중앙복도와 옥상의 화재를 진압하다가 방사능에 오염되어 쓰러진 뒤 모스크바 병원으로 후송. 그곳에서 사망
니콜라이 티테노크	1962년 12월 5일~ 1986년 5월 16일	방사성 화상, 전신에 물집이 생김	소방관	소방 중사, 빅토르 키베노크의 부하. 중앙복도와 옥상의 화재를 진압하다가 방사능에 오염되어 쓰러진 뒤 모스크바 병원으로 후송. 그곳에서 사망
볼로디미르 티시추라	1959년 12월 15일~ 1986년 5월 10일	방사선 화상	소방관	소방 병장, 빅토르 키베노크의 부하. 원자로 근처와 중앙복도에서 화재 진압
레오니드 텔랴트니코프	1951년 1월 25일~ 2004년 12월 2일	방사능 오염에 의한 후유증으로 추후 암 발병	소방관	소방 준장, 체르노빌 소방서의 서장. 화재 진압 진두지휘 이후 건강이 급속도로 나빠져서 현역에서 은퇴한 뒤 주로 청소년 소방교육을 담당. 2004년 이날의 사고가 원인이 되어 발병한 암으로 사망. 이 항목에 작성된 인물 중 최후의 생존자. 1987년에 소비에트 연방 영웅 칭호 수여
블라디미르 프라비크	1962년 6월 13일~ 1986년 5월 11일	방사선 화상	소방관	소방 중위, 레오니드 텔랴트니코프와 함께 화재를 진압. 4호기 지붕 위에서 화재 진압을 지휘하다가 불을 뒤집어쓰고 모스크바 병원으로 후송 후 치료 도중 사망. 방사선의 영향으로 동공의 색깔이 변색되었다고 함. 사후 소비에트 연방 영웅 칭호 수여
빅토르 키베노크	1963년 2월 17일~ 1986년 5월 11일	급성 방사선 병	소방관	소방 중위, 레오니트 텔랴트니코프와 함께 화재를 진압하다가 낙진을 뒤집어쓰고 피폭되어 사망. 사후 소비에트 연방 영웅 칭호 수여

이름	생몰일	사망원인	직업	비고
바실리 이그나텐코	1961년 3월 13일~ 1986년 5월 13일	급성 방사선병	소방관	소방 중사. 사고 발생 직후 초기에 투입된 14명의 소방관 중 한 명. 엄청난 방사선에 누출되어 피폭됨. 사고 2주 후 모스크바 병원에서 사망
미콜라이 간추크	1960년 6월 26일~ 1986년 10월 2일	헬기 추락	헬기 조종사	발전소에 붕소 투여 작업을 하던 도중 헬기의 프로펠러가 전신주의 고압선에 걸려 추락함. 그 사고의 후유증으로 사망
레오니드 흐리스티치	1953년 2월 28일~ 1986년 10월 2일	헬기 추락	헬기 조종사	
예카테리나 이바넨코	1932년 9월 11일~ 1986년 5월 26일	급성 방사선병	프리피야트 시의 경찰관(경호 업무 담당)	체르노빌 원자로 4호기의 출입통제 담당. 이 과정에서 피폭되어 사망. 여성
클라브디아 루즈가노바	1927년 5월 9일~ 1986년 7월 31일	방사선 노출. 600래드(rad)	프리피야트 시의 경찰관(경호 업무 담당)	저장 건물의 건설 현장을 경비. 이 과정에서 피폭되어 사망. 여성
알렉산드르 아키모프	1953년 5월 6일~ 1986년 5월 11일	100% 방사능 화상	4호기의 선임 연구원	토프투노프와 반응기 제어장치에서 폭발을 막기 위한 제어 시도. 사후 용기 칭호 수여
아나톨리 바라노프	1953년 6월 13일~ 1986년 5월 20일	급성 방사선병	전기공학 분야의 선임 연구원	사후 용기 칭호 수여
뱌체슬라프 브라즈니크	1957년 5월 3일~ 1986년 5월 14일	급성 방사선병	터빈 연산 기계기술자	폭발의 순간 터빈 제어실에서 치명적인 방사선 피폭을 무릅쓰고 터빈을 안정화시킴. 모스크바 병원으로 후송된 후 그곳에서 사망. 연료 터빈 비상 드레인 밸브를 수동으로 개방하는 동안 터빈 발전기 7을 인근 변압기에 연결함. 사후 용기 칭호 수여
빅토르 데그랴렌코	1954년 8월 10일~ 1986년 5월 19일	급성 방사선병	원자로 운영자	원자로 근처에 있다가 뜨거운 냉각수를 뒤집어쓰고 사망. 사후 용기 칭호 수여

이름	생몰	사인/증상	직책	비고
아나톨리 댜틀로프	1931년 3월 3일~ 1995년 12월 13일	방사능 후유증으로 말미암은 심장마비	수석 엔지니어 겸 체르노빌 핵발전소 부소장	무리한 실험을 강행한 사고의 유발자. 사고 후 피폭되었으며, 이 사고에 대한 책임으로 징역 10년을 선고받고 복역 중에 병보석으로 석방. 이후 뮌헨에서 사망
발레리 호뎀추크	1951년 3월 24일~ 1986년 4월 26일	초기 폭발	메인 순환 펌프 기사	사고 당시 아나톨리 댜틀로프의 지시에 의해 순환펌프를 작동하다가 폭발로 제일 먼저 희생됨. 시신은 26년여가 지난 현재까지도 찾지 못하고 있음. 사후 용기 칭호 수여
유리 코노발	1942년 1월 1일~ 1986년 5월 28일	급성 방사선병	전기 기술자	사후 용기칭호 수여
알렉산드르 쿠드랴프체프	1957년 12월 11일~ 1986년 5월 14일	급성 방사선병	SIUR 훈련 요원	폭발 순간 컨트롤센터에 있다가 원자로에 수동으로 제어봉을 넣는 시도 도중 방사능에 피폭됨. 사후 용기 칭호 수여
아나톨리 쿠르구즈	1957년 6월 12일~ 1986년 5월 12일	급성 방사선병	지휘통제실장	체르노빌 핵발전소 지휘통제실을 지키고 있던 도중 폭발로 발생한 수증기에 화상을 입고 사망
알렉산드르 렐레첸코	1938년 7월 26일~ 1986년 5월 7일	치명적인 방사선 노출, 2500래드	공장 노동자 겸 전기기계부실장	급수 펌프의 전력을 공급하는 작업을 하다가 피폭. 응급처치를 받고 몇 시간 더 작업. 그 후 키예프 병원에서 사망
빅토르 로파듀크	1960년 8월 22일~ 1986년 5월 17일	급성 방사선병	전기기술자	전력 공급을 하다가 방사선에 피폭되어 사망
알렉산드르 노비크	1961년 8월 11일~ 1986년 7월 26일	급성 방사선병	터빈 정비공	터빈 홀을 안정화시키는 작업 도중 방사능 피폭. 이후 후유증으로 모스크바 병원에서 사망. 사후 용기 칭호 수여
이반 오를로프	1945년 1월 10일~ 1986년 5월 13일	급성 방사선병	물리학자	원자로를 제어하려고 시도하다가 방사능에 피폭. 이후 사망
콘스탄틴 페르추크	1952년 11월 23일~ 1986년 5월 20일	급성 방사선병	터빈 연산자, 수석 엔지니어	폭발 순간 터빈의 안전화 시도. 사후 용기 칭호 수여

이름	생몰	병명	직책	비고
발레리 페레보첸코	1947년 5월 6일~ 1986년 6월 13일	급성 방사선병	원자로섹션 감독	쿠드랴세프, 프로스쿠르야코프와 함께 수동으로 원자로 제어봉을 삽입하는 과정에서 방사능에 피폭되어 사망. 사후 용기 칭호 수여
게오르기 포포프	1940년 2월 21일~ 1986년 6월 13일	급성 방사선병	하리코프 터빈 공장 직원	진동 전문가
빅토르 프로스쿠랴코프	1955년 4월 9일~ 1986년 5월 17일	급성 방사선병	SIUR 훈련 요원	폭발 순간 콘트롤센터에 있다가 원자로에 수동으로 제어봉을 넣는 시도 도중 방사능에 피폭됨. 사후 용기 칭호 수여
블라디미르 사벤코프	1958년 2월 15일~ 1986년 5월 21일	급성 방사선병	하리코프 터빈 공장 직원	진동 전문가
아나톨리 샤포발로프	1941년 4월 6일~ 1986년 5월 19일	급성 방사선병	전기기술자	사후 용기 칭호 수여
블라디미르 샤셰노크	1951년 4월 21일~ 1986년 4월 26일	열 및 방사선 화상	원자로의 자동제어시스템 조정자	폭발로 몸이 날아가서 그 충격으로 척추와 갈비뼈가 부러짐. 이후 의식을 회복하지 못하고 사망
아나톨리 시트니코프	1940년 1월 20일~ 1986년 5월 30일	급성 방사선병	운영 엔지니어 부실장 및 물리학자	주로 머리에 치명적인 방사선량 복용 (1500뢴트겐)으로 사망
레오니트 토프투노프	1960년 8월 16일~ 1986년 5월 14일	급성 방사선병	SIUR, 원자로 관리 수석 엔지니어	아키모프와 같이 폭발 순간 반응기 제어판을 제어하려다 치명적인 부상을 당하고 사망. 사후 용기 칭호 수여
유리 베르쉰	1959년 5월 22일~ 1986년 7월 21일	급성 방사선병	터빈 장비 기계공 및 검사관	폭발 순간 컨트롤센터에 있다가 원자로에 수동으로 제어봉을 넣는 시도 도중 방사능에 피폭됨. 사후 용기 칭호 수여

출처: 위키백과

키시팀 사고

체르노빌 사고 이전 가장 최악의 핵발전소 사고는 1957년 소련에서 일어난 '키시팀' 사고였다. 냉전시대 미국과 핵무기 경쟁을 벌이던 소련의 핵연료 재처리 공장에서 발생한 이 사고는 6등급으로 공식 기록되었다.

1950년에 건설된, 소련의 외딴 동네 오조르스크의 마야크 공장에 있는 80톤가량의 방사성 폐기물을 모아둔 저장탱크가 냉각장치 이상으로 핵연료의 급격한 온도 상승과 함께 160톤의 콘크리트 지붕을 날려버렸다. 말라버린 방사성 폐기물은 TNT 70~100톤에 이르는 비핵폭발을 일으킨 것으로 알려져 있다. 폭발과 동시에 죽음의 공기 역시 인근 지역을 뒤덮었다. 핵무기를 만들기 위한 공장이었던 만큼 공장의 위치와 사고 사실은 모두 극비리에 부쳐졌다. 2000페타베크렐(PBq)*가량의 방사능이 무방비 상태로 인근에 뿌려졌다. 인근 주민들은 어떤 사실도 알지 못한 채 고스란히 죽음의 재를 뒤집어쓸 수밖에 없었다. 세슘 137 등의 강한 방사능은 800제곱킬로미터가 넘는 지역을 오염시켰다. 어떤 경고도 주의도 듣지 못한 주민들은 피부가 벗겨지고 허물어지는 고통을 당했다. 결국 정부는 조치를 취할 수밖

● 크기의 단위
킬로(Kilo)=10^3, 메가(Mega)=10^6, 기가(Giga)=10^9, 테라(Tera)=10^{12}, 페타(Peta)=10^{15}, 엑사(Exa)=10^{18}

에 없었다. 사고 발생 일주일 후에 대피 명령이 떨어졌고, 1만 명가량이 이주했다. 물론 그들에게 자세한 내용은 알려주지 않았다. 사고의 많은 것들은 묻혔다.

    소련 정부는 오염 지역을 '자연보호구역'으로 정하고 외부인의 출입을 금지했다. 오염 지역의 흙은 긁어내 굴에 묻었다. 사망자와 피해 인원도 알려지지 않았다. 200명가량이 암으로 사망했다는 정도만 알려져 있다. 당시 미국은 키시팀 사고를 알았지만, 자국 내 핵발전과 핵무기 계획에 대한 반대 여론을 고려하여 비밀에 부쳤다. 이 사건은 훗날 조레스 메드베데프가 《네이처》에 폭로함으로써 세상에 알려졌다. 아무도 피해 규모나 인원조차 알지 못할뿐더러, 위치가 비밀에 휩싸여 있기 때문에 인근 도시의 이름을 따 키시팀 사고라 명명되었다. 이 사고는 핵발전소에서 일어나진 않았지만, 최악의 방사능 사고인데도 소련 정부의 비밀주의와 뒤늦은 대응으로 수많은 사람들이 피해를 입은 대표적 사례라 할 수 있다.

TMI 사고

TMI 사고는 미국 펜실베이니아 주 서스쿼해너 강의 작은 섬 스리마일핵발전소에서 발생한 것으로, 5등급으로 공식 기록되었다. 스리마일 섬은 길이가 약 3마일(4.8킬로미터)에 불과해 스리마일아일랜드라는 이름이 붙었다. 이 섬에는 B&W에서 설계하고 메트로폴리탄에디슨사(Met-Ed)가 운영하는 핵발전소 2기가 있었다. 섬의 위치는 펜실베이니아 주도인 인구 5만 명의 해리스버그로부터 고작 16킬로미터 떨어져 있었다.

1979년 3월 28일 수요일 새벽, 2기의 핵발전소 중 2호기에서 문제가 생겼다. 발전소의 배관 하나가 파열되자, 원자로의 압력을 낮추기 위해 작은 밸브가 열렸다. 밸브는 오작동으로 제대로 닫히지 않았다. 하지만 통제실의 노동자들은 이를 알지 못했고, 밸브를 통해 냉각수가 유출되었다. 계기판 수치가 잘못된 것을 발견한 통제실에서는 노심의 비상 냉각 급수 시스템을 꺼버렸다. 사고에 대비한 어떤 시나리오에도 존재하지 않은 일이 발생한 것이다. 몇 분 지나지 않아 발전소의 모든 계기판이 네온사인처럼 반짝이기 시작했다. 컴퓨터로 엄청난 양의 데이터가 쏟아져 들어왔다. 데이터의 입력 속도에 비해 출력은 턱없이 느렸고, 노동자들이 데이터를 읽고 해석했을 때는 사고가 난 지 1시간 30분이 지난 후였다. 오전에 이미 노심이 녹기 시작했고, 원자로의 온도는 2300도를 넘고 있었다. 하지만 통제실의 누구도 이를 상상하지 못했다. 그들은 어떤 가능성에도 대비할 수 있는 안전한 시스템과 대비책을 갖추고 있다고 믿었다. 오전 6시 15분경 통제실에 노동자 60여 명이 모여들었을 때 통제실의 방사능 경보기가 울렸다. 현장 주임 개리 밀러는 미국 최초로 '적색경보'를 울렸다. 미국 최악의 핵 사고가 터지는 순간이었다. 통제실에서는 방독면을 쓴 노동자들이 상황을 파악하고 수습하기 위해 동분서주하고 있었다.

오전 8시 지역 라디오 방송의 교통담당 기자는 섬으로 소방장비와 인력이 들어가고, 냉각탑의 증기가 멈췄다는 사실을 알았다. 통제실로 연결된 전화는 소란스러움만 가득했다. 해리스버그에 뉴스 속보가 급히 타전되었다. 닉 손버그 주지사에게도 소식이 알려졌다. 주지사는 주 비상위원회 의장인 윌리엄 스크랜턴 3세 부지사를 불러 상황을 파악하게 했다. 부지사가 회사로부터 보고받은 내용은 '펌프에 이상이 있지만 밖에서 방사능이 검출되지 않으며, 주민들의 안전과 건강에는 이상이 없다'는 것이었다. 부지사의 첫 언론 성명은 회사에서 보고한 내용 그대로 발표되었다. 전국의 언론이 해리스버그와 섬 인근으로 몰려들었다. Met-Ed는 엔지니어 잭 허바인을 대변인으로 내세웠다. 그의 첫 브리핑은 '새벽 4시경 사고가 발생했으며, 안전 설비는 제대로 작동하고 있다. 발전소가 과열되었지만 문을 닫고 정화 작업을 할 것'이라는 내용이었다. 그는 기자들의 집요한 질문에 '핵공학 전문가'임을 내세워 사건을 축소하는 데 일조했다.

같은 날 워싱턴의 연방핵규제위원회(NRC)는 사고 대책 마련을 위해 메릴랜드 베데스다에 비상센터를 만들었다. 섬에는 다수의 조사관을 파견했다. 스리마일 섬 발전소의 통제실과 베데스타 센터 사이의 직통전화는 없었고, 일반 전화는 모두 통화 중이었다. 지역의 연방핵규제위원회 사무실과 1

호기의 통제실을 거쳐 수습 지침과 상황을 보고하는 답답한 시간이 계속되었다. 결국 저녁이 되어서야 노심에 냉각수를 주입하라는 지침이 떨어졌고, 16시간 만에 사고는 수습되는 것처럼 보였다. 미 전역의 주민들은 문제가 더 악화되지 않는다는 뉴스를 들었다.

다음 날인 목요일, 워싱턴 하원 에너지소위원회에 J. 핸드리 연방핵규제위원회 의장이 출석했다. 연료봉 물의 수위와 멜트다운의 가능성에 대한 의원들의 질문이 쏟아졌지만, 그는 대답하지 못했다. 언론과 회사는 '방사능 누출은 없으며, 큰 사고로 이어지지 않고 잘 수습되고 있다'고 했다. 하지만 미국인의 심리적 공포는 이를 뛰어넘고 있었다. 사고 12일 전에 개봉한 〈차이나 신드롬〉이라는 영화는 마치 스리마일 사고를 예언한 것처럼 보였다. 영화는 핵발전소의 연료봉이 녹아 최악의 사고로 이어지는 과정에서 핵마피아들이 어떻게 정보를 은폐하는지를 다뤘고, 펜실베이니아가 유령마을이 될 것이라고 경고했다. 사람들은 영화가 현실화되었다고 생각할 수밖에 없었다. 미국에서 반핵 시위가 들불처럼 번졌다. 연방핵규제위원회는 규제 기관이 아니라 진흥 기관이며, 회사와 밀월 관계라고 비난했다. 1970년대 어려운 경제 상황에서 선택한 대규모 핵발전소는 값싼 에너지를 생산하는 공장이라고만 생각했을 뿐, 삶을 완전히 지울 수 있는 괴물이라곤 인식하지 못했다. 사고의 출발이 된 밸브는 다른 발전소에서 11회나 오작동한 사례가 있었지만 누구도 이를 경고하거나 고칠 생각을 하지 않았다.

금요일 이른 아침, 발전소는 다시 위기를 맞고 있었다. 대량의 방사성 가스가 유출된다는 보고를 들은 주지사는 비상대책회의를 소집했다. 주민들을 대피시키라는 연방핵규제위원회의 권고가 있었지만 섣불리 결정할 수 없었다. 섬을 사이에 두고 강 양쪽 세 개의 카운티(해리스버그, 돌핀, 컴버랜드) 주민들이 대혼란에 빠질 것이 우려스러웠기 때문이다. 결정권자인 주지사에게 전달되는 정보는 매우 한정적이었다. 결국 민방위 경보가 울렸다. 집안에 머물면서 창문을 닫으라는 경보가 마을에 전해졌다. 사람들은 집안으로 숨었지만 불안함은 증폭되어갔다. 연방핵규제위원회는 섬 반경 약 8킬로미터 이내의 임산부와 미취학 아동은 공지가 있을 때까지 지역을 떠나 있으라고 권고했다. 공황 상태에 빠진 주민들은 마을을 탈출하기 시작했다. 고속도로는 차량으로 가득 찼다. 며칠 만에 14만 명에 가까운 사람들이 마을을 떠났다. 전 세계 신문의 1면은 펜실베이니아가 장식했다. 기자들이 더욱 많이 모여들었다. 금요일 오전 11시 회사는 기자회견을 열어 허용 한도 내의 방사능이 유출됐다고 했지만, 기자들의 불신은 주민들 못지않게 컸다. 그들 역시 불신으로 분노하고 있었다.

   주지사는 카터 대통령에게 신뢰할 만한 사람을 현장에 내려보내 사고를 파악하고 주민들의 동요를 잠재워줄 것을 요청했다. 해럴드 덴턴이 특사 자격으로 해리스버그에 도착했고, 언론 브리핑을 통해 공포는 과장된 것이라고 안심시켰다. 하지만 같은 시각 연방핵규제위원회의 엔지니어 로저 매티슨은 노심 윗부분의 수소 기포가 냉각을 방해하여 멜트다운을 일으킬 것이라고 주장했다. 언론은 처음으로 '멜트다운'이라는 단어를 사용하기 시작했다. 그날은 '검은 금요일'이라 불렸다.

   토요일이 되어도 수소 기포로 인한 폭발 가능성을 주장하는 워싱턴의 연방핵규제위원회와 원자로는 안전하다는 해리스버그의 덴턴은 접점을 찾지 못했다. 선거를 앞두고 있던 카터 대통령은 이 상황을 수습해야 했다. 결국 그는 스리마일 섬으로 직접 들어갔다. 주민들은 미합중국의 대통령이 발전소로 들어가는 것을 보고 환호했다. 그리고 안심했다. 대통령은 '추가 핵발전소 건설은 없다'고 선언했다. 대통령이 섬을 떠났을 때 사람들의 동요도 가라앉았다. 수소 기포로 인한 폭발 가능성도 계산 오류라는 것이 밝혀졌다. 5일간에 걸쳐 최악의 공포를 겪은 마을도 안정을 찾아갔다.

발전소의 원자로는 납 벽돌로 굳게 포장되었고, 수소 기포도 제거되었다. 사고 발생 한 달 만에 2호기는 최종 폐쇄되었고, 발전소는 모래톱 위에 홀로 남았다. 3년이 지난 1982년 6월 21일, 로봇 카메라가 처음으로 원자로 안을 찍은 영상을 보내왔다. 3년이 흐른 그때서야 그들은 노심의 50퍼센트가 파괴된 채 녹았으며, 20톤가량의 우라늄이 녹아 압력용기 아랫부분으로 흘러내렸다는 사실을 알았다. 멜트다운은 실제로 일어났던 것이다.

미국은 당시 129개의 신규 핵발전소를 건설할 계획이었지만, 이미 착공한 53개를 제외한 나머지 계획은 모두 취소했다. 전력회사는 이 사고로 인근 주민들로부터 엄청난 소송을 당했고, 오염물질을 정화하고 사고를 수습하는 데 10억 달러를 지출했다. 이제 막 상업운전을 시작한 발전소를 영구 폐쇄해야 했으며, 1호기마저도 곧 폐쇄해야 했다. 더불어 보험금과 주정부, 연방정부의 지원에도 8억 달러의 손해를 입었다. 1979년 이후 미국은 30년 동안 핵발전소를 단 한 곳도 짓지 않았다. 현재 미국에는 모두 104개의 핵발전소가 가동 중이다. 마흔 살도 넘은 노후화된 핵발전소가 미국 원자력규제위원회의 안전성 평가를 거쳐 20년씩 수명 연장을 허가받아 운영되고 있다.

NGC 다큐멘터리, 〈Meltdown At Three Mile Island〉
위키백과, 스리마일 사고
《연합뉴스》

인터뷰_체르노빌, 2011년 4월

강은주 2011년 4월은 체르노빌 사고 25주년이 되는 해였습니다. 그때 체르노빌을 방문하고 돌아오셨는데, 당시 취재 일정을 간략하게 말씀해주시죠.

이헌석 2011년 4월 열흘 일정으로, 한국과 외국의 기자 60여 명과 함께 우크라이나 비상사태부 프레스 투어 및 개별 취재 일정으로 다녀왔습니다. 체르노빌 발전소가 있는 우크라이나와 피해가 가장 컸던 벨라루스, 이 두 나라를 다녀왔고요. 우크라이나의 경우는 수도 키예프와 체르노빌 발전소, 그리고 체르노빌 발전소를 중심으로 20킬로미터에서 30킬로미터 구역 안에 있는 마을, 발전소와 5킬로미터밖에 떨어지지 않은 프리피야트, 그리고 발전소 200미터 앞까지 갔다 왔어요. 벨라루스는 수도인 민스크에 있는 아이들을 위한 치료센터와 정부 관계자들을 만나고 왔어요. 아이들 병원이 있어요. 그 병원에 다녀왔고, 벨라루스 정부 관계자들을 인터뷰하고 돌아왔죠.

강은주 장소도 그렇지만, 정부 관계자까지 다양한 사람들을 만나고 오셨는데, 어떤 사람들이었는지 이야기 좀 해주시죠.

이헌석 발전소에서 약 17킬로미터 떨어진, 그러니까 20~30킬로미터 구역에 있는 파리쉬브에 살고 계신 노인 두 분, 핵공학자이면서 체르노빌 사고 당시 수습 총책임자였던 레핀 박사, 그리고 사고 당시에 4호기에서 일했던 노동자를 만났어요. 이분은 폭발 사고가 난 4호기의 중앙제어실에서 근무했던 사람이고, 발전소를 그만두고 기자로 활동했다가 지금은 '스트론튬 90'이라는 미술 동호회를 중심으로 활동하는 화가가 되었어요. 벨라루스 비상사태부 정부 관계자와 아이들 치료센터도 방문했어요. 우크라이나와 벨라루스에서는 환경 NGO(비정부기구)도 만났고요.

강은주 발전소 노동자들의 마을이기도 했고, 많은 사람들이 살고 있다가 모두 강제 이주를 해야 했던 프리피야트 마을이 어떤 모습일지 궁금해요. 지금도 사람이 없는 유령도시인가요?

이헌석 네, 전혀 살지 않아요.

강은주 그렇다면 반경 20~30킬로미터 구역에는 사람들이 얼마나 살고 있죠?

이헌석 현재 9개 마을에 250명 정도가 살고 있어요. 모두 사고 당시 피난했다가 다시 돌아온 사람들이에요. 현재는 더 이상 재정착 신청을 받고 있지 않지만, 한동안은 돌아오고 싶은 사람들은 돌아올 수 있게 해줬죠. 대부분 노인들이어서 수는 계속 줄어들고 있어요. 우파치치 마을에 20~30명 정도, 파리쉬브 마을에 7명, 쿠보다테 마을에 9명이 살고 있고, 그중에 발전소 반경 10킬로미터 이내에 있는 마을인 노보셸페리리치 마을에도 2명이 살고 있어요. 여기에 30킬로미터 반경 안에 일 때문에, 즉 작업의 필요 때문에 들어가 있는 사람이 4000명 정도 된다고 해요.

강은주 작업 때문에 들어가 있는 사람도 꽤 많군요. 주로 어떤 일 때문에 그곳에 있는 거죠?

이헌석 발전소를 폐쇄한다고 해서 바로 사람이 필요하지 않는 것이 아니니까 사람이 들어가서 일을 해야 해요. 핵발전소의 경우는 발전을 하지 않더라도 10년 이상 발전 설비는 똑같이 가동을 해야 해요. 발전기만 돌리지 않는 것이지 핵연료봉을 식히는 데 설비를 돌려야 하는 거죠. 연료를 식히는 데만 10년, 발전소를 뜯어내는 데 20~30년이 걸리니까 계속 사람이 필요하죠. 특히 위험한 4호기 '석관'의 유지 보수 인력도 필요한 상황이에요. 여기에 관광 안내해주는 사람들도 있어요. 필요하면 숙식을 하면서 지내기도 한다는군요. 그분들도 언제든 고농도의 피폭 위험이 있는 거죠.

강은주 그곳에 살고 있는 주민들의 경우 외부와 단절되어 있는데다, 토양까지 오염되어 있으니 필요한 물품이나 식량 등을 어떻게 해결하나요?

이헌석 이 사람들은 원래 지역에서 농사를 짓던 사람들이에요. 그런데 사고 이후에 대피를 했다가 다시 동네로 들어와서 사는 경우죠. 그곳에서 농사를 짓고 있어요. 그 지역에서 생산된 농산물은 외부로 반출이 금지되기 때문에 고립된 생활이나 마찬가지죠. 9개 마을을 일주일에 한 번 순회하는 생필품 판매 차량이 있어서 주로 그것을 이용하는데, 날이 좋지 않으면 도로 사정 때문에 오지 못하는 경우도 있다고 해요.

강은주 노인들만 살고 있어서 다른 어떤 시설도 거의 없겠군요?

이헌석 사고 전에는 교회가 18개, 유치원이 17개, 학교가 5개 있었지만 지금은 교회 1개가 전부예요.

가난과 외로움, 통제 구역 안의 사람들

강은주 구체적으로 인터뷰한 내용을 듣고 싶은데, 먼저 20~30킬로미터 구역 안의 마을 주민들을 만난 이야기를 해주시죠.

이헌석 지금도 사실 체르노빌 30킬로미터 반경에 사람이 산다는 것 자체가 굉장히 생소해요. 그리고 어떻게 사고가 발생했고, 어떻게 살고 있는지가 궁금했어요. 제가 간 곳은 7명이 살고 있는 파리쉬브였어요. 제일 먼저 만난 분은 할리나 아브첸코라는 74세의 할머니예요. 그 마을에서 태어나 평생을 그곳에서 산 사람이지요. 사고가 있던 그날도 남편과 두 아들과 함께 마을에 있었고, 그렇게 큰 사고라고 생각하지 못한 상태여서 남편은 사고 수습하는 데 허드렛일을 도왔어요. 강제적인 것도 아니고 사고가 났으니 도와야겠다는 생각이었죠. 당시 청소에 투입된 50만~60만 명 중 많은 사람들이 인근 마을의 농부들이었어요. 그분도 마찬가지였던 거죠. 사고가 일어난 날 특별한 소리나 불빛을 본 기억은 없고, 비행기가 계속 왔다 갔다 하는 걸 봤다고 해요. 플루토늄은 실제 금속 맛이 난다고 하는데, 확인할 수는 없지만 금속 냄새 같은 걸 맡았다는 이야기도 하더군요. 사고가 난 때는 4월

26일이었지만 마을을 떠난 건 5월 3일이었다고 해요. 키예프 등 먼 지역으로 떠나라는 말에 소와 돼지 등을 먼저 피난시키고 군용 트럭을 개조한 차량에 간단한 짐을 싣고 떠났다고 해요. 그해 겨울을 보내고 이듬해 여름에 다시 돌아왔어요. 정부에서 마련한 임시 피난소 같은 데서 살았는데 정부의 지원금이나 일자리 마련 등이 지원되지 않아 도시에서 날품팔이 등을 하면서 각자 알아서 살았답니다.

강은주 6·25전쟁 때 부산에 피난민들이 몰려와 노점이나 일용직 같은 걸로 힘들게 생계를 꾸렸던 모습이 연상되네요. 그런데 생각보다 피난이 늦게 이루어졌네요. 열흘이나 지나서야 이루어진 것 아닌가요?

이헌석 그렇죠. 그동안 사람들은 그냥 사고 수습하는 데 가서 물도 나르고 물품 수송하는 허드렛일을 도왔던 거죠.

강은주 그때 일한 남편 분의 건강은 어땠는지 궁금하네요.

이헌석 6년 전에 심장질환으로 돌아가셨는데, 돌아가실 당시에는 진통제 없이 살기 힘들었다고 해요. 사고가 난 다음 날부터 뭔가 문제가 있다는 소문은 있었지만, 헬기 소리 같은 것을 굉장히 많이 들었다는 말을 했어요. 하지만 사고하고 직접적인 무슨 관련이 있었는지에 대해서는 전혀 몰랐던 거고요. 그 후에 완전히 대피하기 직전까지 이들은 피해 복구에 동원이 되거나 자원을 해요. 이 할머니는 현재 혼자 살고 있는데 몸이 많이 불편해요. 사진을 찍으려고 잠시 일어서 달라는 부탁에도 혼자서 서 있지 못하고 의자를 짚고서야 겨우 설 수 있는 상황이었어요.

강은주 17킬로미터 정도 떨어져 있다지만 5월 3일이 되어서야 대피했는데, 대피 당시 상황은 어땠나요?

이헌석 대피도 일시에 모두 이루어지지 않았어요. 사람이 많아 먼저 대피하는 집, 나중에 대피하는 집이 있었고요. 살림살이도 처음에는 모두 두고 가라고 했대요. 집문서 등 나중에 증명이 필요한 물건만 챙기라고 했다는군요. 하지만 사람들이 불안한 탓에 다른 물건을 더 챙긴 거죠. 그래서 한 차에 가득 싣고 간 거죠. 1년에서 1년 반 정도 지난 후에 키예프 등 여러 군데에 있던 피난자 중에 희망자는 다시 마을로 돌아왔어요. 150명 정도였다고 해요. 그런데 당시 정부에서 공식적으로 다시 집에 돌아가지 못한다며 보상을 해주겠다고 해서 굉장히 큰돈을 받았다고 해요. 당시에 동독에서 자동차가 들어오면 굉장히 비쌌는데, 동독 자동차를 살 수 있을 정도의 보상금을 받고 마무리한 거죠. 2만 달러 정도였다고 해요. 그런데 이 집은 다시 돌아온 거잖아요. 그래서 보상금을 받지 못했어요.

강은주 돌아온 사람들은 보상조차도 없었던 거군요.

이헌석 네, 보상금은 집을 버리는 대가였으니까요. 그 외에도 일부 보상 비슷한 것이 있었는데 인터뷰한 두 집 모두 정확히 기억하지 못한다거나 약간 얼버무리세요. 노인들이라 실제로 기억이 나지 않는 경우도 있는 거 같고, 아직은 예전 사회주의권의 잔재가 있어 옆에 가이드가 있다는 것은 누군가 지켜

보고 있다는 뜻으로 이해해야 한다고 그러더라고요. 우크라이나는 좀 나았는데, 벨라루스 같은 경우에는 지금도 독재정권 치하이기 때문에 만날 사람에 대한 정보를 미리 대사관에 보고해야 되었어요. 무슨 이야기를 하는지 항상 체크하고요.

강은주 할머니 말고 다른 분도 인터뷰하셨죠?

이헌석 네, 이반 이바노비치(74세, 남), 마리아 콘드라트바나(72세, 여) 노부부를 만났어요. 부인이 건강이 좋지 못해 대화는 주로 남편 분과 했어요. 이 분도 옆집의 할머니와 비슷해요. 그곳에서 태어나 농사지으며 계속 살아왔고, 결혼하고도 마찬가지고요. 지금 살고 있는 집도 본인이 직접 지었다고 해요. 사고 직후에는 이분 역시 수습 요원으로 주로 경비 업무를 맡았어요. 사고 당일에 특별한 소리는 듣지 못했고, 그냥 대수롭지 않은 사고라고 생각한 거죠. 6명의 아들 중 일부는 외지에 있었지만, 당시 14세였던 막내는 지금도 건강하게 잘 지내고 있다고 해요. 감자를 기르며 건강하게 잘 지낸다고 하더군요.

강은주 당시에도 마찬가지였지만 지금도 방사능 오염 지역에 살고 있어서 건강 문제 등이 굉장히 심각할 거 같은데요.

이헌석 자신들이 직접 기른 작물을 먹기 때문에 괜찮으냐고 물어봤죠. 처음에 만났던 할머니 말고 두 번째 만났던 할아버지 같은 경우에는 건강하고 1년에 한 번씩 건강검진을 받는데 아무 이상이 없다고 하세요. 키운 작물에서 방사선이 나오지 않느냐는 질문에 대해서는 별것 아니라는 식으로 '뭐, 쟤네들은 뭐라 뭐라 하긴 하는데, 내가 보기에는 전혀 문제가 없다'고 대답하더군요. 가이드는 할아버지가 그렇게 믿을 뿐 실제로는 방사능이 나오고 있다고 말해요. 안전하다고 믿지 않으면 어떻게 여기서 살 수 있겠느냐고 하더군요.

강은주 마을에는 7명의 노인뿐인데다 외부 출입도 쉽지 않으니 많이 외롭겠어요.

이헌석 소련 연방이 해체되었잖아요. 그리고 우크라이나와 벨라루스는 서로 사이가 좋지 않은 나라이지만, 각자 독립하기 전에는 한 나라였으니 통행이 자유로웠죠. 할머니의 아들도 벨라루스에 살고 있어요. 체르노빌이 원래 국경에서 멀지 않은 곳이니 왕래가 자유로웠던 거죠. 벨라루스는 동네에서 10킬로미터밖에 떨어져 있지 않지만, 지금은 자유롭지 못해서 300킬로미터를 돌아가야 하는 상황이에요. 중간에 쪼개지면서 이산가족처럼 된 거예요. 가는 건 상대적으로 쉽지만 다시 돌아오려면 모스크바를 경유해서 와야 하는 거예요. 그러니까 자기도 아들을 본 적이 너무 오래됐다고 해요. 말 그대로 외롭죠. 이 지역에 살고 있는 사람들이 다 그래요.
왜냐하면 30킬로미터 구역 안에 아이들은 들어갈 수 없으니, 손자 손녀는 볼 수 없죠. 아니면 자신들이 나가야 하는 거고요. 서 있는 것조차 쉽지 않은 할머니가 나간다는 것은 사실 힘들고, 아들들도 굳이 이곳에 들어올 생각을 하지 않는 거죠. 가서 뭐 좋을 게 있다고. 그러다 보니 정이 넘치던 곳이었는데 삭막해졌죠. 인정이 많아서 아침에 방문했는데도 보드카를 한잔씩 나눠주세요. 사실 국제원자력기구 공고치가 1마이크로시버트가 넘으면 음식물을 먹으면 안 된다고 되어 있어요. 그래서 그 지역에서는 음식물을 먹으면 안 되거든요. 하지만 주는데 먹지 않을 수 없잖아요. 가이드가 가기 전에 그래요. 가면 분명히 먹을 것을 줄 텐데, 먹을지 먹지 않을지는 당신이 판단해라. 그런데 가이드가 나중에 자기 옆에 보드카를 갖다놓고 계속 먹더니 취하더라고요. 덕분에 좀 힘들었지요.

강은주 그곳에 사는 것은 자신의 선택이지만, 우크라이나 정부 차원에서 건강을 위한 지원 프로그램이 가동되고 있나요?

이헌석 공식적으로 그곳에는 사람이 존재하지 않아요. 암묵적으로 용인해주는 거죠. 공식적으로는 살지 못하게 하는 곳인데 그냥 들어가서 사는 거예요.

강은주 예를 들어 정부에서 건강검진을 해준다거나 방사선 수치를 체크해주는 등의 지원은 있나요?

이헌석 1년에 한 번씩 건강검진 정도는 한다고 해요. 사실 마을 주민들은 건강에 대한 걱정은 오히려 별로 없어요. 고립과 외로움이 더 크죠. 어느 정도냐면, 4월에 갔는데도 길이 좋지 않았어요. 가이드가 갈 때 '먹을 것을 선물로 꼭 사가지고 가라' '식빵 같은 것을 사가지고 가라' 또는 '사탕이나 과자를 사가지고 가라'고 하더라고요. 그 이유가 겨울철이 되면 눈이 많이 와서 고립이 된대요. 대중교통이 없는 것은 말할 것도 없고요. 30킬로미터 구역 전체에 가게가 1개 있어요. 그렇기 때문에 차가 일주일에 한 번씩 도는 거죠. 근데 그마저도 도로 사정이 좋지 않으면 차가 들어오지 못하니까 집집마다 비상식량으로 사탕이나 연명할 수 있는 기본적인 것을 놔두고 있어요.

체르노빌 핵발전소의 노동자

강은주 인터뷰한 사람 중에 사고 당시 4호기 근무자도 있었다고 들었어요.

이헌석 4호기의 중앙제어실에서 일하던 엔지니어였고, 사고 당일 아침 7시 교대 근무 조였어요. 발전소가 새벽 1시 23분에 폭발했는데, 소방대원들이 달려가서 불을 끄고 쓰러져 가고 있는 그 아침에 아무 정보도 없이 늘 그랬던 것처럼 출근을 해요. 집에서 정상적으로 나왔대요. 자기가 출근 버스를 타고 발전소 앞에 갈 때까지 사고 경위를 몰랐던 거예요. 알려주지도 않았고, 아무도 몰랐죠. 그러니 아무런 낌새도 차리지 못한 상황이었던 거죠. 출근 버스가 길을 돌아서 발전소 4호기가 보일 정도가 됐는데, 이상하게 보인 거죠. 뚜껑은 날아갔고, 불은 활활 타오르고……. 이 상황부터가 이 사람의 기억이에요.

강은주 그때는 이미 노출된 핵연료가 불타오르면서 엄청나게 고농도의 방사능이 뿜어져나오고 있던 상황인데, 아무런 정보도 없이 교대하러 출근했다는 것이 믿어지지 않네요.

이헌석 사고에 대해 심지어 근무자에게도 알리지 않았던 거죠. 그만큼 어이 없는 상황이기도 했고, 정보가 전혀 소통되지 않았다는 거예요. 체르노빌 사고 관련 다큐멘터리나 영화를 보면 발전소 폭발의 결정적인 장면이 바로 비상 정지(ECCS) 스위치를 누르는 거잖아요. 그 스위치를 눌렀던 사람이 자기 아파트에 같이 살았던 동료였다고 해요.

강은주 그렇죠. 아무래도 프리피야트는 체르노빌 발전소의 노동자 마을이었으니 다 아는 사이였겠죠.

이헌석 네. 물론 비상 정지 스위치를 누른 사람은 죽어요. 이 사람과 대화를 하면서 계속 그때 그 사람들에 관한 이야기가 나와요. 지금도 실제로 발전소 안에 시신 2구가 있어요. 스위치를 누른 후 죽은 사람도 있고 몇몇 사람들은 방사능 오염이 너무 심한 지역에 들어가서 수습 때문에 뛰어다니다가 쓰러져서 죽었는데 시신을 꺼내오지 못해요. 이번 방문 때 보니 들어갈 수 있는 최대까지를 시멘트로 바른 뒤 벽을 만들어버리고 거기에 비석을 세워 놓았어요. 며칠 전에도 유가족들이랑 거기를 다녀왔다고 해요.

강은주 당시 4호기에서 근무하던 사람과 나눈 인터뷰가 생생할 것 같은데, 그때 이야기를 좀 더 이어서 해주시죠.

이헌석 네, 출근을 하니 난리가 난 거죠. 어떻게 해야 하느냐고 물었더니 교대하기 전인 앞 조에서도 이미 죽은 사람과 쓰러진 사람이 있고 난리인 터라 어디부터 수습해야 할지 모르는 상황이었죠. 체르노빌 발전소는 후쿠시마랑 다르게 옆에 바다가 없어요. 물은 옆에 인공으로 파놓은 호수와 수로에서 공급되었거든요. 여기에 추가로 물을 많이 쓸 수가 없으니까 냉각탑의 파이프를 돌렸어요. 이 사람은 아침 7시 출근을 해서 12시까지는 상황 파악을 한다고 정신없이 뛰어다니고, 12시 이후부터 퇴근 시간까지는 물을 공급하기 위해 뛰어다녔대요. 그리고 오후 5시경 정시 퇴근을 했고요. 그때 발전소의 중앙제어실까지 오염되어서 중앙제어실을 탈출하면서 측정한 방사선량이 시간당 2880밀리뢴트겐 정도 되었다고 해요. 중앙제어실은 발전소 전체에서 원자로하고 떨어져 있었거든요. 여기도 심각한 상황이 된 거죠.

강은주 원자로에서도 상당히 떨어져 있는 중앙제어실까지 심각한 상황이면 사실상 사람의 힘으로 제어하긴 힘들어졌다고 봐야겠군요.

이헌석 네, 떨어져 있기도 하고요. 그런데 여기가 이미 뚜껑이 날아가버린 상태였기 때문에 12시에서 1시가 되면 중앙제어실 자체가 위험해져버려요. 보통 발전소 중앙제어실 팀은 9~10명씩 꾸려지는데, 팀마다 팀장이 있어요. 나중에 최종적으로 팀장하고 이 사람만 남아요. 상황이 너무 좋지 않으니까 처음에는 뛰어가서 점검해보라고 하는데, '누가 가서 보느냐' '어떻게 보느냐' 하는 사이에 CCTV와 계기가 다 죽어버리죠. 그걸 가지고 서로 티격태격하면서 뛰어다니는 장면이 제일 처음 장면이고요. 그 장면이 끝나고 나서 나오는 데이터들을 최대한 모아서 중앙에 보고를 올리는 상황인 거죠. 그 보고가 끝나고 난 다음에는 하나둘씩 빨리 되는 사람부터 나가라고 해요. 그래서 팀장이 결국 혼자 남고 마지막에 이 사람이 중앙제어실을 나가요. 팀장은 병원까지 실려 갈 정도로 심각한 피폭을 입어서 하루 뒤 바로 후방으로 나오고, 이 사람은 3일 근무하고 누적 피폭량이 너무 많아져 나와버려요. 그렇기 때문에 오히려 이 사람들은 건강하게 있었던 거죠. 그러니까 이 사람은 마지막 두 번째로 중앙제어실을 빠져나온 사람이에요. 제일 마지막에 나온 사람은 팀장이고요. 이 사람이 뛰어다니면서 상황을 파악했는데, 당시 상황이 모두 파악이 안 된다는 거였어요.

강은주 아침 교대조인 그분은 출근하고 나서 물 공급하고, 그리고 어떤 상황인지 파악도 되지 않았다는 이야기네요.

이헌석 네, 다 다운되어버린 거죠. 실제로 그곳에 가면 안 되는 거였죠. 계측기로 쟀는데 800뢴트겐 정도였다고 하는데, 이 수치는 최근에 문제가 되었던 노원구 아스팔트의 방사능을 측정했던 계측기로는 재지 못하는 수준이에요. 발전소에서 쓰는 계측기로나 할 수 있는 거죠. 본인도 숫자를 보고 계측기가 망가진 줄 알았다는 거예요. 한 번도 눈금이 거기까지 간 것을 본 적이 없는데, 자기는 봤고, 그 순간에 자기가 거기에 서 있었다는 것이 너무나 놀라웠던 거죠. 그리고 나서 결국은 나중에 팀장까지 다 상황을 정리해놓고 빠져나와요. 그다음에 이 사람들이 한 일은 불 끄는 것 지원하는 일밖에 없어요. 왜냐하면 중앙제어실에서 할 수 있는 일이 없었기 때문이기도 하고 제어실에는 들어갈 수도 없는 상황이었기 때문이에요. 제어실에서 스위치를 조절하면서 발전소를 켰다 껐다를 하는 건데, 이미 날아가버렸기 때문에 아무리 켰다 껐다를 해도 달라지는 것이 없으니까 할 일이 없었던 거예요. 그리고 이 상황에서 폭발해버린 4호기를 제외하고 1~3호기가 2~3일 동안 가동이 되고 있었어요.

강은주 그 상황에서도 나머지 발전소가 계속 가동했다는 것이 믿기지 않네요. 1, 2, 3호기에서 엄청난 방사능이 뿜어져나오고 있는데도 노동자들이 근무를 했다는 이야기인데요.

이헌석 네, 저도 그게 이해가 되지 않아요. 어떻게 된 거냐고 물었더니 자기는 잘 모르겠지만, 당시에 1, 2, 3호기는 일단 정상적으로 가동하라는 지침이 내려왔다는 거예요. 그래서 자기는 4호기 일로 바빠 신경을 쓰지 못했지만, 1~3호기는 정상 가동하고 노동자들도 일을 했던 거죠. 3기 모두 2~3일 내에는 모두 멈추긴 하는데, 어쨌든 이 사람이 근무했던, 뚜껑이 날아가고 불이 난 상황에도 옆의 발전소는 정상 가동했다는 것은 굉장히 경악할 일이죠.

강은주 그분의 건강은 지금 괜찮은가요?

이헌석 이분은 너무 많이 피폭되어 이후에는 핵발전소에서는 근무를 하지 않고, 방사능과 관계없는 핵발전소를 운영하는 회사의 다른 부서에서 일하다가 기자 일을 했다고 해요. 그리고 지금은 그림을 그리고 있어요. 결혼도 했고, 딸이 얼마 전에 결혼을 했는데 별 탈 없이 아이도 잘 낳았다고 하더군요.
이분께 후쿠시마 사고에 대해서 어떻게 생각을 하느냐 물었어요. 이분은 핵발전이 안전하고 깨끗하고 문제없고 통제 가능하다고 배웠는데, 이후에 실제로 그렇지 않은 모습을 보게 되었고, 그리고 당시에 자기처럼 작업에 참여했던 사람들이 굉장히 많이 역차별을 받는 모습을 보게 됐다고 해요. 정부의 필요에 의해서 인력이 투입되었는데, 이 사람들이 아프거나 다쳤을 때 정부가 나서주지 않는 모습을 보고서 기자를 하게 된 거죠. 핵발전을 꼭 해야 하느냐고 물었더니 "후쿠시마 사고 전까지만 하더라도 통제를 잘하면 된다고 생각을 했고 체르노빌의 경우는 좀 독특한 예라고 생각했는데, 후쿠시마를 보고 나서 생각이 조금씩 달라진다"라고 해요. 특히 피해자에 대한 역차별의 문제에 대해 매우 심각하게 인식하고 있고요.

강은주 체르노빌 사고 수습의 총괄책임자였던 레핀 박사를 인터뷰했는데, 레핀 박사의 이야기도 궁금하네요.

이헌석 레핀 박사는 벨라루스 출신의 핵공학자예요. 우크라이나는 '유럽의 빵주머니'라 불릴 만큼 곡창 지대라 풍요롭지만, 벨라루스는 상당히 열악한 지역이어서 옛 소련 시절부터 과학기술 중심으로 인재를 키우는 나라였어요. 레핀 박사도 러시아에서 대학을 나온 당시 최고의 엘리트였어요. 벨라루스의 과학아카데미 회원까지 했던 사람이면 굉장한 지식인인 거죠. 그런데 이 사람은 사고가 터진 다음에 수습 요원으로 들어갔어요. 기술적인 내용이 굉장히 많아 러시아어 통역도 매우 힘들어해서 대화가 쉽진 않았어요. 여하튼 그분 얘기는 자기들이 가지고 있던 모든 과학적인 시나리오를 다 벗어난 결과가 나왔다는 거예요. 그리고 제일 중요한 것은 사고 결과를 당시 소련 정부가 정확하게 발표하지 않았다는 것이 포인트래요. 그래서 본인이 자비 출판 형식으로 몇 권의 책을 냈어요. 그리고 당시에 있었던 진실에 대해서 써놓은 글도 있다고 하고요.

레핀 박사에게도 후쿠시마 사고에 대해 물어봤어요. 그분은 단호하게 말씀

하세요. "핵발전은 절대로 하지 말았어야 한다." 지금 너무 연로하여 얘기를 이어가기도 어려운 정도이지만 텔레비전으로 후쿠시마 사고 모습을 거의 다 봤다고 해요. 충격을 많이 받았다고 하더라고요. 앞에 인터뷰한 마을의 할머니도 그렇고 언젠가 생길 일이 다시 일어난 것이라고 얘기하더라고요.

강은주 체르노빌 발전소 부근이 최대 어디까지 접근이 가능하죠?

이헌석 체르노빌 직선거리 200미터까지 갈 수 있어요. 2011년 반기문 유엔 사무총장이 가서 사진을 찍었던 곳이 직선거리 200미터예요. 거기까지 갈 수 있어요.

서울의 190배

강은주 그곳을 다니면서 방사능 측정기를 들고 계속 측정했을 텐데, 방사능 수치는 어떤가요?

이헌석 천차만별인데요. 30킬로미터 구역 들어가는 입구에서 쟀을 때는 서울하고 비슷해요. 20킬로미터 구역 정도까지 가도 약간 높기는 한데, 아주 높지는 않아요. 중요한 것은 관광객들이 지나다니는 길은 체르노빌 사고 이후에 몇 번 물로 닦아내고, 아스팔트를 몇 번 다시 덮어씌웠어요. 그런데 이 길에서 약간만 벗어나면 수치가 급격하게 올라가요. 대표적으로 20~30킬로미터 구역 사이에 지나가다가 버스가 서는 곳이 있어요. 그곳에는 당시에

쓰던 탱크, 트럭 등을 전시해놓았는데, 거기에서 탱크 바퀴에 대면 방사능 수치가 서울의 20~30배까지 확 뛰어요. 그런데 방사능은 거리의 제곱에 반비례하거든요. 그 탱크에서 40~50미터 떨어지면 공기 중에서는 높지 않아요. 공기 중에서는 높지 않지만, 옆에 큰 트럭이 지나가면서 먼지를 불러 일으키면 또 서울의 한 10배까지 뛰어요. 그러니까 땅이 오염됐다는 뜻이지요. 특정 오염 지역들이 있는 거예요. 그래서 이 지역의 반경 30킬로미터가 출입통제인 거죠. 우리가 갔던 곳에서 가장 오염이 많이 되었던 곳이 붉은 숲 지역이에요. 여기는 발전소에서 약 4~5킬로미터 떨어진 곳으로 폭발 사고 후 바람이 불었던 방향이라 숲이 고사해버려 붉은 숲이라고 불리는 곳인데, 여기는 차에서 내리지 않았어요. 가이드도 내려주지 않고요. 차가 천천히 갈 때 유리창으로 쟀는데 19마이크로시버트가 나왔어요. 서울이 0.1마이크로시버트니까 190배 정도인 거죠. 차는 바닥이나 차체가 금속으로 차폐되어 있고, 유리창으로 막혀 있는데도 이 정도 수치였어요. 실제 밖의 공기는 더 높은 수치겠죠. 제가 잰 것 중에 최대치가 그곳에서 측정한 것이었어요.

강은주 25년 전 일인데도 아직도 상당히 높은 수치네요.

이헌석 높은 거죠. 바람의 방향이 어느 지역으로 불었는지가 굉장히 중요해요. 예를 들어 프리피야트 같은 경우도 마찬가지인데, 프리피야트에서는 3~5마이크로시버트 정도 나왔거든요. 이 정도면 서울의 30배 정도예요. 이 자체로도 낮은 수치는 아니지만, 숲에 비해서는 낮은 거죠. 프리피야트는 5만 명 정도가 살던 도시잖아요. 전 세계에서 몇 개 안 되는 유령도시가

된 거죠. 도시가 형태는 그대로 있는데, 사람만 사라져버렸죠. 사실 이런 구역들은 사진가들이 굉장히 많이 사진을 찍으러 와요. 우크라이나 정부가 하는 프레스 투어 때 갔는데 프리피야트와 몇몇 주요한 포인트를 한 번씩 가 설명해주고, 앞으로 정부의 제염 계획 등을 발표하는 형식이었어요. 오염제거와 관련해서 일본도 마찬가지인데, 20~30킬로미터 구역을 출입통제에서 해제하자는 논의가 우크라이나 내에서 있어요.

강은주 어찌 되었든 방사능 수치가 낮은 지역들이 있으니 출입통제를 해제하자는 정부의 의견이 있는 건가요?

이헌석 네, 이것에 대한 찬반의견이 있어요. 프리피야트는 두 번 갔는데, 프레스 투어 말고 일종의 자유 투어인데요. 아침 9시에 승용차가 와요. 우크라이나에서 체르노빌 30킬로미터 구역까지는 1시간 30분 정도 걸려요. 4월에 갔는데도 해가 4시 정도면 어둑어둑해져 투어 일정은 4~5시경에 마쳐야 해요. 패키지에 따라 안에서 잘 수도 있고, 더 많이 투어를 할 수도 있고 선택할 수가 있죠. 승용차 한 대에 500달러 정도의 돈을 냈어요.

말할 수 없는 '검은' 두려움

강은주 방사능 오염 구역이 '투어'의 대상이라니까 좀 어색하네요. 인터뷰한 이야기를 조금 더 들어보고 싶은 것이 있는데요. 지금 벨라루스의 아이들 건강관리 시설을 다녀온 이야기도 들려주세요.

이헌석 사고 당시 바람의 방향 때문에 벨라루스가 더 피해가 컸고, 벨라루스는 피해 면적도 더 넓어요. 공식적으로 벨라루스 전체 국토의 약 4분의 1 면적이 현재도 방사능에 오염되었다고 나와 있어요. 지금 벨라루스는 서울 면적의 10배가 출입통제 구역이에요. 제가 간 곳은 정확히 병원은 아니고 치유센터 같은 곳이에요. 그곳에는 6세에서 18세까지 350여 명의 아이들이 있었어요. 정말 아픈 아이들은 병원으로 가고, 이곳에 오는 아이들은 오염 지역에 살고 있는 아이들이에요. 주로 이비인후과 계통이나 폐질환, 심장병, 갑상선 질환 등의 병을 소소하게 앓고 있어요.

그곳에 사는 아이들은 초등학교부터 고등학교 졸업할 때까지 의무적으로 1년에 한 달씩 센터에 입소하게 되어 있어요. 그러니까 건강한 아이들이에요. 그런데 약골이 많은 거죠. 그래서 여기에 오는 아이들은 기본적으로 방사능을 몸 밖으로 배출해주는 약을 먹어요. 자기네들은 산소 주스라고 부르는데, 일종의 허브차 같은 거예요. 산소 주스를 많이 먹으면 몸속의 방사능 물질이 밖으로 빠지는 데 도움이 된다는 연구 결과가 나왔대요. 과학적으로는 어떤 효과가 있는지 잘 모르겠어요. 정말 맛이 없고 거품만 잔뜩 있는 건데, 큰 병에 넣어서 하루에 대여섯 차례 의무적으로 먹게 해요. 벨라루스에는 모두 8개의 치유센터가 있는데, 제가 간 곳은 수도 민스크에 위치하고 있는 곳으로, 벨라루스 전체 치유센터 중에서도 가장 시설이 좋은 곳이에요.

강은주 아이들은 그곳에서 주로 어떤 치료를 받죠?

이헌석 이 센터에는 아이들이 한 달 동안 있어야 하기 때문에 옆에 학교가 있어요. 한 달 동안 먹고 자면서 여기서 수업도 하고, 그냥 일상적인 학교의 기능도 해요. 한 달 동안 입소를 하는 거죠. 치료 방법은 여러 가지가 있어요. 아이들에 따라 다르죠. 호흡기가 좋지 않은 아이들은 호흡기 치료를 받는 등 제가 알고 있는 모든 건강 요법은 다 있어요. 소금 사우나, 안마 의자, 아쿠아 마사지, 각종 운동, 스트레칭, 피부가 좋지 않은 아이들을 위한 원적외선 시설이 있어요. 어디가 좋지 않다고 하면 담당 의사가 어떤 치료를 집중적으로 받으라고 해요. 그리고 전신 방사선 측정을 하는 측정기가 있어요. 그래서 입소하기 전과 퇴소하기 전에 측정을 해요. 약 3~5퍼센트는 좀 심각한 정도의 피폭을 입어서 오는 아이들이 있다고 해요.

강은주 이미 심각하게 오염된 지역에서 살고 있기 때문에 아이들의 건강은 항상 우려할 만할 상황일 텐데요.

이헌석 그곳에 오는 아이들 중 90퍼센트 이상은 피폭의 정도가 그다지 높지 않고, 아주 심각한 아이들은 집중치료를 받아요. 이곳에서 충격적이었던 것이 집중적인 치료를 해야 하는 아이들은 생활환경이나 주거 조건이 어려운 경우가 많아요. 예를 들어 편모나 편부 가정이라든가, 도시가 아니라 취약 지역에서 먹지 말라는 버섯 같은 것을 먹었거나, 부모가 관련 지식이 부족해 돌봐주지 못하는 아이들이 많아요. 교육 프로그램도 있어요. 버섯은 먹지 말고, 흙장난은 하면 안 된다는 등 오염 지역에 사는 아이들을 위한 프로그램이지요.

강은주 형편이 어려운 아이들이 방사능에 더 많이 오염된다는 사실은 불편한 진실이네요. 경제적 소득 격차가 결국 아이들의 건강 격차로 나타난다는 건 우리도 깊게 고민해봐야 할 문제 같아요. 아이들의 신체적인 건강도 문제지만, 심리적·정신적 건강 상태도 우려스러운데요.

이헌석 지나가다가 보니까 우크라이나 전체 지도가 있고, 세슘 오염 지도가 있어요. 그 지도에 뭐라고 쓰여 있느냐면, '백러시아는 검은 적이 있었다.' 벨라루스라는 말 자체가 백러시아라는 말이거든요. 그러니까 벨라루스가 원래는 하얀 나라인데, 예전에 어두웠던 적이 있었다는 뜻이죠. 그래서 아이들에게 체르노빌에 대한 교육을 하느냐고 물었더니, 체르노빌은 금기어라고 해요. 직접적으로 체르노빌이라는 단어는 쓰지 않아요. 러시아어에서 '검은'이라는 말은 체르노빌하고 발음이 비슷해요. 직접적으로 표현하지 않지만 기억하고 있다는 의미라고 할까요.

강은주 이름은 말하지 않지만 기억하고 있다. 말할 수 없는 금기라는 느낌인데요. 마치 해리포터에 나오는 볼드모트 같다는 생각이 드네요.

이헌석 네, 아이들에게는 굉장히 큰 충격이거나 이후에 살아가는 데 일종의 편견이 될 수 있어서, 여기서는 체르노빌에 관해 언급하는 것은 금기예요. 다만 앞서 말한 것처럼 먹어서는 안 되는 음식 등을 가르치는 교육을 하고 있어요. 지금 태어나는 아이들은 체르노빌 아이들의 자녀들이잖아요. 26년이 되었기 때문에 체르노빌 아이들이 지금 26세가 되었어요. 사고에 대해 정확히 기억하는 사람은 별로 없지만, 아이들이 아픈 이유에 대해서는 명확히 알고 있는 거죠. 다만 이것이 굉장히 큰 무서움, 공포로 다가오고 있어 아이들에게는 매우 조심스럽게 이야기를 하고 있죠.

인터뷰한 사람 중에 현재 교사인 사람이 있어요. 딸하고 같이 여기에 왔어요. 원래 다른 곳에서 교사를 하다가 전근을 해 자기 아이도 데리고 왔다고 해요. 이 교사가 체르노빌 아이였어요. 30세 정도면 체르노빌 사고 당시 5세이니까, 30대 중반 정도가 체르노빌 아이들이라고 불리는 사람들이거든요. 그 사람이 자신의 경험을 이야기해준 적이 있었어요. 자기 경험에 따르면, 사고 후 이탈리아나 스위스 같은 유럽을 다니면서 지금 치유센터에서 하는 프로그램을 접했다고 해요. 원래는 자신이 살던 곳은 체르노빌 발전소로부터 10~20킬로미터 떨어진 곳이었는데, 부모님이 100킬로미터, 200킬로미터 밖으로 피해 있다가 다시 돌아왔어요. 그리고 피폭된 후 다른 나라에 가서 치유를 받고 온 거죠. 어찌 되었든 본인은 건강해요. 암도 걸리지 않았고, 아이도 건강해요. 자기 친구들 중에 암에 걸리거나 기형아를 낳은 사람들이 얼마나 있느냐고 물었더니, 눈치를 보며 대답할 수 없다면서 미안하다고 해요. 정부 관계자가 옆에 서 있었거든요. 벨라루스는 그런 분위기예요. 아직까지는 개인의 금기일 수도 있고, 국가적으로 이야기하는 것도 부담스러워해요. 이곳에서 유학하고 있는 학생을 만나서 이야기를 들었는데, 대학생들 사이에서도 이야기하는 사람이 없대요. 벨라루스의 가장 오염된 국토의 4분의 1 구역 중에 고멜이라는 큰 도시가 있는데, 고멜에서 온 학생도 별로 말을 하지 않는다는 거예요. 전체적으로 거의 금기에 가까운 일이에요.

강은주 정확한 비유일지는 모르겠지만 마치 우리나라의 1980년 5월 광주와 비슷한 느낌이에요. 사람들은 광주사태니 5·18이니 하는 말을 하지만, 정작 당시 광주에 있던 사람들은 너무 큰 상처 때문에 직접적으로 말하기 어려워하잖아요. 상처가 너무 깊으면 말하는 것도 조심스럽고, 역차별에 대한 두려움이 더해져서 결국 트라우마로 묻어버린 사람들의 이야기 같아요.

이헌석 저는 충분히 그럴 수 있다고 생각해요. 사실 체르노빌을 몇 번 더 가보고 싶다는 생각이 들어요. 지구 반대편에서 온 한두 번 만난 사람에게 자신의 이야기를 하기 힘드니까 더 만나서 내밀한 이야기를 들어보고 싶기도 해요.

강은주 현지의 환경 NGO도 만나고 왔지요. 그곳의 NGO는 주로 어떤 활동을 하나요?

이헌석 벨라루스에서 2010년에 대통령 부정선거가 일어나 유럽연합 각국이 규탄 성명을 냈어요. 지금도 벨라루스 대통령은 유럽연합에 출입금지예요. 대통령이 비자가 나오지 않는 거죠. 그리고 대통령이 취임하는 날, 벨라루스 주재 대사들이 다 본국으로 출장을 갔어요. 취임식에 참석하기 싫어서요. 이 일이 굉장히 유명할 정도로 유럽에 유일하게 남아 있는 독재국가예요. NGO를 만나긴 했는데 공식적으로 그분을 공개하긴 어려워요. 벨라루스에서는 정부에 취재 계획서를 내서 허가를 받아야 해요. 허가가 없으면 취재를 못해요. 저는 취재 계획서 없이 NGO 관계자를 만났어요. 그들이 하는 일은 전형적인 환경 NGO 활동이에요. 그들이 집중하는 가장 큰 현안은 고멜을 비롯해 국토의 4분의 1을 차지하는 오염 지역의 농산물이 유통되고 있다는 것에 대한 의혹이에요.

강은주 그곳에서 생산되는 농산물이나 생산물은 판매가 금지되는군요.

이헌석 농사 자체도 금지되어 있고, 그곳의 농작물에 대해서는 정기적으로 검사를 하도록 되어 있어요. 정부 관계자에 따르면, 현지에서만 검사를 하는 것이 아니라 도시의 마트나 시장에서도 정기적으로 검사를 하는 등 이중 감시를 하기 때문에 그곳의 생산품이 유통되는 일은 없을 뿐만 아니라 원산지 표기도 되어 있다고 하는데, 이 NGO는 생각이 다른 거죠. 오염 지역의 생산물과 그렇지 않은 생산물을 섞고 있다고 의심하고 있어요. 물증은 없지만, 섞고 있다는 증언들이 계속 제보되고 있다고 해요. 주로 이런 활동을 해요. 국가의 특성 때문에 이들의 활동은 매우 열악해요. 시내에서 택시를 타고 거의 1시간을 가야 하는 허허벌판에 건물 하나 있는 곳이 사무실인데, 제가 갔을 때 사무실에는 아무것도 없었어요. 노트북 한 대 놓고 일하고 있었어요. 왜 아무것도 없느냐고 물었더니 얼마 전 KGB가 와서 전부 가져갔다고 해요. 벨라루스에서는 아직도 KGB라고 해요. 그래서 우리를 만나는 것도 부담스러워했어요. 그곳이 벨라루스의 거의 유일한 NGO예요. 독재국가이다 보니 부정선거 규탄 집회를 하다가 머리를 맞고 실려 가는 일이 2011년에도 있었고, 우리가 방문하기 한두 달 전에는 지하철 폭탄 테러로 사람이 죽는 일도 있었어요.

강은주 방사능 문제도 심각한데 정치·사회적으로도 상당히 안정되어 있지 않네요. 벨라루스는 핵발전소가 하나도 없는데, 핵발전소를 새로 지으려는 계획을 갖고 있죠? 체르노빌 사고의 가장 큰 피해 국가가 핵발전소를 지으려는 것이 아이러니한 일이에요.

이헌석 네, 핵발전소 건설 계획이 있어요. 지으려는 곳이 인근 국가인 라트비아 국경 지역이에요. 라트비아에서 상당한 반대 운동이 있어요. 벨라루스가 우크라이나와 국경 지대에 있는 체르노빌 핵발전소 때문에 피해를 입은 건데, 오히려 자신들이 핵발전소를 지어서 또 옆 나라에 피해를 주는 것이 아니냐고 반대의견이 상당하지만 독재자는 그렇게 보지 않는 거죠. 경제 수준은 우크라이나가 훨씬 높은데도 도로나 건물의 상황은 벨라루스가 더 좋아요. 독재자들이 대부분 그렇지만 눈에 보이는 외견상의 모습에 더 치중해요. 벨라루스는 매우 가난한 나라예요. 100달러 이상은 환전해주지도 않아요. 인플레이션도 상당히 심각하고요. 그런 상황에서 경제 발전을 위해서는 핵발전소를 지어야 한다고 독재자가 주장하고 있는 거죠.

강은주 벨라루스의 정부 관계자들도 만났나요?

이헌석 벨라루스 정부가 낸 체르노빌 사고 피해에 대한 보고서가 있어요. 매우 잘 작성되어 있지요. 벨라루스 정부는 외국의 다른 나라들이 벨라루스 정부를 지원해주기를 원하고 있어요. 그래서 보고서에는 피해 상황에 대해 굉장히 구체적으로 적시하고 있어요. 하지만 국민들이 얼마만큼 위험에 빠져 있고, 어떻게 문제를 해결하려고 하는지에 대해 물으면 스스로 알아서 잘하고 있다거나 돈이 없어서 충분히 못할 뿐이라고 해요. 자료를 보면 사고 후에 벨라루스가 쓴 돈이 전체 국가 예산의 몇 십 배예요. 사실은 국가 예산의 절반 이상을 아직도 피해 복구를 하는 데 쓰고 있는 거예요. 그래서 경제가 어려울 수밖에 없어요. 벨라루스 경제의 발목을 잡고 있는 것이 바로 26년여 전 체르노빌 사고인 거죠. 독재의 문제도 있지만, 국가 예산의 대부분을 쓸 수밖에 없는 방사능 오염에 대한 문제가 매우 심각해요.

강은주 아이들을 위한 치료센터도 운영해야 하고, 오염도 제거해야 하니 정부 예산이 많이 투입될 수밖에 없겠네요.

이헌석 이제 제염은 사실 포기했어요. 출입통제 구역 내에는 제염을 하고 있지 않아요. 오염된 4분의 1 구역 등 사람이 살고 있는 지역의 학교 같은 공공시설들은 흙을 모두 다 새것으로 완전히 교체했어요. 폐기물은 다 출입통제 구역으로 밀어버렸고요. 이제는 제염이라는 개념은 없고, 농수산물을 계속 체크하고 관리하는 것이 더 중요한 업무죠. 벨라루스에 체르노빌 발전소가 있는 것이 아니기 때문에 발전소를 수습할 필요는 없어요. 그래서 예산의 상당 부분은 건강과 관련한 것이에요. 아이들을 위한 치료센터도 그렇지만, 환자를 치료하는 병원도 예산이 상당해요. 2010년 한 해 동안 치료와 의료 비용에 하루 100만 달러씩 쓰고 있다고 해요. 벨라루스 비상사태부 측은 음식과 관련한 이야기를 가장 많이 했어요. 그래서 현재는 잘 관리하고 있다지만, NGO는 그렇지 않다고 주장하고 있는 상황이고요.

청소 인력

강은주 체르노빌 사고 후에 상당히 많은 사람들이 '청소' 인력으로 투입되었지요. 이후에 병을 얻어 세상을 뜬 사람도 많고요. 현재 그분들의 이야기가 궁금하네요.

이헌석 총 50만 명이 투입되었고, 굉장히 다양하게 인력이 들어갔죠. 체르노빌 사고 기념일에 맞춰서 세 군데에서 행사가 열려요. 키예프에 있는 체르노빌 성당, 체르노빌 발전소, 그리고 프리피야트에 살던 사람들이 집단이주한 70킬로미터 정도 떨어진 마을에서 열리는데, 우리는 키예프에 있는 체르노빌 성당에 갔습니다. 그곳에서 성당에 참배하러 온 희생자 유가족을 만났어요. 자신의 남편이 채소를 파는 사람이었는데, 체르노빌 복구 인력들에게 채소를 날랐다고 해요. 그것도 지원 업무였죠. 남편은 죽었다고 해요.

강은주 피폭 후유증으로 추정되는 건가요?

이헌석 피폭 때문이냐고 물었더니 자신은 체르노빌 때문에 죽었다고 생각한다고 그래요. 증거는 없죠. 증거는 없지만, 자기는 그렇다고 생각한다는 거예요. 암으로 죽었는데, 그 일이 있기 전까지는 굉장히 건강했다고 해요. 우리가 가기 일주일 전에 리퀴데이터라는 당시 피해 수습 요원 수천 명이 우크라이나에서 시위를 했어요.

강은주 최근까지도 그들에 대한 처우가 문제가 되고 있군요.

이헌석 네, 외신에도 보도가 됐는데요. 사고가 난 직후 얼마 동안은 지원이 나왔대요. 병원비를 대주기도 하고요. 그런데 문제는 지원을 받는 사람도 있고, 그렇지 못한 사람도 있는 거예요. 예전 사회주의권 전통이 있기 때문에 진료비 정도는 지원되지만, 병으로 죽거나 다쳤을 때 물질적인 보상은 없는 거죠. 그리고 이들이 대부분 피해복구 요원이었다는 사실 때문에 다른 곳에 취직이 되지 않아요. 결혼도 쉽지 않고요. 그렇다 보니 이 사람들이 굉장히 차별을 받는 거예요. 당시에 투입된 수습 요원들은 지식인들이 아니라 어린 군인이나 광부 혹은 농부인 일용 잡부였어요.

강은주 후쿠시마에서도 비슷한 일이 벌어지고 있는데, 후쿠시마와 체르노빌은 많은 부분이 닮았네요. 소방관들이 제일 먼저 달려가고, 가난한 사람들이 일용 잡부가 되어 건강을 잃고, 그리고 또다시 차별받는 악순환의 고리마저도 닮았네요.

이헌석 체르노빌 성당에 가면 위패 같은 것이 모셔져 있어요. 우리나라와 같은 건 아니고 이름이 새겨져 있어요. 죽은 사람들에 대해서는 최고의 예우예요. 체르노빌 성당에서 체르노빌 기념행사를 할 때는 그리스정교회의 최고 주교, 우크라이나의 최고 주교가 새벽 1시에 와서 미사를 드려요. 그리고 체르노빌 현장에서 벌어지는 추도회의 경우에는 러시아, 우크라이나, 벨라루스 대통령이 매년 참가를 해서 추도식을 해요. 그들이 '영웅'인 것은 당연하다는 그런 분위기를 많이 느낄 수 있었어요. 위패처럼 모셔져 있는 사람들은 대부분 소방관들이에요. 사고 직후인 4월 26일부터 약 40일 동안에 소방관들이 죽어요. 성당 외에 체르노빌 박물관에서도 가장 많이 언급되는 얘기가 소방관들에 관한 거예요. 소방관들의 투철한 직업 정신으로 사고를 수습할 수 있었고, 그들이 없었다면 수습할 수 없었다는 내용이 제일 많아요.

강은주 아무래도 사고 직후 가장 먼저 현장에 들어갔고, 초기에 집중적으로 투입된 사람들이 소방관이죠. 또 가장 먼저 죽은 사람들이기도 하고요.

이헌석 네, 처음에 들어갔던 그 사람들이 가장 피해가 컸죠. 국가가 운영하는 체르노빌 박물관 대부분의 내용이 소방관들의 영웅적 희생에 관한 것으로 채워져 있어요. 말 그대로 전투라고 인식하죠. 지금도 핵발전소를 운영하고 있고, 앞으로 추가로 건설 계획을 갖고 있는 우크라이나의 국가 이데올로기에도 맞는 얘기죠.

핵발전을 포기하지 않는 피해 국가

강은주 벨라루스는 국경 지대에 신규 핵발전소를 지을 계획이 있다고 했는데, 우크라이나도 그런 계획이 있죠?

이헌석 우크라이나가 상당히 재미있어요. 체르노빌 사고 당시 체르노빌에 5호기와 6호기가 건설 중이었어요. 현재도 발전소를 짓다 남은 흔적이 그대로 남아 있고요. 여기는 계속 건설할 수가 없어서 중단되었어요. 방사능 오염이 심해서 건설 인력이 들어갈 수 없었던 거죠. 나머지 1~3호기도 2000년에 최종적으로 문을 닫는데, 우크라이나가 독립하는 등 일련의 정치적 과정을 겪었죠.* 소련 붕괴 후 국가 체제가 몇 번 바뀌면서 안정적으로 민주주의가 정착되지 않았어요. 그 과정에서 핵발전소를 폐쇄하는 조건으로 새 핵발전소를 지을 돈을 받았어요. 우크라이나 국회에서 공식적으로 1호기와 3호기를 폐기하기 위한 법안을 만들었는데, 대통령이 직권으로 핵발전소를 재가동해버려요. 우크라이나는 지금도 핵발전소를 운영하고 있고, 2030년까지 핵발전소를 짓는 계획이 계속 있어요.

강은주 확실히 탈핵의 문제는 정치의 영역이라는 생각이 들어요. 지금 체르노빌 발전소의 모습도 궁금한데, 체르노빌 사고 후 '석관'을 씌웠죠. 근데 현재는 상당히 낡았다고 들었어요. 새로 강철 돔을 씌울 계획인데, 어떻게 되어가고 있나요?

이헌석 체르노빌 발전소에 '석관'을 씌울 때 돔의 설계 수명이 30년이었어요. 그런데 설계 수명보다 부식이 빠르게 진행되고 있는 거죠. 여러 군데 구멍이 나 있고, 몇몇 구역은 사람이 들어갈 정도로 큰 구멍이 있어요. 새가 들락날락하는 곳도 있고요. 제일 우려되는 부분은 석관이 납과 콘크리트로 만들어졌기 때문에 그대로 무너져버리지 않을까 하는 거예요. 물론 최악의 경우죠. 그래서 석관을 뜯어내고 위에 새로운 돔을 쌓는다는 계획이에요. 비용이 약 1조 5000억 원 들어가는데, 돈을 절반 정도밖에 모으지 못했어

- 1986년 체르노빌 4호기 사고 이후 1990년 8월 발효된 모라토리엄으로 6기의 VVER-1000 건설이 중단되는 등 국민적인 핵발전소 반대 운동이 활발히 벌어졌다.
  - 1991년 8월 24일 우크라이나 최고 소비에트 독립선언문 채택. 1991년 12월 1일 크라프추크가 대통령에 당선. 국민투표로 독립국이 됨. (유권자 84퍼센트 참여, 투표자 90퍼센트가 독립 지지) 독립 당시 세계 3대 핵무기 보유 국가. 1996년 6월 비핵무기 국가로 전환.
  - 1991년 체르노빌 2호기 화재 사고가 발생함에 따라 우크라이나 국회는 체르노빌 1, 3호기의 영구 폐쇄를 결의(2호기는 화재로 사실상 사용 불능 상태). 그러나 대체 전원을 찾기 힘들다는 이유로 우크라이나 최고회의가 체르노빌 1, 3호기 운전을 당분간 재개할 것을 결정. 1994년 2월 1, 3호기의 운전을 재개할 것을 대통령령으로 발표.
  - 이후 G7을 비롯한 서방국가들이 체르노빌 핵발전소에서 운영하는 RBMK의 안전성에 의문을 제기하면서 모든 체르노빌 핵발전소의 가동 중지를 우크라이나에 요구. 1995년 12월 오타와에서 '체르노빌 발전소를 2000년까지 영구 폐쇄한다'는 양해각서 체결과 건설 중인 흐멜니츠키 2호기와 로브노 4호기를 완성시킬 재정 지원을 조건으로 체르노빌 발전소를 폐쇄한다는 레오니드 쿠치마 대통령의 발표.
  - 2000년 12월 7일 유럽부흥개발은행이 이 계획에 2억 1500만 달러의 융자를 결정했고, 12월 13일 유럽연합에서는 5억 8500만 달러의 재정 지원을 결정. 또한 러시아도 재정 지원을 약속함에 따라 12월 15일 마지막까지 운전하고 있던 체르노빌 3호기를 영구 정지.

요. 그래서 많은 사람들이 '체르노빌 쉴드' 계획에 대해 설명하고 돈을 모으는 과정에 있어요. 문제는 돈이죠. 이 새로운 강철 지붕은 설계 수명이 100년이에요.

강은주 그러면 100년 후에 또다시 새롭게 뭔가를 씌워야 하는군요. 언제까지 이런 일을 반복해야 하는 거죠?

이헌석 대략 800년은 걸린다고 해요. 정상적인 발전소라면 사용후 핵연료를 분리해서 식히는 과정이 있겠지만, 체르노빌은 녹아서 떡처럼 뒤엉켜 있는 상태라 분리 수거가 어려워요. 우선적으로 약 800년을 씌워놓고, 그 후 핵연료의 기본 속성을 생각하면 10만 년 정도는 격리해야 하는 거죠. 하지만 지금 당장은 100년짜리 돔을 씌우는 것이 제일 시급하죠.

강은주 세계적 경제 위기를 생각하면 쉽지 않은 문제네요.

이헌석 체르노빌 쉴드 계획은 고르바초프와 체르노빌 사고 당시 국제원자력기구 사무총장이 고문과 대표를 맡고 있어요. 이 사람들이 주로 유럽연합 회원국에게 체르노빌에 문제가 생기면 유럽도 곤란하다는 이야기를 하고 있어요. 유럽연합도 탐탁지 않지만 어쩔 수 없이 치러야 하는 비용인 거죠. 우크라이나 입장에서는 밑 빠진 독에 물 붓기인 거고요. 우크라이나 정부의 예산이 상당히 많이 들어가지만 그것만으로는 많이 힘든 상황이에요.

강은주 체르노빌 사고 25주년에 맞춰 다녀오셨어요. 후쿠시마 사고 후라 느낌이

남다를 듯한데, 간단하게 소감을 말씀해주세요.

이헌석 가장 기억에 남는 건 아이들이에요. 치유센터로 가는 아이들. 이런 것은 몸으로 보여주고 있잖아요. 이 아이들은 그 동네에서 태어났다는 이유만으로 치유센터에 다니는 것이거든요. 우리가 간 체르노빌 사고 기념 주간에 벨라루스의 번화가에는 제2차 세계대전 승전기념일 현수막이 걸려 있고 퍼레이드가 있었어요. 앞서 말했듯 직접적으로 언급하는 것은 아직까지는 금기인 듯해요. 그리고 다른 하나는 관광에 대한 것이에요. 어느 나라를 가든 공항에 가면 무료 관광 안내 책자가 있잖아요. 우크라이나는 그중 한 부분이 체르노빌 투어예요. 그래서 관광사에 연락하면 가서 볼 수 있어요. 이런 것들이 공식 투어 프로그램에 나와 있어요. 아이러니하기도 해요. 많이 오느냐고 물었더니 20주년, 25주년인 해에는 많이 왔다고 해요. 제가 갔을 때도 줄을 서서 인터뷰를 하고, 관광버스도 여러 대 지나갔어요. 어쩌면 후쿠시마도 관광지가 될 수 있겠다는 생각이 들었어요. 그럼에도 아직까지 방사능 계측기의 눈금이 올라가는 걸 보면서 여러 생각이 교차했어요. 우크라이나와 벨라루스의 사람들도 후쿠시마 사고를 텔레비전으로 보면서 많이 충격을 받았다고 해요. 우리는 가장 가까운 나라에서 사고가 났는데도 너무 안일한 것 아닌가라는 생각도 많이 들었고, 할 일이 참 많다는 생각도 했어요.

2
후쿠시마

HUKUSHIMA

2011월 3월 11일, 후쿠시마

땅이 뒤틀렸다. 2011년 3월 11일 금요일, 해가 중천에서 막 넘어가기 시작할 무렵, 굉음과 진동이 모든 것을 헤집었고, 건물들은 흔들리고 속절없이 무너져내렸다. 오후 2시 45분, 강도 9.0의 지진이 일본 동북부 해안에서 발생했다. 여진으로 아직도 땅이 뒤틀리고 있는 동북부 해안가 마을에는 쓰나미가 밀려들었다. 최대 높이 15미터에 이르는 파도가 순식간에 삶을 덮쳤다. 지진이 발생한 지 1시간가량이 흐른 3시 42분, 도쿄전력의 후쿠시마 제1발전소의 1, 2, 3호기가 '원자력 재해 대책 특별조치 제10조(비상통보)'의 대상이 되었다. 지진이 시작된 곳으로부터 150킬로미터 떨어진 후쿠시마 발전소는 한 시간이 채 되기도 전에 '위험'한 상황이 되었다. 80킬로미터 떨어진 오나가와 발전소 3기와 160킬로미터 떨어진 후쿠시마 제2발전소의 4기도 긴급 정지했다. 강력한 지진과 쓰나미 앞에서 바닷가를 바라보고 있는 핵발전소가 안전할 리는 없었다. 그리고 실제로 무엇인가 '위험'한 일들이 핵발전소에서 벌어지고 있었다.

　지진 발생 당일 이미 핵발전소는 충분히 위험했고, 그리고 곧 현실로 나타났다. 다음 날 3월 12일, 도쿄전력 후쿠시마 핵발전소 단지의 1호기가 폭발했다. 같은 날인 저녁 8시 50분 후쿠시마 제1발전소 반경 2킬로미터 이내의 주민들에 대한 소개 명령이 떨어졌다. 지진과 쓰나미에 휩쓸린 삶을 채 수습도 하기 전에 핵발전소 주변의 1864명은 자신의 삶터를 떠나야 했다. 9시 23분, 소개 명령은 3킬로미터까지 확대되었다. 10킬로미터 이내의 주민들은 옥내로 대피하라는 지시가 떨어졌다.

　후쿠시마의 핵발전소가 쓰나미로 인한 냉각장치의 고장이 아닌 지진 자체로 손상을 입었을 가능성이 여전히 일본의 언론을 통해 계속 제기되고 있었다. 어떤 이유이든 위험하기는 마찬가지였다. 도쿄전력과 일본의 핵공학자들은 발전소 바로 아래서 강도 8.0의 지진이 발생해도 안전한 내진 설계가 되어 있다고 알려왔지만, 현실은 전혀 그렇지 않았다. 지진 발생 직후부터 전력 차단이 시작되었다. 발전소를 가동시키는 모든 전력은 중단되었고 곧이어 비상전력마저 끊어졌으며, 뜨거워지고 있는 원자로를 식힐 능력은 상실되었다. 온도와 압력이 가파르게 상승하고 있었다. 수십 센티미터의 강철판으로 이루어진 압력용기는 이를 감당할 수 없었다. 폭발해버렸다. 원자로 안의 위험한 방사능은 세상으로 나왔다. 공식적으로 동일본대지진으로 기록된 후쿠시마 사고는 인류 최초의 '핵단지 연쇄 폭발' 사고를 가져왔다. 그리고 이 사건은 여전히 진행 중이다. 체르노빌의 방사능이 지구를 한 바퀴

돌아 세계적인 문제로 떠오르기까지는 일주일밖에 걸리지 않았다. 갇혀 있던 죽음은 그렇게 또 한번 세상으로 풀려나왔다.

지진이 일어났던 순간, 후쿠시마 핵발전소 안에는 당연히 노동자들이 있었다. 대부분 정비 점검 업무 등을 담당하는 하청업체의 비정규직이었다. 지진으로 땅이 뒤틀리면서 흔들리는 건물 안에서는 서 있을 수조차 없었다. 기계나 크레인 등이 서로 부딪치는 기괴한 소리가 비명처럼 울렸다. 건물 안의 전기는 꺼졌고, 비상등이 켜졌다. 이대로 갇히는 것은 아닐까 두려웠고, 당황했다. 도망가고 싶었지만 그들이 들었던 지시는 '그 자리에서 움직이지 말라'는 것이었다. 가장 먼저 폭발이 있었던 1호기에서는 천장의 금속 배관 이음이 어그러지면서 물이 쏟아져내렸다. 그들은 본능적으로 그 물이 위험하다는 사실을 알았다. 누군가 외쳤다. "이것은 위험한 물일지도 모른다. 도망가자." 그들은 출구를 향해 뛰었다. 핵발전소 내부의 모든 것은 위험하다는 것, 특히 누수된 물은 더욱 그럴 가능성이 높다는 사실도 알고 있었다. 건물 안의 모든 것이 흔들리고 깨지고 부서져내리고 있었다. 물은 계속 쏟아져내렸고, 여진은 계속되고 있었다. 방사능에 오염된 물보다 훨씬 공포스러운 것은 망가진 원자로와 함께 발전소 안에 갇혀버리는 것이었다. 출구를 향해 뛰었지만 그들은 쉽게 밖으로 나갈 수 없었다. 발전소 밖으로 나가기 위해서는 작업복을 벗고 피폭량을 체크해야 했지만, 방사능 계측기는 단 한 대밖에 없었다. 복도에는 방사선량 체크를 받기 위한 노동자들의 줄이 길게 늘어섰다. 땅은 여전히 뒤틀리고 있었고, 건물은 마구 흔들렸다. 마음이 급해졌다. "빨리 하라"는 아우성이 복도를 메웠다. 그들 모두 발전소 밖으로 나올 수 있었다. 누구도 갇히진 않았다. 하지만 그들은 "수소 폭발한 후의 1호기 건물을 텔레비전에서 봤다. 그곳에 갇혀버렸을지도 모른다고 생각하면 지금도 다리가 떨린다"라고 말했다.

3월 11일 지진이 발생한 후 약 2시간이 흐른 오후 4시 36분에 발전소의 모든 전원이 꺼져버렸다. 1호기와 2호기의 냉각기능이 정지되었다. 핵발전소 기술의 핵심은 '냉각'이다. 냉각이 되지 않으면 원자로의 온도가 제어할 수 없이 상승하고, 압력이 올라가 터져버리거나 연료봉이 녹아버리는 멜트다운이 된다. 오후 7시 3분에는 제1발전소의 비상디젤발전기조차 정지되었다. 지금 당장 냉각을 서두르지 않으면 멜트다운이 될 것이 분명했다. 하지만 핵발전소의 전원 계통이 모두 망가져버려 원자로의 노심 냉각은 불가능했다. 도쿄전력은 총리에게 '전원차를 동원하면 해결된다'고 보고했다. 늦은 밤 전원차가 도착했지만 전원 연결은 성공하지 못했다. 전원 연결선 길이가 짧은 탓이었다. 이러한 비상 상황에 대한 대처 경험은 전혀 없었다. 이제 '조기 수습'이란 불가능한 단어로 전락했다. 이날 도쿄전력 내부 회의에서는 원자로의 격납용기 압력 밸브를 열어 압력을 낮추자는 의견이 제시되었다. 이미 원자로의 노심 온도는 계속 상승하고 있었고, 그 때문에 증기 압력은 치솟고 있었다. 하지만 이 의견은 반영되지 못했다. 원자로 내부의 증기 배출과 함께 방사능도 누출될 것이라는 우려 때문이었다.

악몽 같은 시간이 흐르고 있었지만, 할 수 있는 일은 거의 없었다. 그렇게 밤이 지나고 3월 12일이 되었다. 상황은 악화되고 있었다. 하루 전 회의에서 제안되었던 압력 밸브를 열자는 의견이 통과되었다. 1호기의 격납용기에 가득 찬 증기를 빼내기 위해 밸브가 일부 개방되었다. 이 작업은 기계가 아닌 노동자들의 손으로 이루어졌다. 이 작업에 동원된 노동자는 100밀리시버트(mSv) 이상의 방사선에 피폭되었다. 그들은 곧 구토 증세를 보였고, 병원으로 후송되었다. 발전소의 노동자들은 전신에 특수 방호복을 입고 있었지만, 한계 시간인 10분은 금세 초과되었다. 연간 피폭 허용량의 100배가 넘는 방사선에 피폭되었다. 그들의 남은 생은 누구도 장담할 수 없었다. 하지만 그들의 희생에도 불구하고 결국 밸브 개방 1시간 30분 뒤 1호기는 폭발했다. 3월 12일 오후 3시 36분이었다. 현장에 있던 도쿄전력 직원 4명, 하청업체 노동자 3명, 자위대 대원 4명이 부상을 입고 병원으로 후송되었다. 강력한 폭발음은 대규모 핵단지에서의 연쇄적 폭발사고를 인류 최초로 겪게 될 것이라는 시작의 알림이었다.

 NHK는 '후쿠시마 제1발전소 1호기의 폭발'을 타전했고, 전 세계가 앞 다투어 이를 속보로 전했다. 오후 5시 발전소의 방사선량은 이미 제한수치를 넘어섰고, 6시 25분에는 총리의 명으로 발전소 반경 20킬로미터의 주민 대피령이 떨어졌다. 반경 20킬로미터의 7만 명이 넘는 주민이 자신들이 살던 곳을 도망치듯 떠나야 했다. 그나마 20킬로미터 반경은 강제적인 피난 구역이었지만, 30킬로미터 반경은 선택적인 피난 구역이었다. 형편이 여의치 않아 피난이 쉽지 않았던 사람들은 그대로 남을 수밖에 없었다. 강제 피난 구역 외 지역에서의 자발적 피난은 보상조차도 없었다.

후쿠시마 핵발전소 방사능 물질 확산과 주요 도시 인구(단위 명)

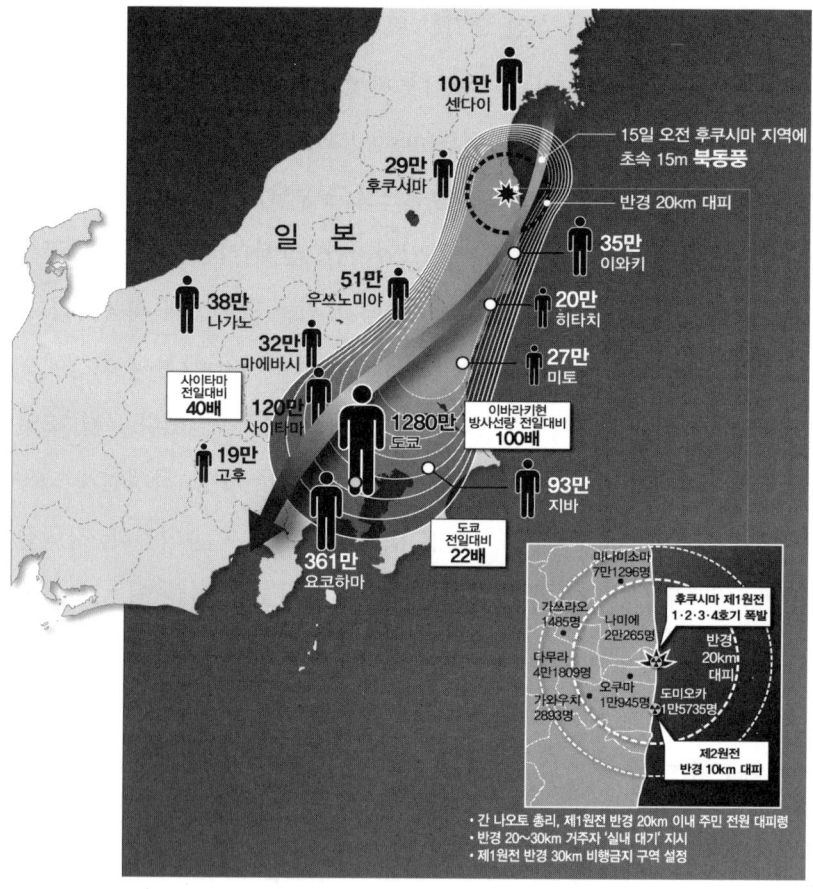

도쿄전력 대책본부 회의에서 이때까지 원자로의 냉각을 위해 '해수 주입'을 입에 담은 사람은 아무도 없었다. 사고 직후인 3월 11일 미국 정부는 원자로 냉각에 대한 기술 지원을 제안했지만, 일본 정부와 도쿄전력은 이를 거절했다. 제안된 냉각방법이 발전소의 폐로를 전제한 것이었기 때문이다. 이 일은 훗날 일본 민주당 간부가 폭로해 밝혀졌다. 도쿄전력과 일본 정부는 1호기가 폭발해버린 시점까지도 발전소를 폐로할 생각이 없었다. '고쳐서' 다시 사용할 생각만 있었을 뿐이었다. 후쿠시마 핵발전소는 설계 수명인 40년을 다하고도 10년의 수명 연장을 결정한 발전소였고, 하루하루의 가동이 순수한 이익을 내는 발전소였다. 도쿄전력은 이 핵발전소가 아까웠고, 미국의 제안을 거절했을 뿐만 아니라 '해수 주입'을 신속히 결정하지 못했다. 해수 주입은 결국 12일 저녁 8시 20분에 결정되었다.

13일 오전 5시 38분, 3호기의 상황이 좋지 않다는 보고가 들어왔다. 3호기 원자로의 온도와 압력이 상승하고 있었던 것이다. 할 수 있는 일은 많지 않았다. 추가로 냉각수를 투입하고 밸브로 압력을 조정하는 일이 반복되고 있었다. 동시에 오나가와 핵발전소 역시 위험이 감지된다는 소식도 들려왔다. 일본 열도는 뜨거워지고 있었다. 동시에 1호기의 방사능은 격납용기를 벗어나 후쿠시마를 중심으로 바람을 타고 퍼져나가고 있었다. 매 순간 죽음의 공기는 어떤 통제도 없이 확산되고 있었다. 3월 14일에는 일본의 구조를 위해 파견된 '로널드 레이건'호의 승조원 17명이 방사능에 피폭되었으며, 발전소 상공을 통과한 헬기역시 오염되어 세척하는 일이 벌어졌다. 미 해군 제7함대는 단 1시간만에 한 달 허용량의 방사능에 노출되었다고 발표했다. 하지만 방사성 물질이 바람을 타고 퍼지고 있다는 소식에도 도쿄의 시민들은 평상시처럼 집 밖에 빨래를 널고 있었다.

지진 발생 3일 뒤인 3월 14일, 3호기마저 폭발했다. 이날 폭발한

3호기는 플루토늄 혼합 연료인 MOX를 핵연료로 사용하는 발전소로 밝혀졌다. 플루토늄은 인류가 만난 최악의 독극물이라 불리는 존재다. 극미량으로도 사람을 순식간에 죽일 수 있는 물질은 바람을 타고 사람들 사이로 파고들었다. 3호기의 외곽에는 사용후 핵연료봉 저장 수조가 있었다. 저장 수조의 물이 모두 증발해버리면 온도 상승과 함께 연료봉은 녹아버릴 것이었다. 이날 독일의 앙겔라 메르켈 총리는 핵발전소의 가동 기간을 연장하는 계획을 3개월간 유보한다고 발표했다.

'원전에서 철수하고 싶다'

3월 15일 오전 3시, 간 나오토 총리 관저에 가이에다 반리 당시 경제산업성 대신을 통해 도쿄전력의 입장이 전달되었다. 도쿄전력은 '제1원전에서 철수하고 싶다'는 입장이었다. 총리는 분노했다. 그날 새벽 총리는 도쿄전력을 찾아가 자신의 분노를 전달했다. 결국 도쿄전력은 정부와 함께하는 통합대책본부를 세웠다. 하지만 이미 1호기와 3호기는 폭발해버린 뒤였다. 다른 발전소의 안전도 장담할 수 없었다. 원자로의 온도와 압력은 계속 상승하고 있었고, 사용후 핵연료봉의 수조 내부는 말라가고 있었으며, 산발적인 화재는 계속되고 있었다.

당시 정부 내에서는 여러 개의 격납용기 파손을 상정한 '최악의 시나리오'가 은밀히 책정되고 있었다. 피난의 범위를 반경 300킬로미터까지 확대해야 한다는 내용이 검토되었다. 이 범위에는 도쿄와 수도권

후쿠시마와 체르노빌 핵발전소 사고 비교

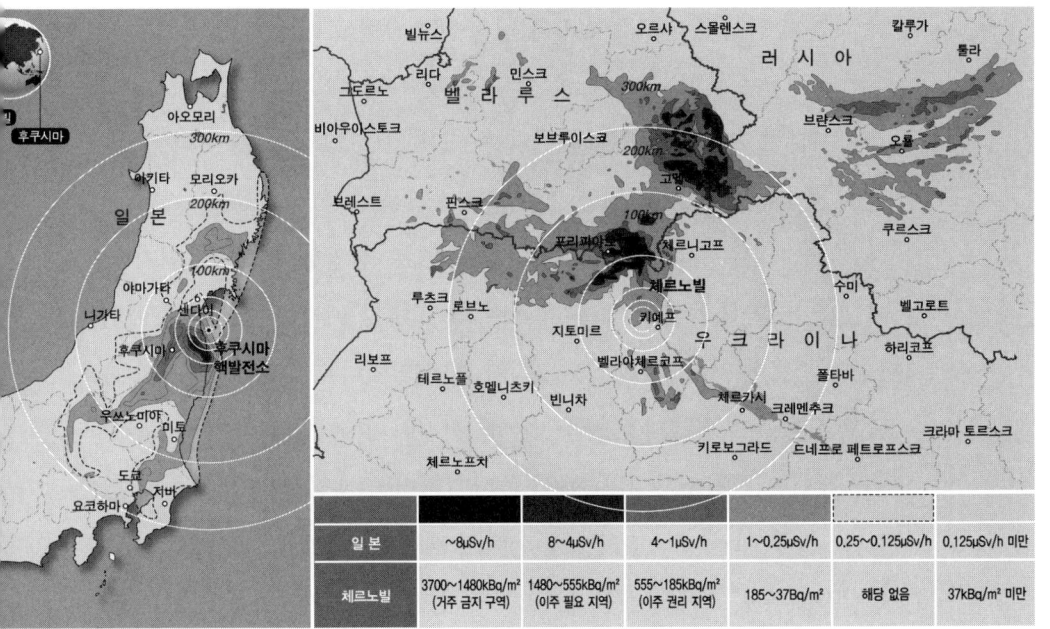

출처: IAEA

도 포함되어 있었다. 이는 '피난'이라는 수준을 넘어서는 시나리오였다. 간 나오토 총리는 훗날 인터뷰를 통해 "국가가 국가로서 기능할 수 있을지를 묻는 고비였다"라고 고백했다. 세계적인 메트로시티 도쿄는 일순간 유령도시가 될 것이고, 세기말 재난영화의 배경이 될 터였다. 3000만 인구와 그들의 터전이 증발한 것처럼 비어버리는 일, 국가의 수도를 비우고 모두를 돌아올 수 없는 길로 내모는 일이었다. 총리가 말했듯 누구도 '지진과 쓰나미와 원전 사고가 동시에 일어난다는 것은 상정해본 적이 없'었다. 물론 이러한 상황에 대한 도쿄전력의 대응 매뉴얼은 없었다. 물론 당시 총리는 '멜트다운'의 우려에 대해 정확히 어떤 것인지 인식하지도 못했고, 설명해주는 사람도 없었다.

이러한 상황에서도 발전소는 붕괴를 멈추지 않았다. 3월 15일 오전 6시 10분 2호기의 폭발음이 있다는 NHK 보도가 전파를 탔다. 같은 날 오전 10시, 4호기의 지붕이 손상되고 건물이 불타고 있음도 알려졌다. 도쿄전력은 4호기의 화재를 성공적으로 진압했다고 발표했지만, 이 불은 3월 16일에도 계속 타오르고 있었다. 3월 15일 오전에 이미 4호기 건물에 8미터짜리 구멍 2개가 뚫려 있었다. 5호기와 6호기의 온도도 상승하고 있었다. 3월 15일, 즉 지진이 발생한 지 4일 만에 인류는 6개의 핵발전소가 거의 동시에 터져버리는 재앙을 눈앞에 두고 있었다. 결국 이날 미국 민간기관 과학국제안보연구소(ISIS)는 후쿠시마 핵발전소의 사고가 국제원자력기구가 정한 국제원자력사고등급(INES)의 레벨 6 혹은 7에 상당한다는 견해를 피력했다. 하지만 사고는 여전히 진행 중이고, 수습될 기미를 보이지 않았다. 이후에 어떤 사고가 또 일어날지 아무도 장담할 수 없었다. 7등급 이상의 사고 등급이 있다면 그렇게 되고도 남을 일이었다. 그리고 한 달 뒤인 4월 12일 후쿠시마 핵발전소 폭발 사고는 7등급 사고로 공식 인정되었다.

'죽음에 대한 준비'가 되어 있다

터져버린 발전소의 지붕 위로 자위대 헬기가 부지런히 오가며 해수를 뿌려댔지만 원자로의 온도는 내려가지 않았다. 헬기를 통한 해수 투입마저도 상공의 방사선량이 너무 높아 포기해야만 했다. 자위대는 평소 핵발전소의 폭발에 대한 대응 훈련을 받아온 적이 없었다. 그들은 도쿄전력의 '안전하다'는 말만 믿고 현장으로 달려갔다. 그리고 부상을 입거나 방사능에 피폭되었다. 그들은 구체적으로 어떤 상황이 어떻게 벌어지고 있는지, 어떤 위험이 있는지 충분히 교육받지도 못했다. 자위대 측은 도쿄전력이 안전하다고 하면 위험하다고 생각해도 믿고 할 수밖에 없었다고 비통해했다. 불만이 쏟아져나왔지만 상황은 그런 불만에 너그럽지 못했다. 그들이 현장에 있는 매 순간 방사능은 쏟아져 나왔고, 그들은 어떤 방법도 취할 수 없었다. 사고가 발생한 3월 11일부터 15일 사이에 자위대는 중앙특수무기방호대 등 약 200명이 냉각과 오염제거를 위해 핵발전소로 투입되었다. 수많은 노동자들이, 군인들이, 경찰들이 후쿠시마의 사고를 수습하기 위해 '죽음'의 다른 이름인 원자로와 함께 있어야 했다.

  노동자들과 소방대원들의 단위 시간당 피폭 허용량은 작업의 '효율'을 위해 상향 조정되었다. 일본 후생성은 3월 15일 핵발전소 기술자의 피폭 방사선량 법정 한도를 100밀리시버트에서 250밀리시버트로 상향 조정한다고 발표했다. 이는 미국 핵발전소 근로자에게 적용되는 최대 피폭 방사선량의 5배에 이르는 수치였다. 26년여 전 체르노빌의 어린 병사들과 광부들이 그랬던 것처럼 그들은 그곳에서 핵발전소와 싸웠고, 여전히 싸우고 있다. 체르노빌 전투의 생존자들은 병들어가고, 또한 세계에서 조금씩 잊히고 있다. 후쿠시마도 그렇게 될 것이다.

후쿠시마 핵발전소의 2호기가 폭발한 3월 15일 도쿄전력의 직원 800명이 대피했다. 정확히 750명이 대피했고, 50명은 남겨졌다. 일본의 언론은 그들을 '후쿠시마 최후의 50인'이라고 불렀고, 해외 언론은 그들을 '현대판 사무라이'라거나 '인류를 위한 최후의 영웅'이라 불렀다. 마치 체르노빌의 어린 소련 병사들이 방사능 흑연 덩어리를 치우고 받은 '영웅' 칭호와 100루블처럼 그들은 방사능 속에 남았다. 그들의 이름은 기록되지 않았다.

3월 18일 20명이 넘는 노동자가 격납용기 건물의 밸브로 수증기를 배출하려다가 방사능에 피폭되었고, 3명이 넘는 노동자는 100밀리시버트 이상에 노출되었다. 그중 2명은 화상으로 3월 24일 병원으로 이송되었다. 홍콩 언론은 그들이 2주 이상은 살기 힘들 것이라는 전문가의 견해를 보도했다.

3월 30일에는 두 구의 도쿄전력 노동자의 시신이 발견되었다. 그들은 지진 발생 이후 핵발전소의 긴급 수리 작업을 하던 중 쓰나미에 의해 사망했다. 그들은 각각 24세와 21세의 고쿠보 가즈히코, 데라시마 요시키였다. 3월 18일 간 나오토 총리는 터져버린 발전소와 싸우는 그들이 '죽음에 대한 준비'가 되어 있다고 말했다. 한 노동자는 아내에게 '돌아가지 않겠다'는 문자 메시지를 보냈다. 그들이 SNS 등을 통해 보낸 '우리가 죽더라도 폭발은 막겠다'는 말은 일본 사람들의 가슴을 파고들었다.

끝없는 사투

3월 16일이 되어도 3호기의 흰 연기는 멈추지 않았다. 방사능에 오염된 수조의 물이 계속 증발하고 있다는 증거였다. 3호기와 4호기의 사용후 핵연료 임시저장 수조의 구조물은 파괴되었다. 냉각 기능을 하지 못하는 수조는 더 이상 수조가 아니었다. 그 자체로 방사능 덩어리에 불과했다. 냉각수 순환은 정지되었고, 온도는 계속 오르고 있었다. 파괴된 발전소의 방사능은 어떤 통제도 거부하고 있었다. 체르노빌 당시와 마찬가지로 다시 자위대의 헬기가 동원되었다. 하지만 상공에서 냉각수를 투하하려던 계획은 상공의 높은 방사선량 때문에 또다시 포기할 수밖에 없었다. 오전 10시부터 1시간당 0.9밀리시버트였던 방사선량이 급격히 상승하여 단 30분 만에 1시간당 10밀리시버트까지 상승했다. 노동자들은 일시적으로 대피하는 것 외에는 할 수 있는 일이 없었다.

도쿄전력은 3월 16일 기자회견에서 3호기의 사용후 핵연료 수조에서 방사능 냉각수가 온도 상승으로 증발했음을 인정했다. 3호기의 수조에는 314개, 4호기의 수조에는 783개의 사용후 핵연료가 보관되어 있으며, 방사능이 포함된 냉각수가 증발하고 있다고 했다. 하지만 상황은 도쿄전력의 발표 문장보다 훨씬 열악했다. 평소 40도 정도를 유지하던 냉각수의 온도는 84도까지 치솟았다. 수습의 길은 요원해 보였다. 5, 6호기에도 사용후 핵연료봉이 있었고 온도가 치솟고 있었다. 방사선량은 시간당 400밀리시버트를 기록했다. 자칫 5호기와 6호기의 폭발까지도 예상되던 때였다.

후쿠시마 현에는 400개 이상의 피난소가 있었다. 지진과 쓰나미 그리고 방사능으로부터 몸을 피해야 했던 사람들은 당연히 대피 공간에 대한 방사선량과 그들의 피폭 정도를 알고 싶어했다. 불안했고 동요했다. 피폭검사 희망자는 급증했다. 3월 15일 하루에만 후쿠시마현립 아이즈대학에는 약 2500명이 검사를 받기 위해 줄을 서야 했다. 더 멀리 떨어진 주민들도 몰려왔지만 검사 대상은 핵발전소 인근 주민들로 한정되었다. '괜찮다'는 말을 들었지만 안심할 수 없었다. 모든 것이 불안했고, 실제로 매초 매분마다 모든 것이 오염되고 있었다. 반경 20킬로미터라고 동심원을 그려놓고 무조건 피난하라고 했다. 지역별 방사능 농도의 분포 같은 건 정확히 알려지지 않았기 때문에 방사능이 적은 데서 많은 데로 피난한 경우도 있었다. 40~50킬로미터 반경에 있던 낙농마을 이타테무라의 경우 3월 15일까지 주민들에게 방사능의 수치에 대한 어떤 정보도 전달되지 않았다. 대책을 위해 모인 마을회관의 방사능 수치는 집보다 높았다.

3월 16일 저녁, 도쿄전력은 후쿠시마 현 도미오카에서 당일 송전선 공사를 하면서 후쿠시마 제1발전소와 본사를 연결하는 사내 전용 통신회선을 실수로 절단했다는 사실을 발견했다. 지진으로 망가진 송전선의 보수 공사 과정에서 발생한 어이없는 사고였다. 3월 17일 새벽 이 전용선은 복구되었지만, 4호기의 온도가 상승하고 있는 긴박한 8시간가량 도쿄전력의 통신망은 마비되어 있었다. 건물 밖에서 사용하는 비상 위성 휴대전화 외에는 어떤 통신도 차단되었다. 방사능 측정치나

원자로 압력 등의 중요 데이터 역시 전자 정보로 송출이 불가능했고, 구두로 전달할 수밖에 없었다.

3월 17일, 사고가 발생한 지 일주일이 다 되어가고 있었지만 상황은 누구도 낙관할 수 없었다. 일본의 동북부는 쓰나미로 마을이 사라졌고, 수습할 시간도 없었다. 일본 정부는 핵발전소 반경 30킬로미터를 대피 구역으로 확대했지만, 다른 국가들은 더 강력한 조치를 취했다. 일본 내 자국민의 보호를 위해 80킬로미터까지 대피를 권고했다. 한국 역시 80킬로미터의 대피 조치를 지시했다. 영국은 도쿄 북쪽에 있는 자국민에게 피난을 준비하도록 했으며, 스위스도 도호쿠 지방과 도쿄, 요코하마 등의 자국민에게 안전한 장소로 이동하라고 했다. 스위스는 전세기를 준비할 것이라고 했다. 러시아는 일본 주재 외교관 가족을 3월 18일 국외로 철수시킨다고 밝혔다.

자위대의 헬기는 증발해버렸을지도 모를 사용후 핵연료 저장 수조에 물을 채우는 작업을 계속했다. 밑 빠진 독에 물을 붓는 지독히 미련한 작업이지만 잠시도 중단할 수는 없었다. 경시청의 고압 살수차도 동원되었다. 잠시라도 중단되어 연료봉의 온도가 상승하면 연료봉이 녹아내릴 것이었다. 3월 14일 3호기의 폭발로 건물이 날아간 뒤 노출된 3호기의 연료봉 514개는 자위대 헬기가 뿌려대는 비를 맞고 있었다. 수조의 온도나 물의 높이에 대해서는 알 수도 없었다. 높은 방사선 수치로 물의 양은 눈으로 확인할 수도 없었다. 접근할 수도 없는 공간에 대한 미련한 물 붓기는 계속될 수밖에 없었다. 그들이 헌신적으로 물을 붓는데도 방사선량은 떨어지지 않았다. NHK는 방사선량의 변화가 없음을 보도했다. 3호기는 원자로 내의 연료봉과 사용후 핵연료봉 양쪽이 모두 온도가 상승하는 상황으로 내몰리고 있었다.

지진 당시 정기검사로 멈춰 있던 5호기와 6호기의 저장 수조의 온도가 60도까지 상승하고 있다는 것이 알려졌다. 3월 17일 오후 1시경 방위상은 기자회견을 통해 "더 이상 헬기를 통한 물 투하는 없으며, 지상에서 물을 공급할 것"이라고 밝혔다. 3월 17일까지 알려진 내용으로는 4호기의 수조에는 연료가 물 안에 있었지만, 3호기는 증기 때문에 확인할 수 없었다. 도쿄전력은 비상노심냉각장치(ECCS)나 수조의 냉각수 순환 기능을 복구하기 위해 인근의 도호쿠전력의 송전선으로부터 가설 케이블을 연결하는 공사를 마쳤다고 했다. 이로써 냉각장치는 빠르면 3월 18일경 가동될 것이며, 펌프 등 냉각장치는 물론 노심에 냉각수를 공급할 수 있다고 자신 있게 말했다.

하지만 경제산업성 원자력안전보안원에 의하면 발전소 3호기로부터 약 1킬로미터 떨어진 곳의 방사선량은 시간당 300밀리시버트에 육박하고 있었다. 3월 17일 도쿄전력은 33년 만에 2011년 1월 착공한 히가시도리 핵발전소(아오모리 현 히가시도리 촌)의 공사 중단을 선언했다.

60대 농민의 죽음

3월 18일 오후 사망자는 6500명을 넘어섰고, 열흘이 지난 3월 21일에는 확인된 희생자가 8000명을 넘어섰다. 일본에서 발생한 대지진 중에 최악의 피해였다. 1995년 사망 6434명, 실종 3명, 부상 4만 3792명, 주택 전파 10만 4906채, 재산 피해 10조 엔의 한신·고베 대지진을 훌쩍 넘을 것으로 예상되었다. 후쿠시마의 핵발전소 역시 수습은 생각처럼 쉽지 않았다.(2012년 2월 일본 경찰청·부흥청 자료에 따르면 사망자 1만 5853명, 행방불명 3282명, 대피 인원 34만 2509명, 경제 손실 약 220조 원이다.)

3월 18일에도 해수를 주입하고 냉각수를 뿌린 효과는 미미했다. 방사선량은 줄어들지 않았다. 고작 1시간당 309.7마이크로시버트에서 289마이크로시버트로 줄었을 뿐이었다. 도쿄전력이 애당초 3월 18일이면 가능하다던 전력 복구는 3월 19일에도 고군분투를 계속하고 있을 뿐이었다. 원자로 인근에는 10~20밀리시버트에 육박하는 고농도의 방사선에 피폭을 감수하면서 전원 복구 작업이 계속되고 있었다. 한 번에 작업할 수 있는 사람은 20명으로 이들은 한 조가 되어 작업을 진행했다. 시계 초침과의 사투였다. 부지 내에서 관측된 최고 방사선량은 400밀리시버트였다. 발암 확률이 높다고 알려진 100밀리시버트의 4배이며, 1년 최대 피폭 허용량의 400배이다. 그들 가슴에 달린 측정기는 80밀리시버트를 넘으면 경보가 울렸다. 경보가 울려도 그들은 쉽게 그곳을 벗어날 수 없었다. 그들 대부분은 독신이거나 아이가 없는 젊은이를 중심으로 모집된 사람들이었다.

시간은 계속 흘러가고 전원을 연결하고 물을 공급하는 '사투'는 매 순간 계속되고 있었다. 죽음의 공기도 멈추지 않고 계속해서 세상으로 나오고 있었다. 3월 20일 에다노 유키오 관방장관은 기자회견에서 후쿠시마 제1발전소를 재가동하는 것은 어렵고, 폐로할 수밖에 없다는 생각을 밝혔다. 원자로 내에 불순물과 염분이 섞여 폐로할 수밖에 없다고 언급했다. 미국이 사고 해결책을 제시했을 때 아니 해수 투입을 조금만 더 서둘렀다면, 도쿄전력이 초기부터 이 사태를 훨씬 심각하게 인식했더라면, 핵발전소의 추가 가동에 연연해하지 않았다면 현재와 같은 파국은 막을 수 있지 않았을까. 건물 외관이 터져버려 흉측한 몰골로 죽음의 공기를 뿜어내는 일, 그래서 아이들의 미래를 빼앗고, 어떤 생명도 길러낼 수 없는 땅을 만드는 일은 없지 않았을까. 자위대원이, 소방관이, 경시청의 경찰들이, 후쿠시마의 노동자들이 남은 생을 장담할 수 없는 지경에는 이르지 않을 수 있지 않았을까. 그곳에 살고 있었다는 이유로 남은 생을 갑상선 검사를 받으면서 불안해하며, 결혼마저 두려워 하는 일은 없지 않았을까.

3월 17일 이스라엘은 자국의 첫 상업용 핵발전소의 건설 계획을 중단하겠다고 발표했다. 후쿠시마 사고 후 세계의 각 나라들은 자국의 핵발전소 건설 또는 확대 계획을 중단하거나 취소하겠다고 밝혔다. 3월 14일에는 독일과 스위스가 제일 먼저 핵발전소 계획을 보류하겠다고 선언했다. 각국은 서둘러 자국의 핵발전소 안전성 검사를 하거나 의회 내에서 계획을 철회하라는 목소리가 커져가고 있었다. 예외인 국가도 있었다. 50여 개의 핵발전소를 가지고 전력의 80퍼센트를 충당하는 핵발전 국가 프랑스, 전 세계 핵 마피아들의 희망 중국, 그리고 '원자력 르네상스'가 녹색성장의 엔진이라 믿는 한국이 그러한 나라였다.

전 세계가 후쿠시마 핵발전소의 폭발 사건을 속보로 실시간 타전했다. 그리고 동시에 불만도 터져나왔다. 후쿠시마 인근에서 구호 활동을 하던 독일의 민간단체 '후메디카'의 홍보 담당자 슈테펜 리히터는 3월 14일 철수를 결정하고 급히 귀국하면서 "일본 정부는 사실을 은폐하고 과소평가하고 있다. 체르노빌을 생각나게 한다"라고 말했다. 메르켈 총리도 "일본에서 오는 정보는 모순된다"라고 말했다. 미국은 무인기를 통해 핵발전소 상공의 방사선량을 측정하고 있다고 했다. 미국은 사고 직후 측정 장치를 제공하겠다고 했지만, 일본이 거절했다고 투덜거렸다. 기자회견장에서도 미국의 기자들은 일본 정부가 이 위기를 잘 대응하고 있는지에 대해 회의적 질문을 쏟아내고 있었다. 3월 21일 《아사히신문》은 "재해 직후의 긴장이 풀려 깊은 침울에 빠지는 사람이 늘고 있다. 스트레스와 피로는 한계에 이르고 있다. 절망과 고립감이 살아남은 목숨을 시시각각 갉아먹는다"라는 사설을 실었다. 지진과 쓰나미, 그리고 살인 공기의 공포 속에서 사람들은 무너져가고 있었다. 후쿠시마 사고는 일본을 비롯한 지구를 들썩이게 했다. 보이지 않는 살인 공기에 사람들은 두려워했다. 하지만 언론을 통해 알려지는 소식들은 사고의 수습과 안전과는 여전히 거리가 있어 보였다. 3월 18일이 되어도 여전히 살수 효과는 불분명하다고 했다. 핵발전소 인근의 방사선량은 미미하게 줄었을 뿐이었다.

3월 20일경 5호기와 6호기의 냉각이 순조롭게 진행되고 있다고 알려졌다. 하지만 열흘 후인 21일부터는 본격적으로 후쿠시마를 비롯하여 이바라키, 도치기, 군마 현의 농산물 출하 금지 조치가 단행되었다. 우유나 시금치 등의 출하가 금지된 것이다. 사람들은 먹거리에 대해 걱정하기 시작했다. 외국에서는 일본산 농산물의 수입 금지를 선언하기도 했다. 농민과 어민들은 더 깊은 좌절 속으로 빠져들 수밖에 없었다. 이미 인근 바닷물에서도 요오드 등 방사선량이 안전 기준의 127배가 측정되었다고 알려졌다. 며칠이 지나고 나면 감쪽같이 사라질 오염들이 아니었다. 그리고 3월 28일 유기농 양배추 출하를 걱정하던 예순네 살의 농부가 집에서 목을 맨 채 발견되었다. 멀리 떨어진 지역의 주민들에게까지 먹는 물을 비롯한 주변의 모든 것이 오염되어 먹을 수도 입을 수도 없는 상황이 닥칠지 모른다는 공포가 확산되었다. 정부는 끊임없이 안심하라고 말했지만 사람들의 불안을 가라앉히기에 너무 늦은 상태였다. 정부의 안일한 대응과 정보의 불투명한 공개 등은 '신뢰'를 더욱 잃어가게 만들었다. 방사능 물질의 확산 예측 시스템인 SPEEDI를 113억 엔을 들여 개발하고 유지 비용만 7억 8000만 엔을 들여놓고, 또한 방사능 물질의 확산 정도를 실시간으로 알았는데도 이를 공개하지 않았던 일본 정부 스스로가 자초한 결과였다.

　3월 24일 후쿠시마 핵발전소에서 고농도에 피폭된 노동자 3명이 병원에 실려 갔다. 전기 가설 작업을 하던 노동자들로 3호기 건물의 터빈 옆 지하 1층이었다. 그 지하실에는 물이 고여 있었고, 미리 물웅덩이에 대해 방사선 측정을 하지 못한 탓이었다. 방호복은 있었지만 제대로 된 장화는 챙기지 못했다. 그들이 40~50분간 작업했던 그 물웅덩이의 방사능 농도는 일반적인 원자로의 냉각수보다 1만 배가 높았다. 도쿄전력은 공식적으로 물 표면에서는 400밀리시버트의 방사능이 검출되었고, 노동자 2명의 다리 피부에서는 170밀리시버트의 방사능 오염을 검출했다고 밝혔다. 후쿠시마 핵발전소 사고 이후 노동자의 피폭 한계선량은 시간당 250밀리시버트로 상향 조정되었다. 물론 이 수치는 기존 핵발전소의 노동자 연간 누적 피폭량 제한치에 비해 2.5배나 되는 높은 것이다. 이날 다리 피부에서 170밀리시버트가 검출되었다고 한 노동자 2명은 정밀검사 결과 2~6시버트의 방사선에 피폭된 것으로 밝혀졌다. 일본 산업안전건강법에선 원전 응급작업에서 피부의 피폭 상한치를 1시버트로 규정하고 있지만, 이들은 최대 6배까지 노출되었던 것이다.

사고는 계속 진행되고 있었고, 도쿄전력의 정보 미공개는 수많은 이들의 공분을 샀다. 방사능은 뿜어져나오고 있지만 어디로 어떻게 피해야 할지, 그리고 언제쯤 수습이 될지 아무것도 알 수 없었다. 언론은 멜트다운 가능성을 끊임없이 제기했지만, 도쿄전력은 이를 부인했다. 도쿄전력이 공식적으로 사고가 난 모든 발전소의 노심 손상을 인정한 때는 5월 16일이었다. 그렇게 불투명한 시간은 봄과 여름을 지나고 있었다. 일본인 누구도 활짝 핀 벚꽃을 즐길 수 없었다.

그리고 여전히

후쿠시마 제1발전소 1호기부터 3호기까지 모두 원자로 압력용기 바닥의 온도가 100도 이하로 떨어졌다는 뉴스가 보도된 때는 9월 28일이었다. 반복되는 물 붓기와 수많은 소문이 공포가 되어 사람들을 움츠려 들게 하는 추운 여름을 지나고 나서야 들린 소식이었다. 그리고 10월 14일 도쿄전력은 1호기의 원자로 건물 전체를 덮는 패널과 환기 시설의 공사를 끝냈다고 발표했다. 6개월 동안 수많은 사람들이 원자로와 싸웠고, 방사능은 발전소 건물을 벗어나 지구 곳곳을 헤매고, 사람들은 공포에 떨었다. 6개월 만에 100도 이하로 떨어졌다지만 사태의 해결은 요원했다. 물론 100도 이하의 냉온 정지 상태를 유지하는 것은 매우 중요한 일이다. 하지만 원자로에서 끊임없이 방출되는 방사성 물질과 추가 수소 폭발 가능성은 여전히 남아 있었다.

온도가 떨어지고 패널을 씌웠다고는 하나 10월 당시만 해도 최악의 시나리오는 여전히 살아 있었다. 도쿄전력은 냉각수 주입이 중단되는 순간, 단 1시간 만에 온도는 급격히 오르고 건물은 터져버리며 핵연료는 녹아내릴 것이라는 사실도 알고 있었다. 압력용기 바닥에 쌓인 연료가 외부 용기로 샐 가능성도 여전히 있었다. 도쿄전력은 '냉각수 주입에 최선을 다하겠다'고 연신 떠들어댔지만 가을이 되도록 사람들은 안심할 수 없었다. 밑 빠진 독에 물을 붓는 기약 없는 작업을 단 한순간도 멈출 수 없었다.

원자로는 냉각수와 붕산수 덕에 충분히 식혀져 안정적인 상태였을까? 그렇지 않았다. 11월 2일 여전히 원자로의 핵연료가 핵분열을 계속하고 있다는 사실이 알려졌다. 2호기 격납용기 안의 기체 필터를 통해 조사한 결과가 발표되었다. 조사 결과에 의하면 이 기체에서 반감기가 상대적으로 매우 짧은 요오드 131이나 제논(제논 133, 제논 135)이 검출되었다. 이는 비교적 최근에 원자로 안에서 핵분열이 일어났다는 증거였다. 결국 도쿄전력도 이 가능성을 부정하지 못했고, 핵분열을 억제할 수 있는 붕산수를 주입하고 있다고만 말했다. 냉각수는 여전히 주입되고 온도가 낮아진 상태가 유지되고 있지만, 정말 안심할 수 있는 상황인지 사람들은 믿을 수가 없었다. 격납용기에서 흘러나온 핵연료의 일부가 핵분열을 계속하고 있다면 그들이 그렇게 자신 있게 말하는 '냉온 정지 상태'는 과연 유지되고 있는지 누구도 장담할 수 없었다. 아니 핵연료는 원자로 안에서 끊임없이 죽음을 살포하고 있었다. 4월 17일 도쿄전력이 발표한 수습 매뉴얼은 그저 종이 안에서만 존재할 뿐이었다.

일본 내각부의 원자력위원회는 10월 27일 도쿄전력 후쿠시마 제1발전소의 1~4호기에 대해 '폐로 종료 때까지 30년 이상을 요한다'는 장기적 대책에 관한 보고서를 정리하여 발표했다. 주요 내용은 노심이 멜트다운 된 1~3호기의 원자로에는 모두 1500개, 1~4호기 핵연료 수조에는 3100개의 연료 집합체가 남아 있기 때문에 원자로를 폐기하려면 가장 먼저 이를 모두 회수해야 하고, 부서진 건물의 잔해를 제거하고 청소하는 작업을 진행해야 한다는 것이었다. 보고서에 의하면 2016년에 수조 안에 담긴 사용후 핵연료봉을, 2022년에 원자로 내의 핵연료를 수거할 수 있을 것이라고 내다보았다. 최종적으로는 2042년 이후가 되어야 폐로가 완료될 것이라고 전망했다. 하지만 2011년 4월 영국의 과학 잡지 《네이처》는 폐로는 물론 주변의 토양 오염의 제거까지를 감안하면 경우에 따라 100년이 걸릴 것이라는 전망을 내놓았다. 일본 정부가 기대하는 바와 달리 수습 작업은 쉽지 않을 것이라는 내용이다. 26년여 전의 체르노빌이 아직도 진행 중이며, 당시 사용했던 소소한 물품에서까지 아직도 방사능이 뿜어져나오는 걸 생각하면 일본 정부의 30년은 너무 큰 기대일지도 모른다.

체르노빌은 발전소와 그 발전소의 노동자들이 사는 마을에 제일 먼저 방사능 피해가 덮쳤다. 후쿠시마에서도 마찬가지였다. 후쿠시마 현에 살고 있는 사람들의 대부분은 농민이거나 어민이다. 가난해서 핵발전소를 받아들인, 서리 피해가 많아 '한촌'이라 불리는 이 마을은 이제 지상 최악의 핵폭발 사고의 상징이 될 것이다. 기술에 대한 인간의 오만이 자연 앞에 얼마나 무기력한지를 보여주는 아이콘이 될지도 모를 일이다. 2012년이 되어도 여전히 14만~15만 명의 사람들은 지방자치단체에서 지원하는 임시 대피소에서 살고 있다. 통제 구역은 여전히 지도의 구멍처럼 남아 있고, 피난 이후 20킬로미터 반경의 주민들은 두 번, 5킬로미터 이내의 주민들은 단 한 번 집에 다녀올 수 있었다.

'콘센트 너머에 원전이 있다'

"도망쳐야 하는지 말아야 하는지, 먹어야 하는지 말아야 하는지 매일 대응 없는 결단에 시달렸다. 콘센트 너머에 원전이 있다."
—무토 루이코(원자로 폐지 행동 후쿠시마 원전 40년 실행위원회)

"이번엔 어디에서 다음엔 누가 희생될지 괴로워하며, 스트레스가 끊이지 않는 날들에 이젠 지쳤다."
—오치아이 게이코(작가)

"전력은 충분하다. 이대로라면 일본은 핵폐기 처리장이 된다."

—야마모토 다로(배우)

    2011년 9월 19일, 도쿄 메이지 공원에 6만 명이 모였다. 그들은 한목소리로 '사요나라(안녕) 원전'을 외쳤다. 지금도 일본에서는 연일 대규모 '반핵 집회'가 계속되고 있다. 일본은 세계 유일의 원자폭탄 피해국가가 된 이후 가장 높은 '반핵' 쓰나미로 뒤덮이고 있는 중이다. 이 쓰나미는 매우 강력하고 단호하게 사람들 사이로 파고들었다. 이날 메이지 공원의 집회는 일본의 배우, 작가, 시민 등이 모여 탈(脫)원전 서명과 함께 행진을 펼쳤다. 그리고 지금도 어머니들, 연예인, 시인에 이르기까지 다양한 사람들이 다양한 방법으로 반핵의 목소리를 높이고 있다. 2012년 오사카에서는 5만 명이 넘는 사람들이 핵발전소 가동 중단을 위한 주민투표 청원에 서명했다. 도쿄 역시 주민투표를 위한 서명운동을 진행하고 있다. 3월 11일, 그들에게는 무슨 일이 일어났던 걸까. 시간이 지날수록 우리나라의 언론은 아주 가끔씩 후쿠시마와 관련한 뉴스를 싣는다. 우리나라 사람들의 관심 속에서 후쿠시마라는 단어는 멀찍이 밀려났다.

    하지만 아직도 후쿠시마에는 도쿄돔 23개 분량, 처리 비용만 8조 엔을 육박한다는 토양을 처리하는 일, 체르노빌처럼 발전소에 '석관'을 씌우고 또 폐로를 결정한 발전소를 해체하는 지루하고 괴롭고 어려운 일이 산적해 있다. 수습이 아닌 '사고'는 아직도 진행 중이다. 매일매일 임시로 모집된 노동자들은 발전소 주변을 청소하는 일은 물론, 발전소 안을 청소하기 위해 끝없이 투입되고 있다. 필요한 인력을 구하는 것도 쉽지 않은 일이지만, 그들의 피폭 문제에 대한 명확한 해답도 없는 상황이다. 2012년 2월 5일 일본 민주당 오자와 이치로 전 간사장은 "핵폭발만 막은 정도이지 아무것도 수습되지 않았다. 매우 위험한 상황을 방치하고 있다"라고 말했다. 1호기부터 3호기는 모든 원자로의 핵연료봉이 녹아서 압력용기를 뚫고 바닥으로 일부 흘러내렸다. 4호기 역시 연료봉이 녹았음이 확인되었다. 1호기는 그나마 패널을 씌웠지만, 나머지 발전소는 아직도 밑 빠진 독에 물을 부어 안정을 유지하는 상태에 불과한 상황이다. 물론 지금 이 순간에도 방사능은 계속 뿜어져나오고 있다. 한때 줄고 있다고 발표되었던 방사능은 2012년 1월 다시 증가하는 것으로 알려졌다. 그리고 일본 정부가 핵발전소 인근의 약 92제곱킬로미터(여의도 면적의 약 11배)에 이르는 지역에 대한 '오염 제거 포기'를 선언했다는 소식이 언론을 통해 발표되었다. 결국 일본은 후쿠시마를 버릴 수밖에 없었다. 약 6만 명의 사람들은 영원히 집으로 돌아갈 수 없게 되었다.

후쿠시마 핵발전소의 완전한 해체까지 30년이 걸릴지 모른다는 전문가들의 전망이 언론을 장식하지만, 이 기간 또한 장담할 수 없다. 더불어 우리가 상상할 수 없는 시간 동안 어떤 영향을 미칠지 누구도 약속할 수 없는 날만이 기다리고 있다. 후쿠시마 현은 우라늄보다 몇 배나 위험한 우라늄·플루토늄 혼합 연료인 MOX를 후쿠시마 핵발전소의 연료로 사용하는 대가로 국가로부터 20억 엔을 받았다. 영화〈로카쇼무라 랩소디〉의 가마나카 히토미 감독은 2011년 10월 2일《프레시안》과의 인터뷰에서 "후쿠시마 현 주민들의 생명과 비교하면 너무나 적은 돈이지 않느냐"고 반문했다. 20억 엔의 보상금에도 불구하고 지금 후쿠시마의 주민들은 26년여 전 체르노빌 인근 프리피야트 마을 사람들이 그러했던 것처럼 아이들의 장난감 하나, 가족사진 한 장, 함께 살던 고양이 한 마리, 입을 옷가지 하나 마음대로 움직일 수 없게 되었다. 그리고 어쩌면 그들의 생이 다할 때까지 자신들의 고향으로 돌아가지 못할지도 모른다. 2011년 3월 11일 이후 그들은 전혀 다른 시공간으로 이동했다.

이미 알고 있었던 도쿄전력

1971년 3월에 운전을 개시한 후쿠시마 핵발전소 1호기는 40년간 운영될 계획이었다. 도쿄전력의 후쿠시마 제1발전소의 6기 모두 1970년대에 운전을 개시한 오래된 발전소들이다. 후쿠시마 제1발전소 6개 원자로의 상업운전 개시일은 아래와 같다.

1호기(460MWe) 1971년 3월 26일
2호기(784MWe) 1974년 7월 18일
3호기(784MWe) 1976년 3월 27일
4호기(784MWe) 1978년 10월 12일
5호기(784MWe) 1978년 4월 18일

6호기(1100MWe) 1979년 10월 24일

가장 오래된 1호기는 2011년 2월 수명 연장을 결정했고, 10년을 더 운영할 수 있도록 허가를 받았다. 1978년 11월, 후쿠시마 제1발전소의 3호기에서는 야간 당직자의 실수로 제어봉 5개가 이탈하여 무려 7시간 동안 임계상태가 지속된 적이 있었다. 이 사고는 29년간 은폐되었다가 2007년에야 세상에 알려졌다.

공식적으로 3월 11일 발생한 지진과 쓰나미로 도쿄전력 소유의 후쿠시마 제1발전소의 6기의 발전소 중 4기가 폭발했다. 3월 12일에 1호기가 14일에는 3호기가, 그리고 15일에는 2호기와 4호기가 폭발했다. 폭발하는 순간 이미 후쿠시마의 사고는 체르노빌과 같은 7등급의 사고라고 해도 과언이 아니었다. 미국 최악의 핵 사고라 불리는 펜실베이니아 주 스리마일섬핵발전소사고(TMI)는 원자로의 노심이 녹았지만(멜트다운) 격납용기는 훼손되지 않았다. 이 사고는 공식적으로 5등급으로 분류되었다. 후쿠시마 사고는 처음부터 외곽의 건물이 손상되었고, 냉각 기능이 정지되었기 때문에 내부의 방사능이 유출될 것은 당연한 예측이었다. 원자로의 노심만 녹고 격납용기 건물은 멀쩡했던 5등급의 사고가 스리마일섬핵발전소사고였다. 후쿠시마 핵발전소는 격납용기와 건물 외벽이 파손되었다. 내부의 방사능이 외부로 쏟아져나올 것이라는 것은 예상 가능한 일이었다.

10월 24일, 도쿄전력이 일본 중의원 특별위원회에 제출한 후쿠시마 핵발전소의 운전 절차서가 공개되었다. 절차서는 1호기만으로 5권, 총

1800여 쪽에 달한다. 하지만 이날 공개된 부분은 200쪽에 불과했다. 대부분은 검정 칠이 되어 있었다. 도쿄전력 측은 지진 발생 후에는 절차서에 적힌 대로 했지만, 쓰나미 이후에는 모든 전원이 끊어져 대부분 조작이 불가능했다고 밝혔다. 그들이 감추고 싶어했던 것은 무엇이었을까.

도쿄전력은 지진과 쓰나미로 핵발전소가 상당한 위험에 직면할 수 있다는 사실을 이미 알고 있었다. 1677년 일본에 보소 지진이 있었다. 11월에 일어난 당시 보소 지진은 강도 7.4 규모이었고, 지진으로 쓰나미는 후쿠시마와 지바 현까지 밀려들었다. 사망자도 500~600명에 달한 것으로 기록되어 있다. 이 보소 반도 지역은 1854년 겨울에도 지진이 일어나 시코쿠 전 지역에 쓰나미가 덮친 경험이 있다. 지진의 강도는 8.4로 기록되어 있으며, 당시 러시아의 선박 아나 호가 침몰하는 사고도 있었다. 1909년에도 최대 강도 7.5에 이르는 지진이 일어난 지진의 상습 발생 지역이었던 것이다.

도쿄전력은 1677년 보소 지진 당시 13미터의 해일이 몰아쳤으며, 동일한 수준이나 규모의 지진 및 쓰나미가 발생할 경우 핵발전소에 큰 피해를 입힐 것이라는 내용의 연구 보고서를 2010년 12월에 작성했다. 하지만 이러한 내용은 외부에 공개되지 않았다. 사고는 2011년 3월이었다. 강한 지진에 핵발전소가 위험할 것이라는 보고서를 작성한 지 4개월 만이었다. 보고서에 의하면 도쿄전력은 '도호쿠 지역부터 보소에 이르기까지 일본 해구 전체에 걸쳐 강도 8.0의 지진이 일어난다'는 2002년 국가 지진조사 연구추진본부의 연구를 기반으로 후쿠시마 제1발전소와 제2발전소의 해일 높이를 계산했고, 최대 16~40미터에 이르는 쓰나미가 발전소를 덮칠 수 있다는 것을 알았다. 하지만 그들은 말하지 않았다. 그들의 '이익'이 그 어떤 것보다 중요했기 때문이다.

도쿄전력은 후쿠시마 핵 사고와 관련해 사망한 사람은 모두 3명뿐이라고 주장했다. 5월에 한 노동자가 심근경색으로 사망했고, 두 번째 사망자는 8월 초부터 후쿠시마 노동자들의 피폭 정도를 관리하던 노동자로 단 7일을 근무하고 며칠 후 사망했다. 사인은 급성 백혈병으로 판명되었다. 8월 8일부터 46일간 발전소에서 탱크 설치 작업을 진행했던 노동자가 세 번째 사망자다. 이 세 번째 노동자의 사인은 유족과의 협의에 따라 공개되지 않았다. 3월 11일 사고 이후 단 6개월 만에 공식적으로 3명이 사망한 것은 매우 높은 사망률이다. 하지만 도쿄전력은 이 3명조차 방사능 피폭이나 과로와는 직접적 상관관계가 없다고 밝혔다.

민간 회사인 도쿄전력은 이번 사고로 1만 건이 넘는 배상 청구를 받았다. 피해자들과의 합의금은 약 248억 엔으로 알려져 있다. 일본의 원자력손해배상법에 따른 정부 보상액은 1200억 엔이다. 도쿄전력은 정부에 이를 신청했다. 결국 엄청난 세금이 투입될 예정이다. 물론 당장은 아니겠지만 배상이 이루어질 수도 있다. 관련된 사람들의 생을 돈으로 환산하여 '보상'받을 수 있다면 좋겠으나 현실은 암담하다. 이 일로 도쿄전력은 향후 심각한 경영난과 자금난을 마주할 것이라 예측했다. 그래서 직원의 14퍼센트인 7400명을 감축하기로 결정했으며,

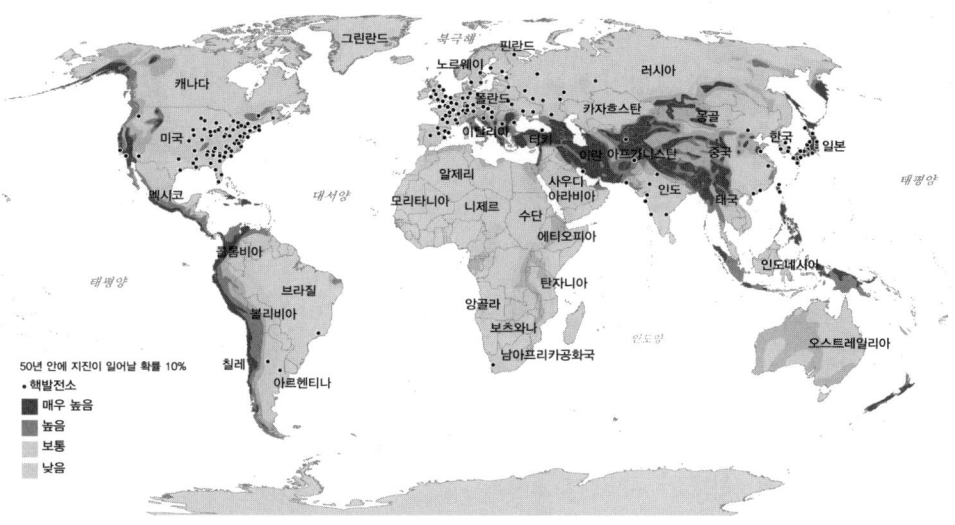

지진 발생 가능성과 핵발전소

퇴직자에게 지급하는 기업 연금도 축소하기로 했다. 하지만 핵발전소를 무작정 확대할 것을 정책적·정치적으로 결정한 사람들은 그들이 아니었다.

9월 30일 《도쿄신문》의 보도에 의하면, 사고 수습 과정에 투입된 노동자 가운데 사고 발생 후 6개월간 피폭 허용량인 100밀리시버트 넘게 피폭된 노동자의 수는 99명으로 집계되었다. 노동자 개인의 피폭량이 100밀리시버트를 넘으면, 앞으로 4년간 핵발전소에서 일할 수 없게 된다. 99명 중 80명은 도쿄전력의 정직원이었고, 19명은 하청업체의 노동자들이었다. 피폭 선량 제한은 노동안전위생법에 근거하여 연간 50밀리시버트, 5년간 100밀리시버트로 정해져 있다. 다만 후쿠시마 핵발전소 사고 수습 기간에는 한시적으로 연간 250밀리시버트로 상향 조정되었다. 정직원은 다른 부서로 발령이 날 수도 있지만, 하청업체의 노동자는 그렇지 못하다. 하청업체를 통해 발전소에서 일한 비정규직은 앞으로 오랜 시간 일을 할 수 없게 되었다. 그들은 "피폭도 무섭지만 앞으로 일할 수 없게 된다는 것이 가장 무섭다. 가족들의 생활이 걱정된다"고 말했다.

　피해는 하청업체의 비정규직 노동자들에게 더욱 가혹했다. 정상적인 국가라면 그들의 건강에 대한 모니터링과 치료, 그리고 생계수단을 마련해주는 것이 당연한 일일 것이다. 하지만 후생노동성의 지시는 '피폭 선량이 높은 노동자의 처우 등을 배려하라'는 수준에 그쳤다.

지역 경제를 볼모 삼은 핵발전소

규슈전력이 운영하는 겐카이 핵발전소는 규슈 섬 사가 현에 위치해 있다. 일본의 남쪽 규슈 지역에서도 남서쪽에 위치한 겐카이에는 모두 4개의 핵발전소가 가동 중이다. 10월 4일 고장으로 잠시 멈추었던 4호기가 결국 문제없다는 판단에 따라 11월 2일 재가동되었다. 겐카이 1호기는 1975년에 건설된 핵발전소다. 겐카이의 주민들은 핵발전소의 가동을 멈추는 것을 찬성하지 않는다. 이 마을은 바다를 터전으로 고기를 잡거나 농작물을 키우거나 핵발전소에서 일하는 것이 수입의 대부분이다. 마을 주민들의 자녀들 혹은 스스로가 핵발전소의 일용직으로 근무하고 있는 것을 넘어 핵발전소가 있는 지역에 주는 교부금이 지역 예산의 절반에 육박한다는 사실은 더욱 암울한 현실이다. 겐카이 마을의 핵발전소 관련 노동자는 전체 인구의 10퍼센트에 이르며, 지방자치단체의 예산 57억 엔 중 정부 보조금과 핵발전소의 고정자산세가 65퍼센트를 차지하고 있다. 130킬로와트 원자로 1기당 지역에 주는 교부금은 운전 개시 전 10년간 450억 엔, 운전 개시 뒤 35년간 1240억 엔에 이른다. 지방자치단체에는 떨치기 어려운 '달콤한 독약'이다.

이 달콤한 독약은 지역 주민들에게 더욱 가혹하면서도 매력적이다. '지역 경제'라는 이름으로 핵발전소는 지역의 주민을 단순 일용직으로 고용한다. 핵발전소의 노동은 방사능 피폭을 피할 수 없다. 그런데도 그들에게 핵발전소가 사라지거나 운영을 중단한다는 것은 곧 '실업'을 의미한다. 여기에 한계 피폭선량이 넘으면 더는 일을 할 수 없게 된다. 영세한 하청업체에서는 이들의 이름을 가짜로 바꿔치기해 재고용하는 일도 적지 않았다.

본사 정규직과 원청회사를 넘어 일명 '불법 하도급'인 영세한 실질적 인력 파견업체의 하청은 최고 8단계까지 이른다. 하청 단계의 숫자가 늘어날수록 그들의 임금은 줄어들고, 노동 강도는 높아질뿐더러 더욱 위험해진다. 발전소를 청소하거나 내부의 각종 허드렛일이 모두 그들의 몫이 된다. 이들은 '협력업체'라는 이름으로 핵발전소에 투입된다. 이들에게는 매일 해야 하는 업무의 할당량이 있으며, 시간에 맞추어 일을 제대로 마무리하지 못하면 계약 업무량이 줄어든다. 그들의 안전은 무시하도록 강요된다. 결국 계측기가 한계 피폭량을 알려도, 그들은 업무를 마쳐야 한다. 정규직은 사무실에 앉아 계기판의 수치를 확인하지만, 비정규직은 피폭과 함께 더러운 일을 맡아서 한다.

그리고 그들의 일당은 알려진 대로 9000~10000엔 정도이다. 물론 그들은 고용보험이나 산재보험 등에 가입할 수 없다. 가입하고 산재를 신청하면 다음 취직에 불이익을 받는다. 그들이 핵발전소에서 일했다는 증거조차 제대로 기록되지 않는다. 이런 상황인데도 주민들은 핵발전소가 없으면 지역 경제가 붕괴되어버린다고 생각한다. 그들과 그들의 자녀들이 그나마 존재하던 일용직의 일조차 얻지 못할 것이라는 불안감은 그들이 가장 먼저 '찬핵'을 발언하게 하는 가장 큰 힘이다. 결국 '지역 경제'는 지역 주민들의 생명과 건강과 안전과 미래와 맞바꾼 결과이다. 그나마 '일용직 비정규직'이라는 일조차 감사해야 한다는 것은 지독한 모순이다.

1988년 간사이 전력에서는 지역의 조직폭력배와 연계해 미성년자 3명의 나이를 조작한 뒤 하청업체를 통해 핵발전소에서 근무하게 한 사례도 있었다. 그들은 평균 5배가 넘는 방사능 구역에서 일을 했다. 그들 임금의 30퍼센트는 조직폭력배의 몫이 되었다. 지금 터져버린 발전소의 수습에 동원되는 노동자들도 폭력 조직을 통해 모집된다는 의혹이 일본 내에서 일고 있다. 이런 식으로 평소 농사를 짓거나 고기를 잡던 마을의 주민들 혹은 일용직 노동자들은 여덟 단계에 이르는 하청업체를 통해 1~3개월간 임시 노동자가 되어 열악한 월급에도 불구하고 지역의 핵발전소에서 일을 한다. 일본의 핵발전소는 하청업체를 통한 비정규직이나 일용직이 없으면 돌아가지 않는다고 해도 과언이 아니다. 그들이 맡는 업무는 방사선에 오염된 작업복 세탁하기, 방사성 오염수 걸레질하기, 배수구에 달라붙은 껍질이나 찌꺼기 긁어내기, 검사와 수리, 수백 개 부품의 방사성 먼지 제거하기 등이다. 이러한 내용은 1979년 호리에 구니오가 출판한《원전집시》라는 책에 상세하게 소개되었다. 구니오는 실제로 하청업체를 통해 핵발전소에서 일을 했고, 그 자신이 방사능에 피폭된 사람이었다. 그는《원전집시》를 통해 핵발전소가 어떻게 비정규직을 고용하고, 이들이 어떻게 이런 위험한 노동에 일용직 비정규직으로 떠도는지를 온몸으로 고발했다.

이후 2000년 쓰다주쿠대학 미우라 나가미쓰 교수가 쓴《원전집시, 일본 원전 노동력의 숨은 비극》에서도 이러한 내용을 자세히 볼 수 있다. 1999년 현재 전체 핵발전소 노동자 6만 4922명 가운데 90퍼센트가 하청업체 소속이며 그들은 어부거나 농민, 노숙자, 일용직의 가난한 사람들이라는 것이다. 그들은 생계를 대가로 방사선 피폭을 감내하고 있다. 일본의 핵발전소는 그들의 건강과 이윤을 맞바꾸면서 그들에 대한 착취 위에 서 있다. 프랑스에서는 2007년《르몽드 디플로마티크》를 통해 1995년 한 해 동안 발전소의 유지 및 관리를 담당하던 하청업체의 노동자 8명이 자살한 사건이 알려졌다. 이 기사는 프랑스의 핵발전소의 노동자 방사능 피폭 사례 중 80퍼센트가 비정규직이며, 이들은 주로 '통제구역' 안에서 작업하는 3만 5000명의 비정규직이라고 고발했다. 세계 최고의 핵공학을 자랑하는 나라 프랑스도 예외는 아니다.

'이름 없는 영웅'이 되어 후쿠시마 핵발전소의 방사능과 싸운 이들은 3월 15일 1호기 폭발 이후 50여 명만 냉각수 주입을 위해 남았다가, 이제는 300~580명 정도가 남아 있는 것으로 알려졌다. 그들은 샤워는 꿈도 꾸지 못한 채 10시가 넘어 겨우 잠들 수 있으며, 모포 한 장으로 새우잠을 자고, 그나마 야근자는 각종 계기판의 수치를 체크하고 감시해야 한다. 아침 7시 회의에서는 상황을 점검하고 작업 순서를 배정받는다. 그리고 오후 5시까지 방사능과 싸운다. 아침에는 건빵과 과일주스, 저녁에는 물을 부어 먹는 레토르트 식품을 지급받는다. 《요미우리신문》 등의 보도에 따르면, 식량 배급을 늘리고 싶어도 주변의 방사선량이 높아서 헬기가 아닌 도쿄전력 버스로 나를 수밖에 없어 물자가 부족하다고 한다. 그들에게 '영웅'이 되도록 떠민 것은 아닐까. 도쿄전력이 간 나오토 총리에게 했던 말은 '철수하고 싶다'였다는데, 그들은 무엇 때문에 그곳에 남아 무엇을 위해 누가 저지른 일을 처리하고 있는 걸까.

비상 사고를 종식시키기 위한 '결사 노동'에 대한 찬미가 시작되고 있었다. 수천만의 피해를 회피하기 위한 죽음의 노동. 어둠 속에서 손을 더듬어 배선을 연결하고 계기(計器)를 점검하는 '협력기업'의 사원들, 또는 쓰레기를 정리하여 길을 확보하고 물을 퍼내고 닦아내며 방사성 물질에 오염되는 협력기업의 계약노동자로 고용된 비정규 노동자들. 그 사람들을 '안전한 장소'에 있는 수천만의 인간이 영웅으로서 찬미하고, 그들을 사지로 내몬 책임자들을 애매하게 만드는 무시무시한 광경이 전개되고 있었다. …… 불안정한 생을 상품으로 터무니없이 깎아서 판 사람들에게야말로 방사능은 강제되었기 때문이다. 지금 그 구조를 따져 묻지 않으면 안 된다.

야마구치 모토아키(프리터 전반노동조합), 〈아무도 죽이지 마라.
핵발전소 노동자는 누구인가〉, 《현대사상》 제7호(2011. 5)

'원자력 마피아'라고 불리는 그들의 힘은 막강하다. 우리나라와 일본도 마찬가지지만, 핵발전을 운영하는 세계 모든 나라들의 카르텔은 공고하다. 일본 역시 '민, 관, 학'의 공고한 회전문 인사와 정관계 로비의 힘은 막강하다. '평화적 핵 이용'이라는 미명 아래 민간 전력회사, 경제산업성, 도쿄대학 원자력공학과, 자민당의 족의원(업계의 이익을 대변하는 의원)으로 구성된 강고한 '핵연대'는 핵발전의 '안전신화'를 유포해왔다. 그들은 폐기물의 처리를 무시한 채 '원자력은 경제적'이라고 주장했고, 방사능은 '완벽에 가까운 기술'로 통제 가능하다고 말해왔다. 그러면서 어떤 천재지변에도 무너지지 않는 그들만의 성을 자랑해왔다. 서로를 옹호하고 외부의 우려와 비판에 귀를 닫았다. 그들에게 이익은 다른 무엇보다 우선하는 가치였다. 그들은 지금 이 사고에서 무엇을 책임지고 있는가. '천재지변'이라 어쩔 수 없었다거나 기술적·조직적 문제를 수정하면, 그리고 더욱 '안전'한 기술을 적용하면 핵발전소와 같이 살아도 된다는 것일까.

 방사능으로 일어난 피해는 직접적인 인과관계를 증명하는 것이 거의 불가능에 가깝다. 지금 일본에서 비정규직이든 소방관이든 방사능과 싸우는 사람들, 그리고 인근 마을 사람들, 그리고 아이들은 세월과 함께 감당해야 하는 건강과의 전쟁을 어떻게 보상받을 수 있을까. 그들을 신뢰했던 사람들의 미래를 저당 잡은 이들은 뭐라고 변명할 것인가.

후쿠시마의 아이들

10월 4일 일본의 언론에는 누구나 예상할 수 있었지만 듣고 싶지 않았던 내용이 실렸다. '일본 체르노빌 연대기금'과 신슈대학교 병원이 후쿠시마 현에 거주했던 어린이 130명을 대상으로 실시한 건강검진 결과에서 갑상선호르몬이 기준치에 미달되는 등 어린이 10명이 갑상선 기능에 변화가 생겼다는 사실이 밝혀졌다. 핵발전소 사고로 후쿠시마 현에서 나가노 현 지노 시에 일시적으로 피난 와 있던 0~16세 어린이의 혈액, 소변 검사의 결과였다.

일본 정부는 후쿠시마의 사고 이후 인근 주민들을 피난시키기는 했지만, 그들의 건강과 이후의 피해를 우려하여 강도 높은 피난과 관련 조치를 취한 것은 아니었다. 오히려 '방사선 피폭 허용 기준치'를 상향 조정하는 황당한 일밖에 하지 않았다. 후쿠시마의 사고 수습을 위해 달려간 노동자들에게도 마찬가지였다. 원래 일본에서 평상시 일반 주민의 방사선 피폭량 허용치는 연간 1밀리시버트였다. 방사선 심의위원회는 '현실적'으로 20밀리시버트로 상향 조정해야 한다는 조언을 했다. 사고 수습작업을 위해 투입된 노동자들은 더욱 가혹했다. 노동안전위생법의 연간 허용치는 50밀리시버트, 5년간 허용치는 100밀리시버트로 정해져 있다. 하지만 사고 수습 기간에는 한시적으로 연간 250밀리시버트로 상향 조정했다. 피폭 허용량은 행정당국의 '임의적 판단'으로 '안전' 기준이 바뀌었다. 피해 보상의 범위를 줄여보자는 속셈이라는 비난이 몰아쳤다.

사고가 발생한 지 한 달이 조금 넘은 4월 19일에 일본 문부과학성은 후쿠시마 현의 초·중·고교와 유치원에 공문을 발송했다. '건물 및 교정의 방사선량 허용 기준을 연간 20밀리시버트로 상향 조정한다'는 내용이었다. 후쿠시마 현의 교직원노동조합은 4월 20일 반대 성명을 발표했고, 26일 교육위원회에 이를 취소할 것을 요청했다. 국민 건강 경시라는 불만이 터져나왔다. 부모들은 분노했다. 5월 23일 문부과학성 앞에서 '후쿠시마 부모들'의 집회가 열렸다. 70명의 후쿠시마 부모들이 서명하여 기준치 상향을 철회할 것을 요청했다. 그들을 맞이한 것은 고위급 책임자가 아닌 기술정책국의 와타나베 차장이었다. 그는 "20밀리시버트는 문부과학성의 기준이 아니다. 가능한 목표치를 낮춰 나갈 계획을 갖고 있다"라고 발언하면서도 "100밀리시버트보다 작은 피폭에서는 암 등의 증가는 거의 없다"라는 발언을 되풀이했다. 봄비가 내리는 5월 23일 부모들은 3시간에 걸쳐 와타나베 차장과 협상을 계속했지만, 달라진 것은 없었다. 그들은 '후쿠시마 아이는 기니피그가 아니다'는 현수막을 문부과학성 입구에 내걸었다. 부모들은 "조금이라도 노출시키지 않으려 노력하고 있었다. 왜 국가에서 노출을 인위적으로 강요하는가. 아이들이 5년 후, 10년 후에 왜 그때 자신을 보호해주지 않았느냐고 물으면 뭐라고 대답해야 하는가"라고 되물었다. 부모들은 국가에 의한 아동 살인이라고 오열했다.

　10월 9일부터 정부는 18세까지의 후쿠시마 현 아동을 대상으로 갑상선 검사를 정식으로 시작했다. 이후에도 정기적인 검사를 평생 지속하겠다고 밝혔다. 그 대상 아동은 36만 명에 이른다. 이 아이들이 '한 번'씩 검사를 받는 데 걸리는 시간만 2년이다. 당초 후쿠시마 현은 3년 후부터 정기검사를 시작할 계획이었다. 하지만 부모들은 불안했고, 검사를 서둘러 달라는 목소리는 높아갔다. 하지만 이날 검사는 이런 불안을 해소시켜주는 데 큰 도움을 주지 못했다. 갑상선 검사는 아이들의 평생에 걸쳐 이루어질 것이라고 했다. 지금은 '걱정할 만한 수준이 아니'라고 했지만, 앞으로 언제 어느 날 아이에게 무슨 일이 벌어질지 모른다는 사실은 그들을 더욱 불안하게 할 뿐이었다. "이번 갑상선 검사만으로는 안심할 수 없다. 계속해서 검사를 받게 하고 싶다"며 눈물을 글썽이는 부모, "4~5년 후 아이에게 이상이 생기면, 도쿄전력을 절대로 용서하지 않겠다"는 부모들의 울분은 그대로 전 일본에 퍼졌다. 어쩌면 이들은, 사람들은 혹시 이대로 아무 일 없이 예전처럼 편안히 살 수 있는 건 아닐까라는 덧없는 기대를 하는지도 모른다. 하지만 이는 외면하고 싶은 현실에 불과했다. 핵발전소는 폭발했고, 이것은 현실이었다.

　정부의 '안전하다'는 말을 믿든, 혹은 떠나지 못하는 다른 이유 때문이든 후쿠시마에는 여전히 사람들과 아이들이 남아 있다. 사람들은 죽음의 공기 속에서 아이들에게 무엇을 어떻게 해주어야 하는지 모른 채 남아 있다. 후쿠시마에서 태어났고, 자랐으며, 땅을 일구고, 바다를 바라보며 후쿠시마를 사랑하고 사랑하는 법을 아이들에게 가르치던 사람들은 이제 그곳이 영영 아이들을 기를 수 없는 땅이 되어버리는 현실을 바라보고 있다. 너무나 당연하다고 믿었던 공기와 물은 이제 아이들의 목을 겨누는 날카로운 칼날이 되어버렸다. 핵발전을 결정한 자들은 누구이며, 위험한 발전소 안에서 성실하게 일한 노동자들은 누구이며, 직장을 잃은 사람은 누구이며, 사고가 났을 때 비장하게 남아 싸운 사람들은 누구인가. 남은 생을 장담할 수 없는 상황에 놓인 사람들은 누구인가.

하지만 후쿠시마의 재앙은 여전히 진행 중이며, 앞으로 매우 긴 시간 동안 진행될 것이다. 사고의 흔적은 사라지지 않고 공기 속에 스며들어 축축한 바다 냄새와 함께 죽음의 향을 뿌려대며 사람들 사이를 자유롭게 스쳐가고 있다. 수십 킬로미터 떨어진 사람들의 손톱 아래에서, 아이들의 갑상선에서 방사성 물질이 검출된다는 보도는 1년이 다 되도록 끊이지 않고 있다. 그리고 아주 긴 시간 동안 이 죽음의 향기는 우리 곁을 떠나지 않은 채 우리도 모르는 사이에 조금씩 서서히 우리를 갉아먹고 우리의 미래를 좀먹게 될 것이다. 지금도 후쿠시마에는 죽음의 공기가 어디를 헤매고 있는지 알지 못한 채 그렇게 시간은 흘러가고 있다. 죽음의 신은 그들과 우리 속에 들어와 조금씩 그리고 꾸준히 우리의 날숨을 거두고 있다. 살인자는 공기가 아닌 우리의 '당연' 속으로 들어와 있다.

동아시아 핵발전소 현황

▲ 도마리 원전
다이마 원전 ▲ ▲ 하가시도리 원전
　　　　　　　　(도호쿠전력)
　　　　　▲ 하가시도리 원전
　　　　　　　(도쿄전력)

가시와자키 가리와 원전
▲
　　　　　▲ 오나가와 원전
카 원전
▲　　　　▲ 후쿠시마 제1 원전
　　　　　▲ 후쿠시마 제2 원전
일본
전　도쿄
　　　　▲ 도카이 제2 원전
미하마 원전
▲

▲ 가동 중　　▲ 건설·계획 중
중국
가동 중 13기, 건설 중 27기
(※100기 이상 추가 건설 계획 검토 중)
한국
가동 중 23기, 건설 중 7기
일본
가동 중 54기, 건설 중 2기

출처: IAEA, 에너지정의행동.《뉴스위크》
한국어판에서 재인용.

인터뷰_후쿠시마, 2012년 1월

강은주 후쿠시마 사고가 난 지 1년이 다 되어갑니다. 최근에 후쿠시마에 다녀오셨는데, 어떤 일정으로 누구를 만나고 왔는지 얘기해주세요.

이헌석 1월 14~15일 요코하마 탈원전세계회의 참가차 방문했고, 1월 12일과 13일 이틀 동안 후쿠시마 사고 관련 지역을 다녀왔습니다. 후쿠시마 시와 방사능에 오염된 이타테무라 구역, 그리고 미나미소마 시에 다녀왔어요. 여기는 발전소에서 20킬로미터 정도 떨어져 있는데, 발전소 가장 가까이까지 간 곳이에요. 출입통제 구역이라는 것이 체르노빌도 마찬가지지만 동그란 원으로 생기지 않았어요. 실제로는 타원형으로 길쭉하게 생겼어요. 그 출입통제 구역의 근접 마을까지 다녀왔지요. 출입통제 구역은 바람의 방향 때문에 가장 긴 쪽은 발전소에서 40~50킬로미터 정도인 곳도 있어요.

강은주 지금 그곳에는 주민들이 모두 대피한 상황이죠?

이헌석 네, 출입을 못하게 되어 있죠. 얼마 전 교도통신의 보도에 따르면 이 20킬로미터 구역 안에 11명이 살고 있는 것으로 파악되었어요. 출입뿐 아니라 퇴거 명령에도 나오지 않고 살고 있는데, 법적으로 이 사람들을 내쫓을 권한은 없는 거예요. 더 들어가지 못하게 막을 수는 있지만, 이미 들어가서 사는 사람들은 어찌할 수 없는 상황이죠.

강은주 그분들은 사고 후 집에 다녀간 적이 있나요? 원래 인구도 적지 않았던 곳으로 알고 있는데요.

이헌석 지금 20킬로미터 지역에 살던 사람들이 두 차례 집에 갔다 왔고, 5킬로미터가 한 번 집에 갔다 왔어요. 반경 30킬로미터까지 전체 인구를 합하면 14만~15만 명 정도였어요. 30킬로미터 구역 내의 일부는 출입통제가 풀렸어요. 들쑥날쑥하지만, 대략 30킬로미터 정도가 출입통제 구역이에요.

강은주 여러 곳을 다니면서 계속 방사능 측정을 한 것으로 알고 있는데, 수치는 어떤가요?

이헌석 가장 높게 나온 곳은 6~7마이크로시버트였어요. 이곳은 후쿠시마 역 바로 앞의 하수구였어요. 역 앞이라 사람들이 굉장히 많이 오가는 곳이거든요. 그런데 여기 하수구 위에서 측정했는데 상당히 높게 나왔어요.

한 번도 통제 구역이었던 적 없는 후쿠시마 역

강은주 후쿠시마 역이 발전소와 얼마나 떨어져 있죠?

이헌석 직선거리로 60킬로미터 정도예요. 후쿠시마 역 바로 앞 호텔에서 묵었는데, 밤에 인근을 계측기를 들고 돌아다녔어요. 호텔 바로 앞에 있는 화단 같은 경우는 1.93마이크로시버트로 나왔어요. 그 정도면 서울의 20배가 넘는 거예요. 노원구의 아스팔트에서 나온 방사능 농도가 그냥 길옆에 있는 화단에서 측정이 돼요. 역에서 바로 나오면, 공기 중에서 재도 서울의 10배 정도가 되지요.

강은주 60킬로미터나 떨어져 있는데도 상당히 높은 수치라고 할 수 있네요.

이헌석 문제는 그곳이 출입통제 구역이 아니라는 거죠. 한 번도 출입통제 구역이 된 적도 없고, 여전히 사람들이 많이 오가는 곳이고요. 그리고 20킬로미터 정도 떨어진 미나미소마 시에 가려면 어쩔 수 없이 출입통제 구역을 지나가야 해요. 사람이 살 수는 없지만 길이 그곳밖에 없기 때문이에요. 버스 안에서 측정한 수치가 2~3마이크로시버트 정도 나왔어요. 버스 안인데도 불구하고 높게 나온 거죠.

강은주 버스 안이라고 해도 서울에 비하면 약 20~30배가 높은 수치네요. 그곳에서 오염을 제거하는 사람들이 있나요?

이헌석 네. 지금 그곳에는 전혀 사람이 살고 있지 않지만, 지나가면서 중간 중간 제염하는 사람들을 봤어요. 제염이라지만 지붕 등을 계속 물로 닦아내는 거예요. 닦고 측정하고 닦고 측정하고를 반복하고 있는 거죠. 그 외에 토양을 긁어내는 일도 하고요. 토양은 5센티미터 정도를 긁어내면 99퍼센트 정도는 제거할 수 있다고 해요. 하지만 일단 토양이 오염되고 난 다음에는 사실 쉽게 방사능이 사라지진 않아요. 토양이 비산(飛散)하면서 여기저기 돌아다녀요. 모두 긁어내고 전혀 오염되지 않은 흙으로 덮어도 바람이 많이 불어 흙이 날리거나 비가 오면 또다시 오염되기도 하지요. 일본에서 반핵운동을 하는 사람 중에는 2011년에 떨어진 모든 낙엽을 긁어내야 한다고 주장하는 사람도 있어요.

강은주 후쿠시마 사고 이후 가을에 떨어진 낙엽도 심하게 오염되었다는 거군요.

이헌석 네. 2011년 3월에 사고가 난 뒤 봄과 여름을 거치면서 잎사귀가 방사능을 빨아들이거나 잎 표면에 묻었을 거 아니에요. 식물 표면이 오염이 제일 많이 돼요. 식물은 나이테가 생기면서 오염된 표면이 안으로 몰려 방사능이 식물 내부에 계속 축적된다는 것도 최근에 알려졌어요. 일본은 목재 같은 경우 방사능 기준이 정해져 있지 않아요. 그래서 최근에는 건축 자재에서 방사능이 검출되어 문제가 된 경우도 있어요. 건축 자재인 자갈, 모래, 목재 같은 것들이오. 목재를 다른 지역에서 가져다 집이나 절 등을 짓다가 문제가 되어 모두 폐기해야 하는 상황이 발생한 거죠.

강은주 앞으로 출입금지 구역처럼 심하게 오염된 지역의 경우, 농수산물 같은 먹거리만의 문제가 아니겠군요. 산업 자재부터 그 지역에서 생산된 모든 것이 문제가 되겠네요.

이헌석 러시아에서도 얼마 전 똑같은 일이 생겼는데, 중고 자동차가 문제가 되었어요. 중고차의 타이어와 공기 필터 등에서 방사능 측정치가 기준치 이상으로 나왔어요. 러시아에서 몇 번 돌려보냈습니다. 기계 부품도 오염이 되는 거죠. 식품은 당연하고 토양뿐 아니라 공산품의 경우에도 오염이 되는 거죠.

강은주 이번에 다녀오게 된 계기는 요코하마 탈원전세계회의 때문이었는데요. 참가 인원수가 다른 해에 비해 많았을 것 같아요. 어떤 사람들과 어떤 이야기를 나누셨나요?

이헌석 몇몇 사람들을 만났는데, 후쿠시마에 시민 방사능측정연구소라고 있어요. 시민단체 연구소로는 큰 편이에요. 원래부터 활동을 해왔는데, 후쿠시마 사고 이후 크게 주목받게 되었어요. 이 연구소 사람의 이야기를 빌리면 체르노빌 사고가 있었지만, 체르노빌은 인구 밀집 지역이 아니라 평탄한 땅이었고, 이렇게 인구 밀집도가 높은 데서 사고가 난 것을 본 적이 없다고 해요. 전문가들조차 100명이면 100명 모두 이야기가 다르다고 합니다. 전체적으로 위험하다는 것에 대해서는 공감대가 있지만 세계 각국에서 온 전문가들이 천차만별로 위험을 말하는 거죠.

그런데 공통적으로 다 위험하고 문제가 심각하다고 하는데, 일본 전문가들만 괜찮다니 믿지 못하겠다는 거예요. 당연히 기본적인 신뢰관계가 깨져버린 거죠. 또 하나는 저선량 피폭, 즉 일반인들이 사고 지역에서 받을 수 있는 저선량 피폭에 대해 문제가 없다는 주장에 대한 논란이 많아요. 이른바 100밀리시버트 이하에서는 문제가 없다는 것인데, 이전까지 국제 방사선방호위원회(ICRP) 기준에 따르면, 100밀리시버트 이상에서는 분명히 문제가 생긴다는 것이 국제적 기준이었어요. 그런데 '100 이하에서는 암이 생기지 않는다' '문제가 없다'는 이야기를 하는 과학자들이 나오기 시작하는 거예요. 그 기준에 따라서 원래 1인당 일반인의 피폭 한도가 1밀리시버트였는데, 이것을 20밀리시버트로 올리게 되었죠.

'효율'을 위해 조정되는 피폭 허용치

강은주 전문가라는 사람들이 피폭 허용치가 상향 조정되는데 많은 기여를 했군요.

이헌석 네. 기준치를 올린다는 말은 그 기준치 이하에서는 아무런 조치를 할 필요가 없다는 것을 의미하잖아요. 그렇기 때문에 굉장히 많은 논란과 문제가 됐고, 지금 집회를 하는 엄마들도 이 문제 때문에 나온 거예요. 또 하나는 우리나라에도 소개가 되었지만, 이타테무라의 낙농가에 대한 얘기도 많이 했어요. 자살한 사람이 있는 마을이에요. 이타테무라는 발전소로부터 40~50킬로미터 구역에 있는 동네거든요. 그런데 바람이 이타테무라 방향으로 불어 문제가 생겼는데, 여기는 낙농을 하려고 귀농한 젊은 사람도 많았어요. 사고가 일어나는 날, 즉 3월 11일부터 후쿠시마 3호기가 터지는 15일까지 아무도 어느 정도의 방사능이 있었는지를 가르쳐주지 않았다고 해요. 그것을 묻고 따지기 위한 목적으로 마을회관에 모였는데, 나중에 봤더니 마을회관에서 매우 높은 방사능 수치가 나왔다는 어이없는 일도 있었어요.

강은주 아무 말도 해주지 않았다는 것은 정부나 도쿄전력이 기본적인 신뢰조차 스스로 깨버렸다고도 할 수 있겠네요.

이헌석 체르노빌도 그렇지만 정보 공개를 하지 않는 비밀주의가 문제죠. 당시 소련 상황이 냉전 시대의 결과물이라면, 후쿠시마는 이윤만을 쫓는 사기업의 문제라고 할 수 있겠죠.

강은주 지금 후쿠시마의 아이들을 지키기 위해 방사능 피폭 허용치 상향 조정 때문에 엄마들이 매우 열심히 농성을 하고 있는 것으로 알고 있어요. 농성장에서 엄마들도 만나셨나요?

이헌석 엄마들 모임이 여러 개가 있어요. 우선은 지금 경제산업성 앞에서 텐트 농성을 하는 사람들이 있는데, 몇 개 팀이 모여 있어요. '후쿠시마를 지원하는 여성모임' '후쿠시마 아이들을 지키는 엄마들의 모임' 등이지요. 모임이 많이 생겼죠. 사실 후쿠시마에서도 경제적 형편이 좋은 집은 아예 외국으로 나간 경우도 있어요. 하지만 어찌 되었든 후쿠시마에서 살아야 하는 사람들 같은 경우에는 매우 절박한 문제인 거죠. 엄마들이 가장 분노하는 것은 문제가 있는데 왜 정부가 인정을 하지 않느냐는 거예요. 왜 조치를 취하지 않느냐가 가장 큰 쟁점이죠. 외국의 전문가들은 와서 문제가 있다고 얘기하는데, 일본 정부는 얘기를 하지 않는다는 것이 가장 크고요.

강은주 엄마들의 가장 큰 요구 사항은 무엇이죠?

이헌석 처음에는 '피폭 기준을 다시 낮춰라'는 주장이 가장 컸지요. 현재는 조금씩 바뀌고 있어요. 현재 일본에서 가장 뜨거운 이슈는 핵발전소의 재가동을 멈추라는 거예요. 지금은 54개 중에서 2개를 가동하고 있거든요. 일본은 현재 2개만 가동을 멈추면 모든 핵발전소의 가동을 멈추게 돼요. 4월로 예정되어 있어요. 처음에는 피폭 허용치 기준에 관한 이야기가 주였지만, 지금은 핵발전소를 멈추라는 요구까지 확대되었어요.

강은주 이슈가 확대된 거네요. 아이들의 문제였다가 일본의 핵까지. 그런데 최근에 경제산업성 대신이 엄마들의 농성장을 철거하라고 했다는 보도를 본 것 같은데요.

이헌석 네, 아직 철거를 하지는 않았어요. 일본 사회가 농성장을 차려 주장을 요구하는 것이 익숙지 않잖아요. 우리나라하고는 많이 다르죠. 이번에 농성장을 다녀왔는데, 농성장이 정부 청사 앞 국유지였어요. 그런데 정부 측에서 펜스를 쳐서 '국유지'라고 크게 써놨어요. 그 펜스를 뛰어 넘어야 지나갈 수 있도록 일부러 일본 정부가 만들어놨더라고요. 엄마들의 농성장을 격리하려는 의도인 거죠. 이제까지의 논쟁은 농성팀이 국가에 이 국유지를 농성을 위해 빌려달라는 신청을 했고, 정부는 허가할 수 없다고 하고, 농성팀은 빌리는 대가로 돈을 내야 한다면 얼마를 지불해야 하느냐는 논쟁이 계속되고 있는 상황이에요.

강은주 우리나라와 문화나 감수성이 조금 다르네요. 농성장은 그냥 들어가서 점거하면 되는 것 아닌가요.(웃음)

이헌석 네. 결국 액수까지 논쟁을 하다가 최종적으로 빌려준 사례가 없어서

빌려주지 못한다고 정부가 대답했어요. 그런데 농성팀에서 그런 사례를 찾아내 다시 공방이 오가던 중이었어요. 제가 농성장을 방문했을 때 그런 논쟁 끝에 철거하겠다는 실랑이가 오갈 때였어요. 현재는 경제산업성 앞과 규슈의 규슈전력 앞 두 군데에서 농성이 진행되고 있어요. 처음에는 이 두 개의 농성이 독자적으로 따로 시작했는데, 현재는 서로 교류하고 있어요.

강은주 엄마들의 마음이 이해가 돼요. 방사능은 나이가 어릴수록 훨씬 더 위험하니까요. 지금 일본 정부는 아이들의 건강관리를 어떻게 하고 있나요?

이헌석 미나미소마 같은 지역의 경우 20킬로미터 구역인데, 이곳의 아이들을 모두 검사하기로 했어요. 정부가 비용을 대서 아이들의 갑상선암 검사와 피폭 검사를 하기로 했는데, 문제는 이 아이들을 모두 검사하는 데만 장비 때문에 3년이 걸린다는 거죠. 그러면 그사이에 어느 정도 피폭이 됐는지 알 수도 없는 노릇이고요. 그래서 이 동네 사람들은 '생활수첩'을 들고 다니기도 해요. 예전에 히로시마, 나가사키에 살던 사람들은 피폭 수첩을 가지고 있어요. 얼마만큼 피폭됐는지를 적는 거예요. 이번 후쿠시마 사고에서도 비슷한 거죠. 검사를 받는 데만 꽤 오랜 시간이 걸려 스스로 얼마나 피폭을 당했는지 알 수 없으니까 모든 생활을 기록하는 거예요. 무엇을 먹었고, 오늘은 어디를 다녀왔고, 어디서 잤는지를 꼼꼼하게 적는 거죠. 그러면 나중에 대충은 피폭량을 짐작할 수 있어요. 실외와 실내의 방사선을 계산해 시간을 곱하면 결과가 나오는 거죠. 이런 수첩을 보급하는 운동을 하고 있어요. 이렇게 기록하면 나중에 소송을 걸거나 암에 걸렸을 때 근거가 될 수 있으니까요. 일본 사람들의 꼼꼼함이 돋보이죠. 수첩 보급 운동을 매우 열심히 해요. 마을 단위로 돈을 모아서 수첩을 인쇄해서 돌리기도 하고요.

강은주 생활수첩이라니 굉장히 꼼꼼하네요. 지금 피난한 사람들이 14만~15만 명 가량인 것으로 알고 있는데, 이 사람들의 임시 피난처도 가보셨어요?

이헌석 네. 사실은 그냥 컨테이너 박스를 생각하고 갔는데, 생각보다는 깨끗하고 좋아요. 들어보니 이 피난처는 각 지방자치단체에서 짓는데, 지방자치단체의 경제력에 따라 피난처의 시설에 차이가 많이 나요. 돈 있는 곳은 시설이 매우 좋고, 돈 없는 곳은 정말 컨테이너 박스 같기도 하고요.

강은주 우리나라에 연평도 포격 사건이 있었을 때, 인천의 찜질방에서 임시 피난 생활을 했던 일이 떠오르네요.

이헌석 일본은 개인 문화가 투철해서 찜질방에서 자라고 했으면 난리가 났을 거예요.

강은주 역시 위험을 회피하는 데 경제적 능력에 따라 차이가 난다는 것은 개인의 능력이기도 하지만, 지방자치단체의 능력도 좌우하네요. 강남구에서 제공하는 피난처와 다른 구의 피난처 같은 느낌이랄까요. 엄마들도 그렇지만, 사고 이후 일본 여론이 굉장히 많이 바뀌었고 실제로 대규모 집회가 있었다고 들었어요. 정말 여론이 바뀐 것을 느낄 수 있던가요?

이헌석 요코하마 탈원전세계회의 얘기를 하면 좋을 거 같아요. 하루 참가비가 우리 돈으로 4만 원 정도로, 이틀을 참가하려면 7만 원 가까이를 내야 해요. 그런데 공식 참가자가 1만 2000명 정도였어요. 우리나라 코엑스나 킨텍스 규모의 장소에서 행사를 한 셈이죠. 출연진도 대단했어요. 내로라하는 반핵운동가뿐 아니라 연예인과 아나운서도 많았어요. 반핵 토론회를 1000명이 들어가는 대강당에서 했는데, 이 대강당에 들어가려고 한 시간을 줄을 서서 들어가는 장면으로 설명할 수 있겠네요. 저는 이런 장면을 처음 봤어요. 실제로 만나기도 했는데, 이 행사에 참여하기 위해 나가노에서 온 사람도 있었어요. 그 사람은 일본 정부가 미쳤다고 하더군요. 그리고 우리나라로 비교하면 주현미 급의 가수가 나오는 반핵 토크쇼도 있었고요. 20대를 위한 토크쇼, 30대를 위한 토크쇼 등 연령대별로 토크쇼가 많이 열렸는데 토크쇼에 가려고 아줌마들이 달려가서 줄을 서기도 했어요. 참가한 시민 대부분은 원래 반핵 시위를 나오던 사람들이 아니에요.

일상 속으로 파고든 '반핵'의 목소리

강은주 평범한 시민 사이에서도 반핵에 대한 공감대가 많이 형성된 거군요. 피폭 국가이지만 평화적 핵 이용, 즉 핵발전소에 대해서는 어쩔 수 없다는 인식이 있었던 것도 사실이죠. 하지만 후쿠시마 사고 이후 그런 인식이 아래에서부터 바뀌었다고 할 수 있는 거로군요.

이헌석 네. 그러니까 조직위원회도 예상 참가 인원수를 몇 번이나 수정했어요. 굉장히 호응도가 높았어요. 여론이 많이 바뀌었어요. 가장 큰 것은 이전까지의 반핵 운동이 굉장히 이념적인 운동으로 과거부터 있었던 사회주의, 공산주의 그리고 미국에 대한 입장 등 강건한 운동이었다면, 후쿠시마 이후로는 굉장히 보편적인 운동으로 변해가고 있어요. 피폭국이던 일본에서 반핵 운동이 갖는 의미는 다른 나라하고 많이 다를 수밖에 없어요. 후쿠시마 이전의 반핵 운동이 운동 진영만의 의제로 고착화되어가고 있던 것도 사실이에요. 하지만 이제는 상당히 보편화된 운동이 된 거죠. 이런 분위기를 잘 드러내는 것이 반핵 아이돌이 있다는 거예요.

강은주 그러고 보니 일본에 반핵 아이돌이 등장했다는 이야기를 들었어요.

이헌석 '제복향상위원회'라는 아이돌이에요. 이 팀은 만들어진 지 10년이 넘었어요. 이름이 제복향상위원회인 이유가 재미있는데, 오타쿠의 상징이 제복이고, 이 제복의 권익을 향상하기 위해 만들었다고 해요. 팀의 구성원은 10대 여학생들인데, 명문 중·고등학교의 교복을 패러디한 옷을 입고 나와서 노래를 불러요. 이 팀의 리더가 원래 사회문제에 관심이 많았대요. 메이데이(노동절, 노동자의 날)나 반전 집회 같은데 참가하기도 하고 팀원이 사회봉사도 하고 그래요. 전체 구성원은 8명 정도인데 우리가 갔을 때는 6명이 왔어요. 이번에 인터뷰도 했어요. 이 팀은 우리나라 언론에도 소개된 적이 있어요. 언론에 알려진 바에 의하면 반핵 목소리를 높이면서 콘서트가 취소되고, 음반을 팔지 못하게 하는 등 불이익을 받고 있다고 해요. 그래서 실제로 그런 압력이 있느냐고 물었더니 초기에는 분명이 그랬지만 지금은 오히려 호응을 더 많이 받고 있고 불러주는 곳도 많이 늘었대요. 대표적인 노래가 〈탈탈탈 탈핵의 노래〉라고 하는데 가사가 매우 구체적이에요. '나는 학교에서 베크렐, 시버트 이런 것을 배운 적은 없지만 그것이 위험한지는 알고 있고, 또 이것이 위험하면 국가가 하는 것이라도 나는 싫다.' 이런 표현이 있어요. 이 팀의 리더인 제복향상위원회의 의장이 있어요. 아이돌이라고 하긴 나이가 좀 들었지만, 리더가 앞서 말한 자살한 낙농민의 유서를 바탕으로 쓴 노래가 있어요. 〈핵발전소만 없었더라면〉이라는 노래예요. 이 팀이 엄청난 팬을 몰고 다녀요. 일본의 아이돌 문화의 특성이라고도 할 수 있는데, 50대 아저씨들도 와서 풍선 흔들고 응원하고 같이 사진 찍고 상당히 좋아합니다. 이런 문화가 우리에겐 조금 낯설지만, 이것이 보여주는 어떤 힘이 있는 거죠. 아이돌뿐만 아니라 배우나 아나운서가 나와서 그런 토크쇼를 많이 했어요. 의례적이거나 상투적인 말이 아니라 상당히 직설적인 표현이 많았어요. 정부는 대체 무엇을 하느냐는 등 정부를 직접적으로 비판하고, 핵발전에 대해 자신은 잘 몰랐지만 이번 사고를 통해 다시는 해서는 안 된다는 등 매우 강한 발언이 나오는 것도 보았죠.

지금 후쿠시마 핵발전소는

강은주 후쿠시마 사고의 1주기가 다 되어가는데요. 일본은 상당히 여론이나 인식이 바뀌고 있고 아직도 후유증을 많이 앓고 있는데, 우리나라는 많이 다른 듯해요. 사람들의 기억에서 조금씩 잊히고 있는 것 같아요. 어쩌면 후쿠시마 사고의 수습은 이제 시작 단계일 텐데요. 지금 발전소의 상황은 어떤가요?

이헌석 일단 현재 상태로는 1, 2, 3, 4호기 중에서 1호기만 덮개를 씌웠고요. 내부적으로는 멜트다운이 되었죠. 핵연료가 녹아 압력용기를 뚫고 내려왔고, 격납용기 밑바닥에 핵 물질이 고여 있는 상태예요. 2호기는 온도가 다시 올라가고 있다는 뉴스가 최근 보도되었죠. 4호기의 원자로는 멀쩡해요. 사용후 핵연료가 터진 거니까요. 하지만 4호기도 상태가 좋지 못해요. 원자로는 멀쩡하지만 사용후 핵연료 저장고가 터지면서 수조가 금이 갔어요. 터지는 정도가 심했기 때문에 지금도 콘크리트가 무너지고 있고요. 1호기는 대체로 안정 국면으로 넘어가고 있다고 보여요. 덮개를 씌웠다는 의미는 내부가 정리됐단 얘기예요. 내부를 정리했으니까 씌운 거고, 나머지는 내부를 정리하지 못해 아직 덮개를 씌우지 못한 거예요. 안에서 지금도 방사능이 많이 나오고 있고, 또 여러 가지 오염된 물도 나오고 열도 나오고 있기 때문에 씌우는 것도 쉬운 일은 아니죠.

강은주 그러면 4호기는 수조에 금이 가서 물이 줄줄 새고, 온도도 올라가고 있는 상황인 거죠. 지금은 계속 밑 빠진 독에 물을 부어야 하는 상황인데, 계속 방사능이 나오는 거로군요.

이헌석 사고 발전소 4기 모두에 대한 방사능 총량을 발표하고 있는데, 얼마 전에 다시 올라가고 있다고 발표됐어요. 이것이 일시적인 증가인지 아니면 또 다른 문제인지가 논란이 되고 있죠.

강은주 2호기, 3호기도 멜트다운이 되어 핵연료가 녹아내려 압력용기 밑에 고여 있거나 일부는 압력용기를 뚫고 내려온 상황인 거죠. 여전히 발전소는 방사능을 뿜어내고 있는 거로군요. 그런데 수습을 위해 작업자들은 계속 투입되고 있는 것 아닌가요?

이헌석 네, 물도 계속 부어야 하고 상황도 체크해야 하고, 자질구레한 것도 청소해야 하니까 사람들은 계속 필요하죠. 얼마 전 1호기와 3호기에 로봇을 투입해 내부를 처음 봤어요. 정확하게 나오지는 않았지만, 사람들이 실제로 안에 있는 온도 센서가 제대로 작동하는지 확신이 없었거든요. 온도 센서에서는 온도가 낮다고 나오지만, 실제 낮은 것인지 센서가 고장을 일으킨 것인지 몰랐어요. 이번에 로봇이 들어가서 온도 센서가 잘 작동하고 있다는 것을 확인한 거죠.

강은주 사고가 난 지 1년이 다되어 이제 겨우 온도 센서를 확인한 수준이라고 할 수 있네요. 얼마 전 뉴스를 보면, 일본 정부가 후쿠시마를 버리기로 했다고 해요. 여의도 면적의 11배나 되는데요.

이헌석 반경 20킬로미터 이내의 주요 역 중에 일부를 사람이 다시 살 수 있는 지역으로 만들겠다는 것이 일본 정부의 목표예요. 10년이 걸리든 20년이 걸리든 하겠다는 의지인데, 사실은 그냥 발표일 뿐 실제로 사람이 살 수 있을 만큼 제염이 될 거라고 보는 사람은 없어요. 다만 이 지역에 살던 주민들은 지금도 요구사항이 정부가 책임지고 제염을 하라는 거예요. 아직까지 지역 주민들은 '우리는 여기서 살 수 없으니 보상한 뒤 이주 지역을 만들어 달라'는 요구를 하지 않아요. 다시 들어가서 살고 싶다는 것이 강하고, 그거 가지고 선거 때 논란이 일기도 했어요. 하지만 이 사람들도 오염된 걸 알고 있고, 100퍼센트 제염이 불가능하다는 사실도 알고 있거든요. 어쨌든 정부가 책임을 지라는 강력한 메시지를 보내고 있는 거죠.

강은주 발전소가 폭발하고 난 뒤 소방관, 도쿄 경시청 사람들이 체르노빌 때처럼 가장 먼저 달려갔잖아요. 그리고 상당히 비장하게 들렸는데 후쿠시마 최후의 50인이라는 이름의 노동자들도 남았고요. 지금도 여전히 상당히 많은 인력들이 청소와 수습을 위해 그곳에 투입되고 있어요. 최근에 우리나라 언론에도 실렸지만 일본 지방 의원이 블로그를 통해 4500명이 죽었고 도쿄전력이 입막음을 위해 돈을 주었다는 충격적인 내용을 밝혔는데요.

이헌석 저도 그 질문을 몇몇 일본 사람들에게 했는데, 그 내용을 알고 있는 사람이 별로 없었어요. 저도 그렇고 많은 사람들의 의견이 아무리 일본이 언론을 통제한다 할지라도 4500명이 죽었는데 모를 수 있느냐며 상식적으로 이해되지 않는다는 반응이에요. 실은 괴담처럼 떠도는 말이 굉장히 많아서 증거가 나오기 전까지는 신뢰하기 어렵다고 봐요.

강은주 어쩌면 공포심의 발현일 수도 있겠다는 생각이 들어요. 귀 없는 토끼도 한동안 화제가 되기도 했고, 인터넷 상에서는 손톱이 빠진다는 이야기도 많이 떠돌고 있더라고요. 정보가 충분하지 않은 상황에서 회사나 정부에 대한 불신이 그런 이야기를 확대 증폭시키는 것 아닐까요?

이헌석 방사능이라는 것이 인과관계를 증명하기 상당히 어려우니까 어디까지가 괴담이고 어디까지가 사실인지 명확하지 않긴 하죠.

강은주 일본 정부는 약 30년에 걸쳐 발전소를 수습하고 해체하겠다는 계획을 발표했지요?

이헌석 네, 일본 사회는 매뉴얼에 강하잖아요. 정부가 사후 처리를 위한 공정표 등을 여러 번 발표했어요. 30년 이내에 제염을 마치고, 피해 복구까지 하겠다는 내용이에요. 핵연료를 제거하는 데 걸리는 약 10년 후에는 해체하겠다는 계획인데, 이 해체 과정이 핵심이에요. 아직까지 세계적으로 녹아 버린 핵연료의 제염이라는 것을 경험해본 적이 없거든요. 스리마일섬핵발전소사고나 체르노빌도 마찬가지예요. 녹은 엿처럼 눌어붙어 있는 상태에서 사람이 들어가서 제거할 수가 없잖아요. 핵연료봉이라면 로봇이 봉 형태를 꺼내면 되지만 멜트다운이 되어버린 핵연료는 그럴 수가 없으니까요. 삽으로 긁어낼 수도 없는 것이고요. 그래서 일차적으로 방사선 준위가 떨어지고, 열이 떨어지는 데만 걸리는 시간을 10년으로 예상한 거죠. 이 과정에서 재임계, 즉 다시 핵분열이 벌어질 확률이 높기 때문에 그것을 줄이는 시간이 한동안 걸릴 테고요. 이럴 경우에 제염을 하기 위한 설계 및 현황 파악에만 또 몇 년 걸릴 것이라고 봐요.

강은주 30년보다 훨씬 더 길어질 수도 있겠군요.

이헌석 네, 그렇죠. 그런 측면에서는 사후 처리와 관련해 일본의 핵산업계에는 호기일 수도 있어요. 전 세계에서 아무도 걸어보지 않은 길을 가게 되는 거죠. 어찌 되었든 핵발전소를 폐쇄하고 해체하는 일은 해야 하고, 일본 내에서도 자국 내 핵 수요가 꽉 찬 상황에서 해외시장으로 눈을 돌리고 있었거든요. 그렇다면 핵발전소의 폐쇄와 해체, 그리고 제염은 핵산업계의 새로운 시장이 될 수 있죠. 제염도 그동안 유럽에서 체르노빌 경우의 제염과는 차원이 다른 거거든요. 주거 밀집 지역에서의 제염의 ABC를 제대로 경험해본 것이기 때문이죠. 어쩌면 일본의 핵산업계는 역으로 새로운 전기를 맞은 것이라고 할 수 있어요.

강은주 먹거리 불안에 대한 이야기를 빼놓을 수 없을 텐데요.

이헌석 최근 일본에서 인기를 끌고 있는 책 가운데 방사능에 오염된 식품을 먹는 법이라는 것이 있어요. 최대한 방사능에 오염되었다고 가정하고 어떻게 먹어야 안전한지에 대해 적어놓았어요. 요리법과 씻는 법 등에 관한 것인데 채소는 물에 데쳐서 먹고, 씻은 물은 버리고, 껍질은 벗겨서 먹고 등등. 그러면 껍질 부분에 방사능이 모여 있기 때문에 80~90퍼센트는 제거할 수 있대요. 생선은 뼈와 내장에 방사능이 축적되기 때문에 순살만 먹고, 뼈와 내장은 별도로 버리는 요령을 알려주는 책이죠. 일단 먹고 살아야 하니까요.

강은주 생선 이야기를 더하면, 지금도 굉장히 고농도로 오염된 물이 후쿠시마 앞바다로 계속 버려지고 있잖아요. 1960~1970년대 영국의 핵연료 재처리 공장에 의해 셰필드 앞바다가 방사능에 상당히 오염되었잖아요. 아직도 방사능 오염 기준치가 넘어 노르웨이, 아이슬란드는 조업 자체가 금지되었고, 영국의 대표적 음식인 '피시앤칩스(생선감자튀김)'에 아일랜드 앞바다 생선은 쓰지 않는다고 하는데요. 엄청난 양의 바닷물이 오염된 후는 상상하기가 어렵네요.

이헌석 편서풍 덕분에 다행히 방사능의 많은 부분이 태평양 방향으로 날아갔어요. 지금 후쿠시마 앞바다 바닥에 있는 흙에서는 상당히 높은 양의 방사능이 나와요. 물은 흘러가지만 방사능은 고여 있는 거죠. 이것은 사실 체르노빌 사고 때는 겪어보지 못한 일이에요. 인류는 처음으로 엄청난 양의 해양 방사능 피해를 겪을 차례인 거죠. 이제까지 겪어본 해양 방사능 오염은 핵폭탄이 터졌을 때의 오염 정도였어요. 핵폭탄의 경우 핵폭탄 1개에 들어가는 우라늄 양 자체가 적고, 히로시마와 나가사키에는 1킬로그램밖에 사용하지 않았잖아요. 그리고 폭발로 날아가버리기도 했고요. 앞으로 방사능 오염으로 해양 생태계가 어떻게 될지는 누구도 상상할 수 없죠. 일본에서도 이 부분에 대한 우려가 커요. 대형마트의 경우는 단순히 국내산 정도만 표기하지 않아요. 아주 구체적으로 어느 해역에서 잡은 생선인지를 지도에 표시해요. 이름만으로는 잘 모르는 사람들을 위해서 지도를 그리고 그 위에 색으로 표시를 해요. 어느 해안에서 잡았는지를 한눈에 알아볼 수 있도록 정보를 제공하는 거죠. 과거의 체르노빌에서 사회적인 기반이나 문화적 차이 때문에 꼼꼼하게 보지 못했던 부분을 일본에서는 훨씬 더 치밀하게 대응하고 있다고 생각해요. 안전에 대한 민감도가 다르니, 더 치밀하게 대응해가고 있는 거죠. 그런 측면에서 보면 우리나라는 너무 안일하죠.

강은주 국제원자력기구에서 정한 핵발전소의 사고 등급이 7등급으로 나뉘잖아요. 우리나라에서도 2등급 사고가 있기도 했었지요. 후쿠시마 사고는 인류가 겪은 두 번째 7등급인데, 체르노빌하고 비슷한 점도 있지만 후쿠시마의 사고는 7등급 이상이라고 할 수 있을까요?

이헌석 체르노빌 사고 이전에는 7등급으로 나누는 기준 자체가 없었어요. 체르노빌 사고가 난 뒤 체르노빌을 가장 높은 등급으로 놓고 7등급을 만든 거예요. 그러니 당연히 7등급이 넘는 사고는 없는 거죠. 그리고 지금 후쿠시마가 다시 7등급의 사고를 기록했고요. 하지만 핵단지에서 동시에 여러 군데에서 벌어진 사고이기 때문에 이것을 기존의 7등급 구조로는 계산하기 힘들어요. 그래서 이번 기회에 등급도 다시 짜야 한다고 생각해요. 후쿠시마의 경우 방출된 양만 놓고 보면 체르노빌을 넘지는 않아요. 왜냐하면 체르노빌은 안의 내용물이 다 튀어나와버렸으니까요. 후쿠시마는 그나마 다행이라고 할까요. 하지만 이제 그에 근접해가고 있기 때문에 그런 측면에서는 이제 계산법이 섬세하게 달라질 필요가 있어요.

강은주 지금 핵발전소 수습과 해체를 위한 도쿄전력의 계획은 어떤가요?

이헌석 현재 일본은 앞에서 이야기한 것처럼 전체 핵발전소 54기 중에 2기만 가동하고 있고, 이 2기도 4월에 끝나요. 도쿄전력은 사고 이후에 핵발전의 경제성을 다시 계산했어요. 그런데 사고 비용까지 계산하면 핵발전이 더 비싼 것으로 나왔어요. 그리고 지금 도쿄전력의 예상보다 피해 규모가 상당해 피해 복구에 세금이 투입되고 있어요. 그래서 도쿄전력을 국유화해야 한다는 논란이 벌어지고 있어요. 일본에서는 상당히 이례적인 일이죠. 이미 민영화된 가장 큰 규모의 전력 업체를 다시 국유화한다는 것은 일본 정부로서도 감당하기 힘든 일인 거죠. 어쨌든 도쿄전력은 지금 도쿄전력뿐만 아니라 다른 발전소까지 다 포함해서 핵발전소를 멈추고 있어요. 그래서 도쿄전력이 전기요금을 올리려고 해요. 정부에서는 계속 거부했지만 최근에 산업용 전기를 약 15~17퍼센트 올렸어요. 두 가지 이유인데, 첫 번째는 사고 수습 비용이 많이 들어가 회사가 어려워졌고 두 번째는 전기 수요를 감당하기 위해 LNG 수입 양이 늘어났어요. 단순히 핵발전소를 없애면 전기요금이 천문학적으로 뛴다는 우리나라 정부의 말 가운데 반은 거짓말이죠. 사고 수습 비용은 고려하지 않은 것이니까요. 그리고 피해 복구 비용으로 40조 원 정도를 예상하고 있어요. 공식적으로 피해 복구와 폐로를 하는 데 10조 원 이상이 들어가는 것으로 나와 전기요금으로 메우려는 것도 있어요.

강은주 이 일을 도쿄전력 혼자서 감당할 수는 없을 테고, 불가피하게 세금이 투입될 수밖에 없겠네요.

이헌석 네. 초기에는 도쿄전력이 감당하기 힘들 만큼 어려워져 정부에서 경영합리화를 하라고 이야기했어요. 그래서 도쿄전력이 경영합리화 조치로 퇴직자 연금과 임금 삭감 이야기를 했어요. 그래도 힘드니까 전기요금 인상까지 한 거죠. 결국 피해는 도쿄전력의 노동자들이 감당하는 셈이 되었어요.

강은주 일본의 핵발전소 하청 노동에 관한 이야기는 상당히 유명해요. '원전 집시'라고 불리는 하청업체 노동자의 피폭과 관련한 이야기도 상당히 많고요. 지금 청소 인력으로 투입되는 사람들에 관해서도 많은 이야기가 나오지만, 정작 우리나라에는 많이 알려지지 않았어요.

이헌석 저는 직접 노동자들을 만나보진 못했지만 일본의 독립 저널리스트들이 수습 요원으로 위장 취업해 피해 복구하는 사람들과 함께 일하면서 몰래 찍어 유튜브에 띄우기도 했어요. 이 사람들은 주로 청소 등 단순 노무를 할 수밖에 없어요. 그리고 최근에 야쿠자와 핵발전소 이야기를 다룬 책이 나왔어요. 이 책에 핵발전소를 떠도는 일용직 원전 집시라 불리는 사람들을 모집하는 사람들이 야쿠자라는 이야기가 실려 있어요. 피해 복구의 인력을 야쿠자가 업체를 통해 동원하고 있다는 것인데, 기존에 하던 파친코 등이 예전처럼 장사가 잘되지 않자 핵발전소 청소 인력 모집으로 돌아섰다는 폭로지요. 일본 내에서 핵발전소 하청은 굉장히 악명이 높죠. 일본 전체 피폭 노동자 중에 85퍼센트가 비정규직인 현실이에요.

'탈핵'을 눈앞에 둔 일본

강은주 일본은 후쿠시마 사고 이후 사실상 탈핵을 눈앞에 두고 있는데, 전기 공급이 부족하진 않나요?

이헌석 한동안 순환 정전을 했죠. 지금도 곳곳에 절전 포스터가 엄청나게 많이 붙어 있어요. 그리고 지하철이나 공공건물, 심지어 개인 기업에 가서 봐도 콘센트를 빼놓은 곳이 무척 많고요. 눈으로 보기에도, 예전에는 이것보다는 밝았을 것 같다는 생각이 들 정도로 절전하고 있어요. 실제로 전기 사용량이 후쿠시마 사고 이후에 급감했어요. 2011년 여름이 상당히 더웠는데도 말이에요. 현재 핵발전소 54개 가운데 51개를 멈추었어도 견딜 수 있는 가장 큰 이유이기도 하고요. 도요타 같은 경우에는 아예 근무시간을 조정해

쉬는 날을 평일로 돌렸어요. 큰 기업들이 자발적으로 절전 캠페인에 많이 참여하고 있지요.

강은주 전기를 많이 쓰는 산업계 등에서 반발은 없었나요?

이헌석 우리나라는 벌금을 내더라도 전기를 더 쓰겠다고 하겠지만, 일본은 아무래도 후쿠시마 사고 이후에서인지 산업계가 자발적으로 절전을 하겠다고 나섰어요. 그리고 제가 본 것 중에 굉장히 독특했던 것이 있었어요. 시민운동 진영 중에서는 절전은 하지만, 정부의 계획대로는 하지 않겠다고 해요. 스스로 계획을 세워서 자발적으로 절전하겠다는 뜻이지요. 정부의 절전 계획이 아무래도 강제적으로 추진되는 측면이 있으니까요. 큰 틀에서는 절전이 꽤 잘되고 있고요. 그것이 실제로 생활 패턴에 많은 영향을 미치고 있지요. 일본의 경우 LNG와 화력발전의 양이 많아요. 그동안에는 100퍼센트 가동을 하지 않았었지요.

강은주 일본의 발전 시설의 설비 과잉은 사실 잘못된 전기요금 체계 탓이 크다고 생각해요.

이헌석 네, 도쿄전력이 상당히 많은 폭리를 취하고 있는데다 핵발전소가 늘어난 데는 전기요금 체계와 관련이 많아요. 일본은 발전회사가 민간 회사이다 보니 이윤을 보장해주는 형태로 되어 있어요. 발전회사의 자산 규모가 늘어날수록 요금을 올릴 수 있게 되어 있지요. 발전하는 데 들어간 생산 원가에 이윤 얼마를 더 붙여서 가격을 매길 수 있도록 한 거죠. 발전소를 더 지으면 전기 단가가 더 올라가잖아요. 결국 발전소를 지으면 지을수록 회사는 이익을 보지요. 발전소를 늘리고 요금은 계속 올리는 거예요. 그래서 일본은 설비 예비율 비중이 높아요. 저는 민영화의 전형적인 문제라고 보는데, 이것이 역설적으로 탈핵을 할 수 있는 하나의 매개가 되고 있는 거죠.

강은주 우리나라의 경우에는 지금 당장 핵발전소를 모두 멈추게 하면 어떻게 될까요?

이헌석 우리나라는 설비 예비율이 낮아서 안타깝지만 지금 당장은 단계적으로 탈핵을 하는 수밖에 없어요.

3

한국

KOREA

2011년 3월 11일, 후쿠시마 이후 한국

후쿠시마에서 핵발전소가 폭발한 지 정확히 한 달 만인 2011년 4월 12일 저녁 8시 45분, 부산시 기장군 장안읍에 있는 고리 1호기가 사고로 원자로 가동을 중지했다. 전기 계통의 고장으로 알려졌고, 진상 조사단이 꾸려졌다. 차단기에 불량 부품을 사용했다는 사실도 밝혀졌다. 하지만 고리 1호기는 지금 이 순간에도 정상 가동을 하고 있다. 마치 아무 일도 없었던 것처럼 다시 재가동을 결정했다.

고리 1호기는 우리나라 최초의 핵발전소다. 1972년 4월 착공하여 1977년 완공, 이어 1978년에 상업운전을 시작했다. 박정희 정부의 최대 치적 중 하나였다. 발전소의 공사는 현대건설이 맡아서 진행했다. 이후 현대건설은 한국의 핵발전소 건설을 도맡다시피 했는데, 총 13기의 핵발전소를 건설했으며 최근에는 아랍에미리트(UAE)에서 발주한 핵발전소의 1~4호기도 수주했다. 한국에 핵발전소를 짓겠다는 계획은 1956년 한·미 원자력 협정이 발효된 이후 미국의 '오바씨·레콘스트락숀'이라는 건설회사가 핵발전소 건설을 제안하면서부터 시작되었다. 냉전 시대에 핵무기 기술 개발의 경쟁적인 분위기 속에서 미국의 평화적 이용의 제안이 시초였다. 군사적·외교적 입장에서 이는 거절하기 쉽지 않았다. 1956년 상공부에서는 '핵발전추진위원회'를 구성했다. 경제 재건의 업무를 담당하던 상공부의 입장에서 핵발전소 건설 제안은 매우 구미가 당기는 일이었다. 대량 생산과 대량 소비가 가능한 전력 생산은 특히 조선산업의 요구 등과 맞물려 적극적으로 검토되었다.

1962년 핵발전대책위원회가 설치되었고, 1968년 건설부·농림부·산림청·한국전력·대한석탄공사·대한석유공사·서울대학교 문리과대학·부산수산대학·한국생산성본부 등이 참여한 '핵발전조사위원회'를 통해 경상남도 장안면 고리 지점을 최종 후보지로 결정하였다. 미국 웨스팅하우스사의 가압경수형(PWR) 원자로를 들여와 외국 자본 1억 5700만 달러를 포함하여 약 1428억 원이 소요된 대형 공사였다. 이 발전소를 짓게 되면서 한국은 지구상에서 스무 번째 핵발전소 보유 국가가 되었다.

당시 조국의 근대화와 산업 진흥이라는 지상 과제 앞에서 관료들에게 핵발전소 건설은 매우 매력적인 일이었다. 하지만 화력이나 수력에 비해 건설 단가가 높고 초기 건설 비용도 높아 국회에서조차 경제성 문제에 대한 회의가 열렸다. 그렇지만 미국 중심의 핵기술 확대를 통한 세계 질서 재편과 조국 근대화는 이해가 맞는 일이어서, 서둘러 추진되었다. 그리고 '새벽 붉은 햇살이 비추는 갯가'라는 뜻의 작은 마을 '불살개'는 한국 핵발전소의 상징이 되었다. 작은 어촌 마을 고리에는 지질 조사와 인근 수역을 조사하기 위한 연구원들이 도착하기 시작했다.

고리의 '전기 공장'

조그만 어촌 마을 고리에 1965년경부터 핵발전소 건설 부지 조사를 위해 온 정부 사람들이 오가기 시작했다. 물론 이 과정에서 고리 주민들에게는 어떤 설명이나 해명도 없었다.

> 그때 해군 함대가 와서 수질 검사하는 것을 눈으로 목격했는데, 바다에 수심 재고하자 우리는 여기에 원자력 선다고 관심이 없었어요. 그때 그 세월에는 원자력도 모르고 바다에 띠아놓고 인자 수질 조사를 인자. 결국 조사할 때는 아무도 몰랐지. "저거 뭐하노?"라고 하면 (중략) 그래 있다 보니 누가 "비행장 닦을라고 그란다" 우리는 "그라는 갑다" 이래고 났는데 알고 보니까 원자력 세울 무렵에는 수질 검사를 했던 거예요. 수심하고 밑으로 그거 해 갖고 지질 검사도 안 했나 이렇게 생각해요.
> ―김재웅(60대, 남, 장안읍 길천리, 고리 출신), 정수희(2011) 인터뷰 중 발췌

첫 발전소인 고리 1호기의 건설 당시, 발전소를 짓기 위한 일련의 과정에서 인근 주민들과의 협의나 설명 등은 없었다. 마을 사람들이 이곳에 핵발전소가 들어선다는 사실을 알게 된 때는 마을 철거를 위한

'보상대책위원회'가 만들어지면서부터였다. 지역 주민들은 한국전력이 고리에 커다란 '전기 공장'을 짓는다고 했다. 떠나야 한다고 했고, 이에 대한 보상과 철거에 대한 의견을 모으는 과정이 있었을 뿐이다. 한국에 핵발전소가 없던 시절, 동네에 한국전력이 큰 전기 공장을 짓는다는 것으로만 인식했던 촌부들은 그것이 무엇인지, 어떤 영향을 미칠지에 대해 듣지도 못했고 알지도 못했다. 그뿐만 아니라 그 일로 마을이 어떻게 변할지는 짐작하지도 못했다.

발전소 건설 계획이 확정되자 고리마을의 주민들은 삶의 터전을 떠나야 했다. 이주는 1969년 4월부터 1970년 초까지 이루어졌다. 148호 162가구 1250명의 마을 주민이 모두 떠났다. 이들은 인근 두 개의 마을로 나누어져 이주되었다. 경상북도 기장군 일광면 동백리 온정마을에 43가구, 경상북도 울주군 서생면 신암리 골메마을에 40가구가 이주했고, 나머지 가구는 인근 마을인 월내·신평·길천 등으로 뿔뿔이 흩어졌다. 바다를 바라보고 바다를 일구며 바다를 상대로 살아가는 사람들은 그들만의 독특한 공동체를 형성하면서 살아왔다. 하지만 '정부의 큰일' 앞에서 문전옥답과 황금어장을 떠나야 했다. 그들은 인근 마을로 이주했지만 그 과정도 순탄하지 않았다. 기존에 살고 있는 원주민들의 반발이 적지 않았다. 공동어장을 중심으로 폐쇄적인 어촌의 공동체 생활에 익숙한 사람들이 새로운 구성원들과 부자연스럽게 섞이는 과정에서 마찰은 어쩌면 당연한 것이었다. 집단 이주를 허락할 경우 마을이 대대손손 일구어온 공동어장이 이주민들에 의해 분리될 것이라는 의식은 골메마을과 온정마을 원주민들의 반발을 불러왔다. 두 마을 모두 원주민들의 강한 반발에 부딪혀야 했다. 온정마을에는 몇몇 후보지를 전전한 후에야 집단 이주를 할 수 있었다. 이들은 인근 마을로 이주했지만, 그들의 공동체도 아닌 그렇다고 독립적인 공동체도 아닌 어정쩡한 상태로 살아가야 했다. 오랜 시간 익숙한 생활 터전을 떠난 박탈감과 주민들 간의 이질감은 쉽게 메워질 수 있는 것이 아니었다. 바다를 공동으로 소유하는 어촌 마을은 개인적 이주를 하더라도 어촌계의 일원이 되기 힘든 공간이었다. 결국 떠난 사람들은 실향민과 다를 바 없는 처지였다. 특히 골메마을로 이주한 고리 주민들은 1995년 신고리 1, 2호기의 건설 결정으로 효암, 비학, 신리 등 세 개 마을이 철거됨으로써 또다시 이주를 해야 하는 신세가 되었다.

> 어릴 때 고향을 빼앗기다시피 해서 이곳으로 옮겨와 이제 정이 들 만한데 또 나가라고 한다. 이곳에서 다시 쫓겨나면 핵발전소는 내 삶을 송두리째 앗아가게 되는 꼴이다.
>
> ―박종명(당시 37세, 어업, 골메마을)
>
> 핵발전소가 들어서서 좋을 게 뭐 있어예. 핵발전소 주변에 사는 대가라고는 고작 6개월에 전기세 3만 7000원 지원해주고 어쩌다 애들 장학금 10만 원 정도 주는 것뿐인데…….
>
> ―강선영(당시 57세, 여, 신리마을)
>
> 〈피해만 봤는데 이젠 나가라니〉, 《문화일보》(2004. 9. 8)에서 발췌

당시 고리마을 사람들은 집과 마을을 내주고 싶지 않았다. 조상 대

대로 내려온 땅과 바다를 떠나는 것은 쉬운 일이 아니었다. 하지만 그들은 조직적으로 저항하거나 싸우진 않았다. 정부에서 책정한 보상금을 받고 인근 마을로 이주했을 뿐이었다. 국가에서 책정한 보상금 이상을 말하는 것은 꿈꾸기도 어려운 일이었다. 고리마을 사람들이 이주한 온정마을에는 이주의 대가로 방파제가 건설되고 매립지와 마을회관 겸 경로당이 새로 생겼다. 골메마을에는 방파제와 마을제당이 새로 만들어졌다. 이들 건설비의 대부분은 핵발전소 기금이 아니라 마을 기금에서 출연한 것이었다. 마을 이주와 새로운 식구에 대한 대가라곤 어이없는 특혜였다. 무엇보다 원주민과 이주민이 생업을 유지하는 데는 눈곱만큼도 도움 되는 것이 아니었다.

하지만 국가에서 하는 '큰일'에 반대하는 것은 어부들에게는 생소한 일이었다. 군부독재 시절이었다. 마을이 철거되는 날, 마을에 장비가 처음 들어온 날 부녀자들이 장비 앞에 누워 실랑이를 벌인 것이 전부였다. 그저 고향을 잃은 상실감과 애환에 대한 비명에 불과했다. 조금 떨어진 인근 마을에서는 이와 관련된 이야기에 대해 알지도 관심을 갖지도 않았다. 어디까지나 고리마을의 이야기로 치부되었을 뿐이었다.

1971년 11월 본공사 착공을 시작으로 핵발전소 공사가 시작되었다. 수년간 걸리는 핵발전소의 건설 기간 동안 건설 노동자들이 마을에 몰려들었다. 숙박 시설과 식당이 늘어났다. 발전소 주변 8킬로미터 이내가 그린벨트로 묶여 있어 건설이 자유롭지 못했던 마을은 엉성하게 개조한 숙박 시설지로 변모했다. 길천과 월내 주민들은 돼지우리를 숙소로 개조하여 세를 놓기도 했다. 고리 4호기가 완공되는 1986년까지 마을은 기형적인 건설 노동자 서비스업 공간으로 변모해갔다. 동네 주민들의 자랑이던 월내해수욕장은 외지인을 대상으로 한 상가와 쓰레기로 해수욕장이라고 부르기도 민망해졌다. 마을 사람들은 사람을 사서 쓰레기 산을 치워야 했다. 해수욕장의 모래는 상가의 행렬이 잠식했다. 마을은 기형적인 괴물로 변해갔고, 주민들의 박탈감은 더욱 심해졌다. 그리고 공사가 끝나자 노동자들은 마을을 떠났다. 빈집이 늘어났고, 그들이 머물던 쪽방 등은 빈집이 된 채 폐가가 되었다. 마을은 흉물스러워졌다.

1978년 고리 1호기가 상업운전을 시작했다. 그리고 '전기 공장'은 뜨거운 핵연료를 식힌 더운 물을 인근 해역으로 쏟아냈다. 냉각수로 사용되는 물은 단 2~3분 만에 8~15도의 온도를 상승시킨다. 고리 1~4호기에서는 매초 150톤의 뜨거운 물을 바다로 토해냈다. 주민들은 잘 알지 못했지만 양식하는 미역이나 다시마가 줄어든다는 느낌을 받았다. 손을 바다에 담그고 일하는 양식 어부들은 바닷물이 따뜻해졌다는 것을 알았다. 하지만 그저 짐작만 할 뿐 핵발전소에서 뜨거운 물을 쏟아낸다는 것은 그들에게 설명되지 않았다. 어종이 바뀐다거나 양식의 생산량에 변화가 생길 것이라는 이야기는 없었다. 당시만 해도 온배수 배출로 말미암은 해양 생태계의 변화에 대한 연구는 전무하다시피 했다. 하지만 어부들은 이를 몸으로 알았다.

뭔가 어민들 쪽에서 이상하다. 미역·다시마 이런 양식하는 산물이 종전과는 다르게 생산이 좀 떨어지는 것 같다는 말이 돌았다. 아무리 무지한 사람들이지만 바다에 나가서 수작업으로 일을 하는데 물이 엄청나게 따뜻하다는 거지. 수온하고 생산량이 현저하게 차이가 나고. 그래서 그런 것들이 원전 온배수로부터 온 영향이 아닐까. 사실 당시만 하더라도 어민들에게는 원전 온배수라는 개념도 없었어. 원전에서 나오는 물이 원래 따뜻한 거 아닌가 그냥 그렇게 생각했지. 원전으로부터는 어떤 이야기도 들을 수 없었어. 당시에 주로 무슨 이야기가 있었냐면, 온배수의 수온이 좀 다르다는 어민들의 추측과 출입하는 사람들, 특히 타 지역 사람들의 입을 통해 온배수 취수구 쪽에 어패류가 끼지 않도록 약품을 넣는데 그게 아주 강한 산성인 것 같다는 말이 있었지. 주민들이 삼삼오오 모여서 앉으면 그런 이야기가 나오고 그랬어.

―서용화(50대, 남, 장안읍 월내리, 현 월내리개발위원장), 정수희(2011) 인터뷰 중 발췌

결국 1983년 말 어민들은 기형 미역을 들고 한국전력 고리지부를 찾아가 조사를 요구했다. 주민들이 할 수 있는 일이라곤 동네의 '어르신'을 찾아가 손을 써달라고 부탁하는 수준에 불과하던 시절이었다. 당시 평화통일자문위원을 하던 김재웅 씨에게 마을 어민 두 명이 찾아가 하소연을 했고, 그는 기형 미역을 들고 한국전력 고리지부를 찾아갔다. 하지만 한국전력은 '쓸데없는' 소리 정도로 치부했다. 그들은 기형 미역이 어떤 것인지 알아보지도 못했다. 그래서 인근 수산진흥원에 연구를 의뢰했다. 주민들은 7만 원가량을 조사비로 지불했다. 2주 후 발표된 조사 결과는 주민들의 미역이 기형 미역이며, 이는 핵발전소에서 배출되는 온배수 및 화학약품의 영향과 밀접히 관련이 있다는 내용

이었다. 주민들이 본사까지 찾아가는 지루한 공방 끝에 한국전력은 그들에게 4억 5000만 원을 보상했다. 80퍼센트를 일본에 수출하는 고리의 미역은 수출을 위해 핵발전소와 관련이 있다는 내용은 애써 지워졌다. 한국전력은 추가로 있을 민원까지 고려하여 신평과 칠암, 문동, 문중, 임랑, 월내, 길천, 효암 마을의 개인 면허를 가지고 있던 어민들과 공동어장의 어촌계까지 보상했다.

그리고 한국전력은 어업권 취소를 권했다. 어업권을 취소하고 비공식으로 양식을 할 것을 권했다. 이후에 또다시 발생할 보상에 대한 우려 때문이었다. 어업권을 취소하면 더 많은 보상을 한 번에 받을 수 있고, 비공식적으로 미역 양식은 계속할 수 있다고 속삭였다. 주민들 중에는 어업권 소멸에 대한 보상을 받은 이도 있었다. 하지만 이는 후일 어촌 마을이 찢어지는 단초가 되었다. 전통적인 어촌 마을의 질서를 무너뜨린 것이다. 어업권이 소멸한 뒤 지역 어민들은 군을 통해 한정면허를 발급받아 어업 활동을 했는데, 이 면허는 소멸 보상 이후 발생하는 어업 피해에 대해 어떠한 보상도 요구하지 않다는 것을 전제로 매년 갱신해야 하는 것이었다. 어업권 소멸과 관행 어업의 중단 등으로 어민 공동체는 점차 붕괴되어갔다.

1984년 기형 미역으로 이루어진 보상은 최초의 어업 보상이었다. 그리고 1987년까지 어업권 소멸 보상이 이루어지면서 주민들은 그들이 평생 살아온 바다의 삶이 달라지는 것과 발전소를 연관 지어 생각하기 시작했다. 1986년 지구 반대편에서 들려온 체르노빌 사고는 그들 대화의 중심에 핵발전소를 세우게 했다. 발전소가 마을을 밀어내고 들어앉은 지도 10년이 되어가고 있었다. 핵발전소와 방사능의 위험은 사람들의 입을 타고 마을을 떠돌았다. 사람들의 시선은 어느새 마을의 '전기 공장'으로 집중되고 있었다.

1988년 10월 고리핵발전소에서 한국전력 기술안전총괄부장으로 10년간 근무한 48세의 박신우 씨가 임파선암으로 사망하는 일이 발생했다. 유족들은 당연히 방사선 피폭으로 발생한 병이라고 진상 조사를 요구했지만, 발전소는 방사선과 절대 무관한 일이라고 주장했다. 1987년과 1988년 7월 한 달 동안 일당 2만 원을 받고 고리 3호기와 4호기의 돔 안에서 방사선 통로인 증기 발생기 파이프라인의 녹 제거 작업을 했던 36세의 김종관(효암리 주민) 씨가 백혈구의 수치가 떨어져 재취업에서 탈락한 사례가 알려졌다. 그는 정상인 최저치보다 1cc당 500개나 모자라는 백혈구 수치를 기록했다.(혈액 1cc당 정상인의 백혈구 최저치는 4500개로, 김종관 씨는 4000개로 판정됐다.) 이 검사 결과조차도 재취업을 위해서 받은 건강검진이었다. 그는 발전소 근무 이후 목에 붉은 반점이 나타난다거나 어지럼증과 무기력감을 호소했지만 다시 일용직 노동자로 발전소에 근무하려고 했던 것이다. 이듬해 1989년 6월에는 고리핵발전소에서 근무하던 29세의 방윤동 씨가 근무 중 피폭으로 위암이 발생해 사망했다. 그는 1984년부터 1988년까지 4년간 (주)한국보수에서 전기과 용원으로 고리 1호기와 2호기에서 일했다. 그리고 1988년 여름 위암 판정을 받았다. 하지만 (주)한전보수는 용원은 방사선 관리 구역에 가능하면 들여보내지 않는다며 방씨와 관련해 들은 바도 없다고 부인했다.

흉흉한 일은 멈추지 않았다. 발전소에서 일한 노동자들 외에 고리핵발전소 인근에서 잠수부 일을 하던 김방규 씨(당시 41세)는 두 명의 기형아를 낳았고, 아이들은 모두 1년도 채 되지 않아 사망했다. 1989년 8월 《부산일보》는 고리핵발전소 인근 마을 효암리에서 1년 동안 사망한 주민 8명이 모두 암으로 사망했다는 내용을 보도했다. 고리 다음으로 핵발전소가 건설된 전라남도 영광군에서도 기괴한 일이 생겼다. 영광핵발전소의 일용직 노동자 김익성 씨는 1989년 7월 무뇌아를 사산했으며, 같은 일용직 노동자인 김동필 씨가 같은 해 8월 기형아를 출산하는 일이 발생했다. 발전소 인근에서 기형 미역, 기형 물고기, 기형 가축은 종종 일어나는 일이 되었다.

주민들은 불안해했고 환경단체들이 진상 조사를 요구했지만, 과학적으로 인과관계를 증명하는 일이 불가능에 가까운 이런 요구는 헛된 메아리가 되었다. 주민들은 동요했다. 비로소 그들은 공동의 조직된 목소리를 내기 시작했다. 발전소 인근의 길천과 효암 마을의 주민들은 발전소의 안전을 믿지 못하겠다고 주장하면서 이주를 요구했다. 250가구 중 238가구가 이사를 원했다. 스스로 발전소의 위험을 비로소 인지하기 시작한 것이다. 사회의 분위기도 달라졌다. 주민들은 이제 '함께' 행동하기 시작했다.

마을 주민들이 조직된 목소리를 내게 된 결정적 사건이 1988년 겨울에 일어났다. 1988년 12월 7일 효암마을에 있는 한국전력 부지에서 발전소에서 버린 것이 확실한 50여 개의 노란 드럼통이 발견됐다. 12월 9일과 10일에도 연달아 노란색 방사능 마크가 붙은 드럼통 8개가 추가로 발견되었다. 한국전력은 일반 쓰레기라고 말했지만, 분노한 주민들을 설득시킬 수는 없었다. 이 소식은 전국적 관심을 끌었다.

길천·효암·월내·비학·임랑 등의 마을에서 마을별 대책위원회가 구성되었고, 5개 마을이 한국전력에 공동대응을 시작했다. 부산과 서울의 환경단체도 이 사건에 주목했다. 한국전력은 방사선량 조사 결과 "인체나 주변 환경에 미치는 영향은 미미하다"고 밝혔다. 이 일로 한국전력에는 벌금이 부과되었지만 이듬해인 1989년에도 불법 매립 사실이 주민들에 의해 알려졌다.

길천리와 효암리 주민 600여 명이 고리핵발전소 주변에 모여 시위를 벌였다. 50여 대의 경운기가 발전소의 정문과 후문을 막았다. 고리의 주민 1000여 명은 동시다발 집회를 열었다. 이날 한국전력은 "핵발전소는 안전하고, 안전관리에 만전을 기하고 있으며, 안전거리 내 거주자에 대한 피해 보상은 과거에도 없었고 앞으로도 없을 것이다"고 밝혔다. 주민들의 목소리는 묻혔다. 한국전력 본사가 있는 서울까지 올라가 집단 이주를 원했지만 그들의 요구는 묵살되었다. 핵발전소를 찬성하는 인근의 다른 마을 사람들과는 사이가 틀어졌다. 마을은 갈라졌고 흉흉해졌다. 그들은 끊임없이 이주 대책을 요구했지만 한국전력은 들어주지 않았고, 집회는 강경하게 진압되었다. 그 후 한국전력은 발전 수익의 0.2퍼센트를 지역발전 지원금으로 내놓았다. 이는 1989년 제정된 '발전소 주변 지역 지원에 관한 법률'을 근거로 한 것이다. 물론 이러한 법률은 쉽게 만들어지지 않았다. 주민들의 격렬한 저항의 결과물이었다.

그리고 주민들은 핵발전소에 대해 다시 생각하게 되었다. 한국전력의 전기 공장이 들어오면 마을도 잘살게 될 것이라고 생각했다. 보상도 받았고, 일용직이지만 지역 주민들이 발전소에 고용되기도 했다. 반짝이긴 했지만 건설 특수도 맛보았다. 하지만 그들의 마을이 황폐해졌다는 사실도 깨달았다. 온배수의 배출로 해산물의 수확량이 줄어들고, 어업권이 취소되어 어업도 예전 같지 않았다. 사람들은 서로를 다른 눈길로 보기 시작했다. 발전소에서 근무한 사람들의 이야기는 그들을 더욱 불안하게 했다. 발견된 드럼통은 그들의 불안에 불을 댕겼을 뿐이었다. 핵발전소 공사가 시작되고 이주한 지 20년이 넘었다. 그리고 마을은 많은 것이 달라졌다. 더 이상 새벽 햇살이 비추는 조용한 불살개마을은 그곳에 없었다.

'원전 백지화 기념탑'의 삼척, 세 번째 싸움

한국의 핵발전소는 현재 고리를 비롯하여 전라남도 영광군, 경상북도 경주시 인근의 월성과 울진군에 위치하고 있다. 영광군 6기, 울진군 6기, 월성군 5기, 고리 6기 등 모두 23기의 발전소가 가동 중이다. 물론 건설 중이거나 계획 중인 발전소는 13기이며, 2011년 겨울에는 삼척과 영덕을 추가 핵발전소 부지로 선정했다. '전기 공장'이 생긴 이래 고리는 핵발전소와 관련된 잡음으로 동네가 모두 부서져나갔다. 강제로 이주를 하는 과정에서는 물론, 찬핵과 반핵으로 갈라져 한 마을을

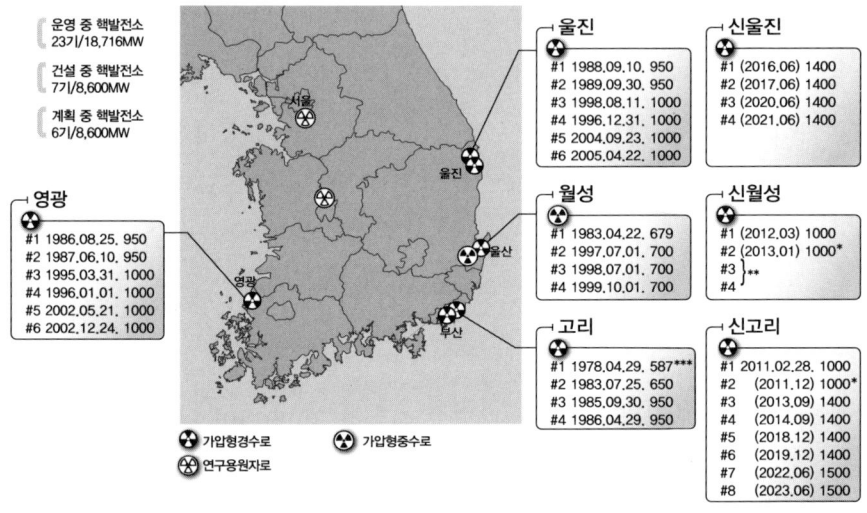

* 시운전중
** 신월성 3,4호기 부지로 선정되었으나, 중저준위 핵폐기장으로 용도 변경
*** 설계 수명(30년)이 완료되었으나, 정부 승인으로 10년 수명 연장 (2008.1.17)

출처: 에너지정의행동

두 개로 쪼개버렸다. 그리고 서로에게 지울 수 없는 상흔을 남겼다. 핵발전소 부지가 들어서는 모든 곳, 방사능 폐기물 처리장이 들어선다고 했던 모든 동네가 수년 동안 지긋지긋한 싸움을 겪고, 아직도 후유증 속에서 침묵으로 상처를 드러내며 살아가고 있다. 벌어져 아물지 않은 상처들은 들춰내고 싶지 않은 기억으로 남았다. 상처는 침묵의 깊이만큼 깊었다. 이 상처는 아직도 현재 진행형이다.

1993년 정부가 핵발전소 신규 부지로 삼척을 거론했다. 주민들은 격렬하게 저항했다. 삼척에 추가로 핵발전소를 짓겠다는 정부의 계획은 물거품이 되었다. 1999년 삼척에는 '원전 백지화 기념탑'이 세워진

8·29기념 공원이 조성됐다. 주민들의 손으로 만든 공원이다. 2005년 삼척은 또다시 찬핵과 반핵의 소용돌이로 빠져들었다. 전라북도 부안에 방사능 폐기물 처리장 건설이 어려워지자 삼척이 또다시 방사능 폐기물 처리장 부지로 떠올랐다. 삼척시 의회는 핵폐기장 유치 신청 동의안을 부결시켰다. 그리고 2011년 12월 23일 삼척은 또다시 신규 핵발전소 부지로 선정되었다. 주민들은 또다시 '핵발전소 유치 백지화 투쟁위원회'를 구성해야 했다. 1993년부터 지금까지 세 번째 싸움이 진행 중이다. 삼척은 그렇게 또다시 빼곡한 현수막과 함께 주민들의 갈등으로 시리고 뜨거운 나날을 보내고 있다.

찬핵과 반핵, 쪼개진 마을

핵발전소는 매일 매 순간 가동되고, 매일 매 순간 방사능 폐기물을 만들어낸다. 지금 이 시간에도 방사능 폐기물은 만들어지고 쌓이고 있다. 발전소가 돌아가는 동안은 핵폐기물이 발생한다. 이 폐기물은 고준위 폐기물과 중저준위 폐기물로 나뉜다. 고준위 폐기물은 사용후 핵연료를 말한다. 사용후 핵연료는 사람과 10만 년 이상 분리되어 있어야 한다. 중저준위 폐기물은 주로 발전소에서 나온 폐부품이나 노동자들이 사용했던 옷 등을 말한다. 이 모두는 현재 발전소 부지에 있다. 정부는 계속해서 발생하는 중저준위 폐기물의 처분장을 짓고 싶어했다. 여러 번 압축한 깡통 속의 폐기물은 인간과 300년 이상 격리되어

방사능 폐기물 처리장 부지 선정 일지

일 시	추진 내용
1차 추진, 1986~1989년	문헌 조사로 경상북도 울진군, 영덕군, 영일군 등 3개 후보지 선정. 주민 반대로 지질 조사 중단
2차 추진, 1990~1991년	충청남도 안면읍 고남 지역 비공개 조사, 주민 반대로 백지화
3차 추진, 1991~1993년	전라남도 장흥군 등에 6개 후보지 도출, 주민 반대로 백지화
4차 추진, 1993~1994년	울진군 등 3개 유치 신청 지역에 지원 사업 제시, 주민 반대로 무산
5차 추진, 1994~1995년	인천광역시 옹진군 굴업도를 부지로 지정 고시, 활성단층이 발견되어 지정 고시 해제
6차 추진, 2000~2001년	전국 46개 지방자치단체 대상 유치 공모, 7개 지역에서 주민 유치 신청 있었지만 지방자치단체 신청 전무
7차 추진, 2002~2003년	울진군, 영덕군, 영광군, 고창군 등 4개 후보지 도출. 주민 반대로 백지화
8차 추진, 2003년	유치 공모에서 부안군 단독 공모, 주민 반대로 무산
9차 추진, 2004년	주민 투표제 도입, 10개 지방자치단체에서 주민 유치 청원이 있었지만 예비신청 단계에서 지방자치단체 신청 전무
10차 추진, 2005년	경상북도 경주시, 포항시, 영덕군, 전라북도 군산시 등 4개 지방자치단체 주민투표 시행 끝에 경주시로 확정

출처: 산업자원부, 윤순진(2006)에서 재인용

야 한다. 그 후보지로 거론된 모든 지역은 예외 없이 공동체가 찢겨나가는 경험을 해야 했고, 그 상처는 여전히 주민들을 괴롭히고 있다.

　1989년부터 거의 한 해도 거르지 않고 지역은 방사능 폐기물 처리장 부지 선정 반대 싸움을 해왔다. 정부 관료들의 책상에서 시작돼 그 다음은 주민들의 반대로 무산되는 과정이었지만, 최근에 가까울수록 정부는 지역과 지역의 갈등으로 상황을 몰아갔다. 영광과 고창을 경쟁시키기도 하고, 군산과 경주를 경쟁시켜 지역 갈등을 부추겼다. 주민투표가 도입된 후에는 더 높은 찬성률을 기록한 지역으로 부지가 선정

되도록 했다. 수천억 원의 개발 지원금은 지역 공동체를 두 쪽으로 갈 랐다. 군산시와 경주시에서 방사능 폐기물 처리장 부지 선정 투표가 진행되던 당시 '전라고 깽깽이'라거나 '경상도 문딩이' 같은 단어는 차라리 점잖은 표현이었다. 이런 현수막이 작은 마을을 빈틈없이 메웠다. 관권 부정선거 의혹 속에 부재자 등록이 40퍼센트를 육박하는 황당한 사례들은 이루 말할 수도 없었다.

안면도 항쟁

1990년 11월 6일, 안면도 17개의 초등학교를 비롯한 중·고생의 45퍼센트인 1500여 명은 학교에 가지 않았다. 안면고등학교 학생 670명 전원이 수업을 거부했다. 상가는 문을 닫았고, 고기잡이배들은 항구에 스스로 발을 묶었다. 안면읍의 이장단 28명과 고남면의 이장 14명이 사표를 제출했다. 이들 5000여 명은 한덩어리가 되어 안면읍 광장에 모였다. 그리고 8킬로미터 정도를 걸으며 방사능 폐기물 처리장을 반대한다고 목소리를 높였다. 그들의 가슴에는 '웬일이냐 핵폐기장'이란 검은 리본이 달려 있었다.

1990년 11월 3일 조간신문은 일제히 안면도의 핵폐기장 건설 계획에 관한 기사를 실었다. '정부가 안면도에 핵폐기물 영구처분장을 건설하기로 하고, 오는 11월 9일쯤 제227차 원자력위원회에서 이를 최종 확정하는 행정절차만 남겨두고 있다'는 내용이었다. 주민들은 조간신문을 통해 처음 알았다. 안면도는 1990년 7월 2001년까지 꽃지해수욕장 인근 약 3,306,000제곱미터(100만 평)에 콘도미니엄과 휴양 시설 등의 국제관광지를 조성하겠다고 발표한 뒤 안면읍사무소에서 주민설명회까지 마친 상태였다. 주민들은 배신감을 느꼈다. 불과 4개월 전이었다. 사실 안면도가 방사능 폐기물 처리장 부지로 선정된 이유는 경상북도 영덕군, 영일군, 울진군이 당초 후보지였지만 주민들의 반대가 심해 안면도를 후보지로 고민한 것에 불과했다. 지질 조사나 주민설명회 등은 정부에 중요하지 않았다. 그저 어딘가에 그것이 필요했을 뿐이었고, '연구 단지'라는 이름으로 안면도 주민들을 회유할 수 있을 것이라 생각했다.

11월 3일 아침 신문을 보자마자 청년회, 부녀회, 새마을지도자회, 이장단, 로타리클럽 등 지역 단체의 회원들이 모였다. 11월 4일 이미 그들은 '안면도 핵폐기물 처분장 결사반대투쟁위원회'로 모임을 확대했다. 상황실도 설치했다. 11월 5일에는 안면읍 농협회의실에 주민들이 모였다. 그리고 그들은 고향을 핵폐기물로 오염시킬 수 없다며 핵폐기장 건설 계획 취소를 요구하면서 조개산까지 약 3킬로미터를 걸으며 시위를 벌였다. 요구는 단순했다. 이들은 결의문에서 '작은 하나의 힘은 미약하지만 철저히 하나이고자 하는 몸짓으로 아름다운 안면도를 지키는 데 몸과 마음을 바쳐 투쟁의 대열에 참여할 것'을 호소했다. 주민들은 상가를 철시하고, 출어를 포기했으며, 자녀들의 등교 거부를 결의했다. 안면읍과 고남면의 이장단 42명이 사표를 제출했다. 면사무소와 농협의 직원들도 '웬일이니 핵폐기장'의 검은 리본을 달았다. 주택인구총조사를 비롯한 안면읍의 모든 행정 업무가 중단되었다. 섬이 들끓기 시작했다. 100여 명의 청년회원이 11월 6일 오후부터 복지회관에서 무기한 단식농성에 들어갔다.

몰지각한 당국자 몇 명이 사랑하는 우리의 땅 안면도에 핵쓰레기장이란 죽음을 우리에게 선물이라는 포장으로 가져왔습니다. 우리는 농민, 어민의 고난의 길을 마다하지 않으면서 이 나라의 그늘진 곳을 자청해왔으며, 피와 땀을 한 줌 흙으로 승화시키면서도 오늘의 내 고장을 지켜왔습니다. 오늘 우리에게 그들이 던져준 선물은 무엇입니까? 바로 얼마 전 쳐다보기도 어렵다는 높은 관직을 가진 분께서는 국민의 월급봉투를 타먹기가 미안한지 신문과 방송에다 안면도를 국제관광지로 만든다고 하면서 여기저기 떠들고 다니며, 한편으로는 복부인과 동지가 되어 안면도민의 눈과 귀를 쏠리게 만들고, 또 한편으로는 국제 핵쓰레기장을 유치하는 공작을 추진한 것입니다.
이제 누구를 믿으시겠습니까? 안면도 형제여!
우리의 자주적 의지와 권리는 우리 스스로의 힘의 결집에 의해서만이 획득될 수 있으며, 나 혼자만을 고집하지 말고 안면도 전 도민이 단결된 모습으로 부둥켜안고 하나가 될 때만이 핵 귀신 앞잡이들과 싸워 이길 수 있는 것입니다. 나 작은 하나의 힘은 미약하지만 철저히 하나이고자 하는 몸짓으로 아름답고 평안한 이곳 사랑하는 안면도를 지키는 데 몸과 마음을 바쳐 투쟁의 대열에 참여합시다.

— 안면도 핵폐기장설치반대투쟁위원회, 1990년 11월 5일

11월 6일 5000여 명의 주민들은 8킬로미터를 걸었다. 그들은 안면도와 육지를 잇는 유일한 통로인 연육교 앞에 섰다. 하지만 수백여 명의 경찰 병력이 그들 앞을 막아섰다. 시위에 참가한 고등학생, 농사짓고 고기 잡던 노인들, 주민들, 가게 사장들은 수십 발의 최루탄 세례를 받았다. 스크럼을 짜고 돌을 던지고 구호를 외치며 경찰과 맞섰다. 충청남도지사는 '안면도에 핵폐기물 처리장을 짓지 않겠다'는 약속을 했고 주민들은 해산했다. 그리고 9시 뉴스에서는 당시 심대평 충청남도지사의 약속이 방송되었다. 주민 대표 7명은 과학기술처 장관을 만나겠다고 서울로 갔고, 주민 200여 명은 안면읍 광장에서 연좌 농성을 시작했다. 주민들을 만난 과학기술처 측은 "안면도 핵폐기물 시설은 영구 처분장이 아닌 중간저장 시설이며, 이에 대한 결정권은 충청남도가 가지고 있기 때문에 충청남도가 연구단지 조성을 요청하지 않는 한 계획을 추진하지 않을 것"이라고 말했다. 주민들은 충청남도청으로 향했다. 충청남도지사의 말은 간단했다. "핵폐기물 처리장을 설치할 계획은 없고, 대덕연구단지가 포화 상태라 안면도에 이를 유치할 계획이었다. 이는 안면도를 위해 반드시 필요하지만 주민들이 반대하면 보류할 것"이라는 것. 주민들은 믿지 않았다. '보류'라는 단어는 그들을 더욱 분노하게 했다. 안면읍 광장의 주민들은 '연구소건 핵폐기장이건 모두 필요 없다'고 외쳤다.

	11월 7일에도 초·중·고교의 학생들은 등교를 거부했고 동맹휴업을 결정한 학교는 창기중학교, 안면중학교, 안남중학교, 안면고등학교 등 4개교였다. 학생 3000여 명이 궐기대회에 참가했다. '중간처리 시설'

이니 '보류'라는 정치인들의 말은 전날 11월 6일 연육교에서의 최루탄 냄새와 함께 그들을 더욱 자극했다.

11월 8일, 주민들은 '정부의 백지화 조처가 나오지 않는 한 트럭 세 대 분의 시체가 나오더라도 결사항전의 자세'로 싸울 것을 천명했다. 언론에서는 '안면 공화국'이니 '제2의 광주사태'니 하는 말이 쏟아져 나왔다. 연육교를 폭파할 것이라는 말도 돌았다. 경찰은 안면지서의 무기고를 비워 육지로 옮겼다. 주민들은 11월 6일 연육교에서 경찰과의 대치를 기억했고, 스스로 무장했다.

7일 밤부터 이미 안면도 내의 행정과 치안은 주민들의 것이었다. 경찰들은 연육교 인근에 주둔했다. 8일 10시 1만여 명의 주민들이 안면읍 승언리 시외버스터미널에 모였다. 당시 안면도의 주민은 1만 6000여 명이었다. 이들은 핵폐기장의 전면 백지화를 요구했다. 주민들은 안면도 진입로 한국전력 앞에 바리케이드를 쳤다. 섬은 외로워져갔다. 11시 30분, 연육교 어귀 한국전력 앞에서 청년 300여 명과 경찰들이 격한 대치를 시작했다. 안면지서장으로 발령 나 부임을 위해 섬으로 들어오던 안건수 경위의 승용차가 불타올랐다. 태안군청 공보실장과 서무계장은 시위 상황을 살피다 주민들에게 붙잡혔다. 그들은 주민들에게 폭행을 당했고, 군청 직원과 함께 결국 읍사무소에 갇혔다. 주민들의 분노는 사그라지지 않았다. 휴양림 공사 중인 조개산으로 달려가 공사 현장 사무실과 포클레인을 불태웠다. 그리고 사복 경찰과 정보과 형사들이 주민들에게 발각되어 뭇매를 맞았다. 상황은 심각해져갔다. 전경 2000여 명은 최루탄을 쏘아댔고, 폐타이어로 쌓은 바리케이드는 불타올랐다. 6시경 바리케이드가 뚫리면서 사람들이 안면읍내로 쏟아져 들어갔다. 시내에서는 경찰과 주민들의 시가전이 시작되었다. 평온하게 삶을 일구던 곳은 아수라장이 되었다. 아이들의 놀이터였던 집들 사이의 골목도, 셔터가 내려진 조그만 가게도, 바다가 보이는 상가 건물에서도 최루탄이 터졌다. 주민들은 안면도 곳곳으로 뛰어야 했다. 부상자가 속출했다. 7시가 되자 더 많은 경찰이 몰려들었고, 곳곳에서 최루탄이 터졌다. 주민들은 흥분했다. 안면지서로 쏟아져 들어갔다. 전화선을 뽑아버렸다. 그리고 불을 질렀다. 약 130제곱미터의 작은 목조건물 안면지서는 주민들의 분노만큼 불타올랐다.

　11월 8일 안면도는 바리케이드를 두고 모든 것이 통제된 외로운 섬이었지만, 반핵의 목소리는 외롭지 않았다. 태안읍 주민 3000여 명이 시내에서 집회를 열었고, 서산시의 고교생들도 방사능 폐기물 처리장 건설 반대 집회를 열었다. 정부는 국무총리 주재로 내무부, 과학기술처, 공보처 등의 관계 장관 회의에서 주민들을 설득하여 건설을 강행할 계획이었지만 이날 시위는 이 모든 논의를 뒤엎었다. 그리고 최종적으로 핵폐기물 처분장 건설을 철회하기로 했다. 이날 정근모 과학기술처 장관은 텔레비전을 통해 핵폐기장 건설 '유보'를 발표했다.

　11월 9일 전날의 피로와 여운이 가시지 않은 새벽, 서울을 비롯하여 전라북도 등지에서 동원된 23개 중대 2500여 명의 경찰 병력이 안면도에 집결했다. 잠에서 깰 틈도 없이 안면도의 가가호호와 여관의 방마다 군홧발이 들이닥쳤다. 시위에 참가했던 고등학생, 여고생, 아줌마, 아저씨들이 그렇게 연행되어갔다.

이날 새벽부터 오후까지 안면도에서는 중·고생 29명을 포함한 주민 74명이 연행되었다. 경찰은 '대학생 등 외부 세력이 주도한 시위'라고 밝혔지만, 그들은 모두 안면도 사람들이었다. 학생들은 훈방 조치되었지만, 주동자급으로 분류된 7명은 구속되었다. 그리고 36명의 주민 역시 대전지방검찰청 서산지청에서 철야 조사를 받았다. 당시 연행된 주민들은 연행과 조사 과정에서 '가죽혁대로 머리를 후려갈기고, 허벅지를 밟으며 침을 뱉고 심지어는 권총을 들이대는 등의 위협'을 당했다고 진술했다. 주민들은 구속된 마을 사람들을 위해 또다시 싸웠다.

안면도의 반핵 투쟁은 이날로 끝나지 않았다. 주민들의 끈질긴 투쟁은 결국 1993년까지 이어졌고, 1993년 3월 9일 김시중 과학기술처 장관의 안면도 후보지 제외 발표를 이끌어냈다. 1990년 11월 3일 조간신문 기사로 불붙은 안면도의 반핵 싸움은 질기고 질긴 싸움 끝에 결국 승리했지만, 그동안 주민들의 삶과 정신은 황폐해졌다. 그리고 주민들 간의 갈등의 골은 깊어갔다. 초기 함께했던 싸움은 시간이 길어지면서 그들의 가슴에도 깊은 상흔을 남겼다. 이 같은 핵발전소와 방사능 폐기물 처장으로 빚어진 지역 갈등과 공동체의 파괴의 역사는 안면도뿐이 아니다.

또다시 고리

1994년 한국원자력연구소에서 고리 주민 31명에게 일본과 영국, 프랑스 등의 해외 견학을 제공하면서 '전기 공장'과 함께 살아가는 고리 주민들이 찬핵과 반핵의 목소리로 두 동강 나기 시작했다. 여행 경비 전체를 대주는 것은 물론 귀국 길에 300달러를 주기도 했다. 견학을 다녀온 이들은 '장안읍미래발전협의회'라는 단체를 만들었다. 그리고 그들은 방사능 폐기물 처리장 유치에 누구보다 열심히 뛰었다. 당시 과학기술처 장관은 고리 인근 주민의 80퍼센트 이상이 방사능 폐기물 처리장 유치를 찬성한다는 보고를 받았다.

하지만 주민들은 서로 싸우기 시작했다. 찬성 측과 반대 측은 서로 인사를 하지 않는 정도를 넘어 경조사 무시, 상대편 가게에 대한 불매운동까지 벌였고, 크고 작은 폭력 충돌로까지 확산되었다. 마을 청년회장과 청년회원은 폭력 사태로 병원 입원과 서로 간의 고발까지 이어졌다. 찬성 측 주민들의 현판식에서도 사단이 났다. 한 읍장은 주민 300명에게 억류되기도 했다. 1994년 4월 반대 측 주민들의 방사능 폐기물 처리장 반대 목소리는 최고조로 달했다. 물론 양측 간의 갈등과 주민들의 분노도 최고조에 달했다.

당시 《동아일보》 4월 12일 기사에 따르면, 주민 1300여 명이 주요 도로를 점거하고 폐타이어에 불을 지르며 시위를 했고, 6개 초등학교의 등교율이 33퍼센트 정도밖에 되지 않았다. 시장은 문을 닫았고, 농사를 시작해야 할 4월에 농민들은 아스팔트 위에서 방사능 폐기물 처리장 반대를 외쳤다. 학생들의 등교 거부는 장안읍에 이어 인근 온양면까지 확산되었고, 장안대책위원회 부녀회장은 찬성 측 주민들을 감금했다는 이유로 구속되기도 했다. 4월 말이 되었지만 주민들의 분노는 사그라지지 않았다. 찬반으로 나뉘어 서로 헐뜯는 과정은 계속되었다. 한국원자력연구소 직원들이 6시간 동안 억류되기도 했고, 하루 종일 집회와 시위가 장안읍 광장에서 벌어졌다.

5월 12일에는 부산-울산 간 국도 14호선을 점거하기도 했다. 한국원자력연구소에서 동원한 깡패들이 유리창을 깨고 자해하는 소동도 있었다. 이 과정에서 부상자는 말할 것도 없었다. 찬성 측 위원장의 집이 점거되기도 했다. 이 같은 일로 주민 30명에 대한 구속영장이 발부되었다. 5월 중순이 되도록 인근 학교의 등교율은 30퍼센트를 넘지 않았다.

이 지독한 갈등은 5월 26일 울진에서 방사능 폐기물 처리장 유치를 신청하면서 허무하게 끝나버렸다. 하지만 상처는 깊었다. 찬반으로 나뉜 주민들은 서로 간의 심각한 집단 폭력과 따돌림에 시달려야 했으며, 소소한 갈등은 크게 번졌고, 법적 공방은 늘어났다. 이 기간 동안 공동체는 완전히 파괴되었다. 대대로 협동과 신뢰를 바탕으로 같은 바다를 일구고 같은 배에서 생사고락을 함께하던 가난한 어촌 마을은 불신과 미움의 공기로 가득 찼다. 사건 이후 적지 않은 찬성 측의 사람들은 냉대와 눈총으로 결국 마을을 떠나야 했다. 반대 측도 마찬가지였다. 길고 긴 재판 과정은 그들을 더욱 깊은 상처로 내몰았다.

깊은 상처와 트라우마는 이후 고리가 대규모 핵단지가 되는 과정에서 사람들을 침묵으로 내모는 결정적 원인이 되었다. 누구도 핵발전소에 대해 말하지 않았다. 고리 5, 6호기를 비롯해서 신고리까지 새로운 발전소가 들어선다고 토지를 매수하고 있었지만 누구도 반대하거나 찬성의 말을 하지 않았다. 평화로웠던 어촌 마을은 깊게 파인 상처만 남은 침묵의 마을이 되었다.

부지 선정 과정에서 모든 곳이 황폐화

한국수력원자력(주)은 사후처리 충당금이라는 것을 적립해야 한다. 이 사후처리 충당금은 수명이 다한 핵발전소의 폐쇄에 드는 비용이나 핵폐기물 처리에 드는 비용을 감당하기 위해 전기사업법에 의해 한국수력원자력(주)이 해마다 적립해야 하는 돈이다. 하지만 이 돈은 매해 국정감사에서 다른 용도로 전용되어 지적을 받고 있다.

2002년 한국수력원자력(주)은 사후처리 충당금의 일부를 전라남도 진도군, 영광군, 완도군과 전라북도 고창군에 방사능 폐기물 처리장 유치위원회를 만들고 홍보위원에게 한 달에 200만 원씩 활동비로 지급했다. 그뿐만 아니라 찬성 1명의 서명을 받아오면 3000원을 지급했다. 방사능 폐기물 처리장 앞에서 주민들의 가격은 3000원짜리로 전락했다. 이 돈은 홍보위원들의 선심 관광에도 사용되었다. 그저 관광인 줄 알았던 영광군의 주민들은 버스에 올라탔다가 주민등록번호를 주고 도장을 찍었다.

1995년에는 인천광역시 앞바다의 작은 섬 굴업도가 혼란에 휩싸였다. 인천광역시에 위치한 답동성당에서 철야 농성이 100일 넘게 진행되었고, 찬성 주민들은 통장을 개설하기만 하면 우선 3000만 원을 지급해준다거나 500억 원의 기금을 분배해준다는 감언이설도 나돌았다. 주민보다 많은 전경들이 섬을 에워쌌다.

경찰의 과잉 진압을 규탄한다

1. 지난 5월 20일 굴업도 핵폐기장 철회를 요구하며 동인천역 앞에서 연좌시위를 전개하고 있던 덕적 주민, 학생, 일반 시민들에게 경찰이 공격적인 과잉 진압을 전개하여 50여 명의 중·경상자가 발생하고, 모두 134명이 연행되어 4명의 학생이 구속되는 등의 사태가 발생한데에 대해 경악을 금치 않을 수 없다. (중략)

2. 시위 진압 상황을 담은 비디오, 사진, 그리고 참석자들의 증언 등을 종합해보면 경찰의 이번 시위 진압은 마치 80년 5월 광주를 연상시키는 무자비한 폭력 진압 작전으로 규정할 수밖에 없다. (중략) 최루탄 발사기 개머리판으로 시위 학생의 머리를 가격하는 장면, 방패로 여학생의 머리를 내리찍는 장면, 곤봉으로 집단 구타하는 장면 등 도저히 눈을 뜨고 볼 수 없는 끔찍한 장면에 우리는 경악하지 않을 수 없다. 한 여학생은 집중구타를 당해 부신이 파열되는 등의 중상을 입고 중앙길병원에 입원 치료 중이다. 덕적 주민 한 분은 갈비뼈가 부러졌고, 머리를 심하게 다치거나 눈을 다친 학생들이 많다. 특히 형사기동대가 휘두른 진압봉에 맞아 머리가 찢긴 부상을 입은 학생들이 많이 발생했다. (중략)

3. 이날의 시위 진압은 외지 병력으로 구성된 '굴업도 핵폐기장 경비단'에서 맡아 한 것으로 알려졌다. (중략)

4. 정부는 앞으로도 엄청난 저항을 불러일으킬 굴업도 핵폐기장 추진을 일방적으로 강행하지 말고, 인천시민들이 납득할 수 있는 합리적인 대안을 제출하라.

인천앞바다 핵폐기장대책범시민협의회 상임대표 김병상·지용택,
1995년 5월 23일

수많은 지역이 핵발전소와 방사능 폐기물 처리장 싸움을 겪으면서 산산조각이 났다. 사람들은 핵발전소의 '핵'자만 들어도 진저리를 치는 지경이 되었고, 사람들은 떠났다. 선대부터 내려온 공동체는 망가졌으며 사람들은 침묵했다. 그들은 왜 그렇게 되어야 했을까. 20여 년간 아홉 번의 시도 끝에 10번째 시도에서 성공을 이끈 정부의 방사능 폐기물 처리장 선정은 결국 '비민주적인' 주민투표를 통해 경주시로 결정이 났지만, 그 건설 과정이 여전히 순탄하지만은 않다. 앞서 언급한 바와 같이 방사능 폐기물 처리장 유치 논란이 있던 지역은 혼돈 그 자체였다.

산업자원부는 공식적으로 현금 보상은 불가능하다고 밝혔지만, 찬성 측 유치위원들은 '가구당 3억' 운운하며 지역 민심을 동요시켰다. 산업자원부 장관은 법을 개정해서라도 현금 보상을 따내겠다고 호언장담했다. 부안군수는 방사능 폐기물 처리장을 유치하는 조건으로 변산국립공원 해제를 비롯한 67가지의 선심 개발 계획(도로의 확장과 포장이 대부분)을 말했다. 부안군으로 방사능 폐기물 처리장의 초점이 몰리던 2003년 8월 15일부터 2004년 6월 30일까지 투입된 홍보비는

313억 원이었다. 40여 종의 홍보물이 가가호호 배달되었다. 모자를 비롯하여 넥타이, 때로는 10만 원이 넘는 법랑그릇 세트가 선물로 제공되었다. 엄청난 금품 살포와 지역 언론과 공무원 구워삶기, 밀실 행정, 주민 무시, 모든 집회의 탄압은 방사능 폐기물 처리장 갈등의 공식과도 같았다. 수백 명의 부상자와 수십 명의 구속자는 기본이었다. 부안군이 방사능 폐기물 처리장 부지 선정 대상에서 벗어나기까지는 등교 거부, 230회의 촛불집회, 45명의 구속자, 400여 명의 형사처벌자, 그리고 이루 말로 할 수 없는 갈등의 골이라는 비용을 치러야 했다. 2만 3000여 명이 살고 있는 부안에는 한때 최대 1만 2000명의 전투경찰이 배치되었다. 부안군은 계엄 상태와도 같은 시공간으로 분리되었다.

> 일본 놈도 겪어보고 6·25전쟁도 겪어봤지만 부안은 핵폐기장 땜에 망쪼가 든 것 같아. 나도 자식이 넷이지만, 한집에 사는 자식이 제 아비하고 두 해 넘도록 등을 돌리고 산다면 그 심정이 어떻겠는가? 형제들마저 찬반으로 갈리는 바람에 부모 제삿날인데도 동생은 오는디 형은 안 와불고……. 어쩌다 부안이 이 꼴이 돼부렀는지 모르겠네.
>
> —박영희, 《아파서 우는 게 아닙니다》, 삶이보이는창, 2007

핵발전소와 핵폐기장의 건설 과정은 모두 지역 주민과 갈등을 겪었다. 그 과정에서 주민들의 공동체가 파괴되고 서로에게 지울 수 없는 상처를 남겼다. 앞에서 언급한 지역은 물론이고 1985년 영광군 홍농읍 계마리의 어업 손실 피해 보상을 시작으로 월성, 양산, 영덕, 울진, 고리, 고창, 해남, 보성, 안면도, 고성, 영일, 장흥, 양양, 삼척, 인천, 군산, 경주, 부안, 포항 등의 지역이 핵발전소와 방사능 폐기물 처리장 문제로 갈등을 겪었다. 이 모든 지역은 '핵'이라는 단어를 입에 올리지도 않을 만큼 삶과 공동체가 부서져나간 경험을 안고 있다. 아직도 그 갈등이 치유되지 못한 채 살아가고 있기도 하다. 상처 입은 주민들은 마을을 떠나거나 침묵했다. 그들이 떠나고 침묵하는 사이 핵발전소는 23개가 되었고, 천년고도 경주에는 방사능 폐기물 처리장이 들어서게 되었다.

그들은 무엇을 얻었을까. 누구도 그때의 투쟁을 말하지 않는다. 깊은 침묵이 대신하는 그곳에는 메울 수 없는 골짜기가 생겼다. 화려한 야경을 자랑하는 에너지 자립도 1퍼센트의 서울은 이런 일을 얼마나 알고 있을까.

부안군민은 자신들의 고통을 통하여 잘못된 국가 운영이 무엇이고, 잘못된 국가 운영이 국민에게 어떤 고통을 주는지 알려주었고, 국민의 행복을 위해 국가가 하지 말아야 할 일과 반드시 해야 할 일이 무엇인지를 오늘 우리에게 말해주고 있다.

—사회갈등연구소, 《부안방폐장 관련 주민운동백서》, 부안군, 2010

1년에 평균 3회 이상 사고를 내는 고리 1호기

후쿠시마에서 핵발전소가 폭발한 지 한 달이 지난 2011년 4월 고리 1호기가 차단기의 부품 결함으로 원자로의 운전을 멈추는 사고가 발생했다. 옆 나라 핵발전소 사고의 공포가 한국을 흔들고 있을 때 발생한 고리 1호기의 사고는 사람들에게 한국의 핵발전소 안전에 대한 의구심을 갖게 하기에 충분했다. 부산시 해운대구의 구의원 김광모 씨는 고리 1호기를 폐쇄하라며 단식까지 했지만, 결국 고리 1호기는 재가동되었다. 폐쇄하는 것은 아예 고려 대상도 아니었다.

후쿠시마의 발전소처럼 고리 1호기는 설계 수명이 다했는데도 10년의 연장 가동을 승인받은 발전소다. 고리 1호기에서 사고가 발생하자 한국수력원자력(주)과 한국원자력연구원 등은 정밀검사에 착수할 것이라고 밝혔다. 김황식 국무총리까지 나서서 철저히 확인해 국민의 불안감을 해소하겠다는 의지를 천명했다. 하지만 드러나는 사실들은 당황스러운 것뿐이었다. 현대중공업은 고리 1호기의 부품 결함을 이미 2년 전에 알고도 방치했다. 우리에게 홍보한 '원자력은 최고의 기술력으로 무결점 안전을 유지하고 있습니다'라는 말은 거짓말이었다. 2006년 고리 1호기의 수명 연장을 위해 이루어진 정밀검사 이후 작성된 보고서는 공개되지 않았다. 4년 후 '심사보고서 요약본'이 나오긴 했지만 전문은 비공개였다. 10년을 더 운행해도 안전하다면 심사보고서 정도는 공개해도 상관없는 것 아닐까. 교육과학기술부와 한국수력원자력(주), 그리고 한국원자력안전기술원은 여전히 이 보고서 전문을 공

노후 발전소의 사고 기록 및 연평균 사고 횟수(2011년까지)

	상업운전 시작	총 사고 횟수	연평균 사고 횟수
고리 1호기	1978년	128	3.76
고리 2호기	1983년	63	2.14
월성 1호기	1983년	50	1.69

출처: 원전안전운영정보시스템

개하고 있지 않다.

말 많은 고리 1호기가 2011년까지 총 128회의 사고가 났다는 사실을 아는 사람은 드물다. 2011년까지 한국에서 기록된 핵발전소의 사고는 총 651건이다. 그중 고리 1호기 혼자 전체 사고의 약 20퍼센트를 차지한다. 가장 오래 운행한 기계가 더 많은 사고를 기록하는 것은 당연한 일이다. 하지만 그 후에 지어진 핵발전소의 사고 기록을 살펴봐도 이렇게 자주 사고를 일으킨 발전소는 고리 1호기밖에 없는 것도 사실이다. 잦은 고장은 늙은 기계의 당연한 운명이다. 새로 지어진 발전소에 비해 낙후된 기술로 지어진 것도 사실이다. 당연히 사고의 위험은 급격히 증가한다.

우리나라의 대표적인 노후 핵발전소는 3개가 있다. 가장 오래된 고리 1호기를 비롯해 1983년 상업운전을 시작한 고리 2호기와 월성 1호기가 그 뒤를 잇고 있다. 연평균 사고 횟수를 비교하면 단연 고리 1호기가 1위다. 고리 1호기는 1978년 16건, 1979년 13건의 고장 횟수를 기록한 바 있다. 고리 1호기와 2호기는 1995년 6월 중순 방사성 폐기물 처리 과정에서 연간 피폭 허용치의 90배에 달하는 방사능이 누출되었다는 기록도 갖고 있다.

늙어 덜거덕거리는 고리 1호기의 수명은 30년이었다. 30년이 되는 해가 바로 2007년이었다. 정부는 고리 1호기를 10년간 연장 가동한다고 결정했다. 발전소 폐쇄에 따른 경제적 부담이 가장 큰 원인이었다. 핵발전소를 폐쇄하는 일은 쉽지 않다. 발전소에서 3~4년간 타고 남은 연료가 사용후 핵연료인데, 고열 때문에 제대로 냉각하지 않으면 핵연료봉을 감싸고 있는 피복이 녹을 수 있다. 따라서 사용후 핵연료는 수조에서 5년간, 그리고 40~50년간 물이나 공기로 추가 냉각을 해야 한다. 그 후에는 지하 암반 깊은 곳에 10만 년 이상 안전하게 격리해야 한다. 결국 핵발전의 가동을 멈추더라도 핵연료를 식히고, 그 자체로 방사능 덩어리인 발전소를 안전하게 해체하는 일은 매우 어렵고 힘든 과정이다. 당연히 늙은 발전소라도 연장 가동을 하면 순이익이 발생하지만 폐쇄하면 관리 비용만 축내는 괴물덩어리가 되는 것이다. 고리 1호기도, 후쿠시마 제1발전소도 이런 이유로 추가 가동이 결정되었다.

2011년 4월 20일 《조선일보》는 고리 1호기의 안전시설 문제에 관한 기사를 실었다. '정부 고리 1호기 점검단의 전문가들은 비상발전기 등의 안전시설이 규격에 맞지 않거나 잘못된 곳에 설치되어 있다면서 지진이나 쓰나미 등 기타 돌발 사태에 제대로 대응하지 못할 것'으로 확인된다는 기사였다. 그뿐만 아니라 비상발전기가 1층에 있어 쓰나미가 일어나면 냉각시스템이 고장 나기 때문에 후쿠시마 발전소와 같은 위험을 가지고 있다고 했다. 외부 전원 복구 매뉴얼도, 해수 펌프 침

2011년 한국 핵발전소 사고 일지

순번	시설	일자	원전 상태	사건 제목	고장 계통 1차	고장 계통 2차	고장 원인 인적	고장 원인 기계	고장 원인 전기	고장 원인 계측	고장 원인 외부
1	월성 4호기	12월 15일	가동 원전	계획 예방 정비 기간 중 가압기 증기배출 밸브 배관 연결부(용접부) 누설 발생	●			■			
2	고리 3호기	12월 14일	가동 원전	발전기 중성점 과전압 계전기 동작으로 터빈 및 원자로 자동 정지		●			■		
3	울진 1호기	12월 13일	가동 원전	복수기 진공 상실에 의한 터빈 발전기 및 원자로 자동 정지		●	■				
4	울진 6호기	10월 11일	가동 원전	원자로 냉각재 펌프 정지로 원자로 자동 정지	●					■	
5	월성 1호기	6월 28일	가동 원전	출력 상승 중 재열기 성능 미달 점검을 위한 원자로 수동 정지		●		■			
6	고리 2호기	6월 21일	가동 원전	원자로 냉각재 펌프 정지로 원자로 자동 정지	●				■		
7	고리 3호기	4월 19일	가동 원전	고리 3호기 계획 예방정비 중 인적 오류로 인한 지락으로 고리 3, 4호기 안전모선 저전압 및 비상 디젤발전기 기동	●		■				
8	고리 1호기	4월 12일	가동 원전	고리 1호기 4.16kV 비안전모선 인입차단기 소손에 의한 터빈/발전기와 원자로 자동 정지 및 A계열 전원 절체 실패에 따른 비상 디젤발전기-A에 의한 전원 공급		●			■		
9	신고리 1호기	2월 18일	시운전 원전	시운전 중 증기 발생기 저수위에 의한 원자로 정지		●	■				
10	영광 5호기	2월 4일	가동 원전	원자로 냉각재 펌프 정지에 따른 핵비등이탈률-저신호에 의한 원자로 자동 정지	●				■		
11	신고리 1호기	1월 25일	시운전 원전	원자로 영출력 노물리 시험 중 핵비등이탈률-저신호에 의한 원자로 정지	●		■				
12	영광 5호기	1월 20일	가동 원전	증기 발생기 저수위에 의한 원자로 자동 정지		●				■	
				총 건수	6	6	3	3	4	2	0
				구성비(%)	50.0	50.0	25.0	25.0	33.3	16.7	0.0

출처: 원전안전운영정보시스템

1~2등급 사고 일지

• 1등급

해당 호기	발생일	사건 제목
울진 2호기	1997. 1. 17. 13:01	울진 2호기 비상정지논리 시험 중 원자로 정지 차단기 이상에 의한 원자로 정지
울진 1호기	1998. 12. 11. 0:20	울진 1호기 1차기기 냉각 해수 계통 배관 누수에 의한 원자로 수동 정지
영광 2호기	1999. 3. 23. 23:51	영광 2호기 복수기 덤프밸브 고장에 의한 원자로 정지
고리 1호기	2000. 11. 17. 20:43	고리 1호기 시험 중 부적절한 절차에 의한 원자로 정지
울진 4호기	2002. 4. 5. 18:49	울진 4호기 정지 중 증기 발생기 전열관 누설에 의한 안전 주입
영광 5호기	2003. 12. 22. 23:32	영광 5호기 탈염수 공급모관 방사능 오염
월성 1호기	2005. 11. 6. 02:28	월성 1호기 비상 발전기실 스프링쿨러 오작동에 의한 원자로 건물 격리 신호 발생
울진 1호기	2006. 5. 7. 21:44	울진 1호기 원자로 냉각재 계통 가열 중 부적절한 안전 주입 발생
울진 2호기	2006. 10. 11. 15:40	가압기 살수 밸브 고장 개방에 따른 원자로 미임계 진입
하나로	2006. 10. 23. 3:30	하나로 조사재시험 시설의 공기조화 계통 필터뱅크 누설 성능 시험 중 화재 발생
월성 2호기	2009. 9. 3. 10:08	계획 예방 정비 기간 중 역전력계전기 오작동에 의한 스위칭야드 차단기 개방으로 소외 전원 상실 및 예비 디젤발전기 #2 기동
고리 3호기	2011. 4. 19. 13:43	고리 3호기 계획 예방 정비 중 인적 오류로 인한 지락으로 고리 3, 4호기 안전모선 저전압 및 비상 디젤발전기 기동
고리 2호기	2011. 6. 21, 10:30	원자로 냉각재 펌프 정지로 원자로 자동 정지

• 2등급

해당 호기	발생일	사건 제목
월성 1호기	1994. 10. 20. 5:17	월성 1호기 냉각재 액체 방출 밸브 고장에 의한 원자로 정지 및 보호밸브 개방에 따른 중수 누출
신고리 1호기	2010. 9. 17. 14:17	시운전 중 원자로 냉각재의 원자로 건물 살수

수 시의 복구 매뉴얼도 없었다. 동해안에서 지진이나 쓰나미가 발생한다면 후쿠시마와 같은 상황으로 내몰리지 않으리라는 보장이 없는 것이다.

고리 1호기를 포함하여 2011년까지 한국에서는 모두 651건의 사고가 기록되었다. 대부분이 0등급의 사고이며 1등급은 13건, 2등급은 2건이다. 가장 최근에 발생한 1등급 사고는 2건으로 모두 고리 2, 3호기에서 발생했다. 가장 최신의 기술로 지어진 신고리 1호기는 시운전 중 2등급의 사고를 기록한 바 있다. 2011년에만 12건의 사고가 있었으며, 후쿠시마 이후에는 모두 8건의 사고가 발생했다. (2012년 1월과 2월에 각각 월성 1호기와 신월성 1호기에서 추가로 사고가 발생했다.)

핵발전소와 함께 살아가는 우리를 비롯한 인근 지역의 주민들은 이 651건의 사고에 대해 얼마나 알고 있을까. 최악의 사고가 발생했을 때 강제로 삶터를 떠나야 하는 반경 20~30킬로미터의 사람들 역시 마찬가지다. 물론 발전소의 사고는 온라인을 통해 사고 현황과 원인이 공개되지만, '소내 전원 절체 중 원자로 냉각재 펌프정지'와 같은 일반인들이 사고의 경중을 판단하기 어려운 용어로 점철되어 있는 것도 사실이다. 한국수력원자력(주)과 정부는 651건 모두 경미한 사고라고 한다. 하지만 체르노빌 핵발전소가 폭발하는 데 걸린 시간은 불과 몇 분이었다. 몇 초, 몇 분이 흘렀을 뿐이지만 급격한 온도 상승과 폭발이 일어났다. 그리고 26년여가 지난 지금도 여전히 체르노빌은 '생명'의 반대말이다.

초등학생들이 사생대회를 가기도 하고, 견학을 가기도 하는 23개의 핵발전소는 '온실가스 없는 청정에너지 원자력'이라는 이름으로 매해 100억 원이 넘는 홍보비를 지출하는 원자력문화재단과 함께 우리를 안심시킨다. 인간이 상상할 수 없는 시간 동안 자연을 유린할 존재라는 사실은 잊히고, '친환경적' 방사능 폐기물 처리장 광고와 함께 대대손손 동굴 속의 방사능 폐기물 드럼통을 관리해야 한다는 정치·경제적 손실도 잊힌다.

2007년 수명 연장을 결정하기 위해 고리 1호기에 대한 전면적 안전점검을 시행했다. 하지만 당시에는 2011년 발견된 부품 결함에 대한 내용은 보고되지 않았다. 그 전에 핵발전소의 위험에 대한 지적이 없진 않았다.

1999년 10월 13일 국정감사장에서는 한국원자력안전기술원의 김상택 책임연구원의 양심선언이 있었다. 김상택 연구원은 "1989년 울진 1호기의 가압기 살수배관에서 설계에 없는 용접 부위가 발견되었고, 1994년 영광 3호기에서 43곳, 4호기에서도 6곳의 용접 부위가 발견됐다. 하지만 울진 1호기는 조사 작업도 벌이지 않은 채 가동에 들어갔다"라고 했다.

이는 세계적으로도 전무후무한 일이었고, 핵발전의 가동을 즉각 중단해야 하는 심각한 문제였다. 그는 원자력 건설 과정의 실체인 불량 용접과 날림 공사 등에 대해 보고서를 올렸으나 묵살되었다고 했다. 또한 당시 울진 1호기에서 설계도면에 없는 용접 부위가 발견됐으나, 한국전력은 아무런 조치를 취하지 않은 채 가동을 시작했다고 증언했다. 설계도면에도 없는 미확인 용접 부위가 수십 곳이며 상부에 보고도 없이 작업자들이 몰래 땜질해버리는 것이 다반사라고 양심선언을 했지만, 이는 몇 년 지나지 않아 잊힌 일이 되어버렸다.

울산과 부산 사이에 핵발전소 10개

핵발전소는 냉각을 위해 많은 물을 필요로 하기 때문에 바닷가나 큰 강가에 들어설 수밖에 없다. 좁고 섬과 같은 지리적 특성에 인구밀도까지 높은 한국은 핵발전소의 부지를 선정하는 일이 쉽지 않다. 토지 매입 비용을 줄여야 하므로 바닷가 한촌인 경우가 많은데다, 부지 선정의 어려움 때문에 기존의 발전소 인근에 추가로 발전소를 짓게 된다. 당연히 발전소는 '핵단지'가 된다. 부산시 기장군의 고리발전소 단지에는 모두 6개의 핵발전소가 가동되고 있으며, 앞으로 4개가 더 지어질 예정이다. 고리는 핵발전소가 10개인 세계에서도 보기 드문 핵발전소 단지가 될 것이다. 현재 5기가 가동 중인 월성도 1기가 건설 중이다. 울진과 영광은 이미 6기의 발전소가 돌아가는 중이다. 후쿠시마도, 체르노빌도 핵단지였다. 체르노빌에서는 4호기의 폭발 이후 화재가 3호기까지 번졌다. 후쿠시마에서는 연쇄적 폭발을 막지 못했다. 핵발전소가 밀집해 있으면 그만큼 위험도 증가한다.

한국에서 발생한 651건의 사고 중 290건이 고리핵발전소 단지에서 일어났다. 전체 사고의 44.5퍼센트나 된다. 전체 사고의 압도적 비율을 기록하고 있는 고리의 핵발전소 단지는 울산과 부산이라는 대도시

울진 핵발전소 반경 10~80km 지역

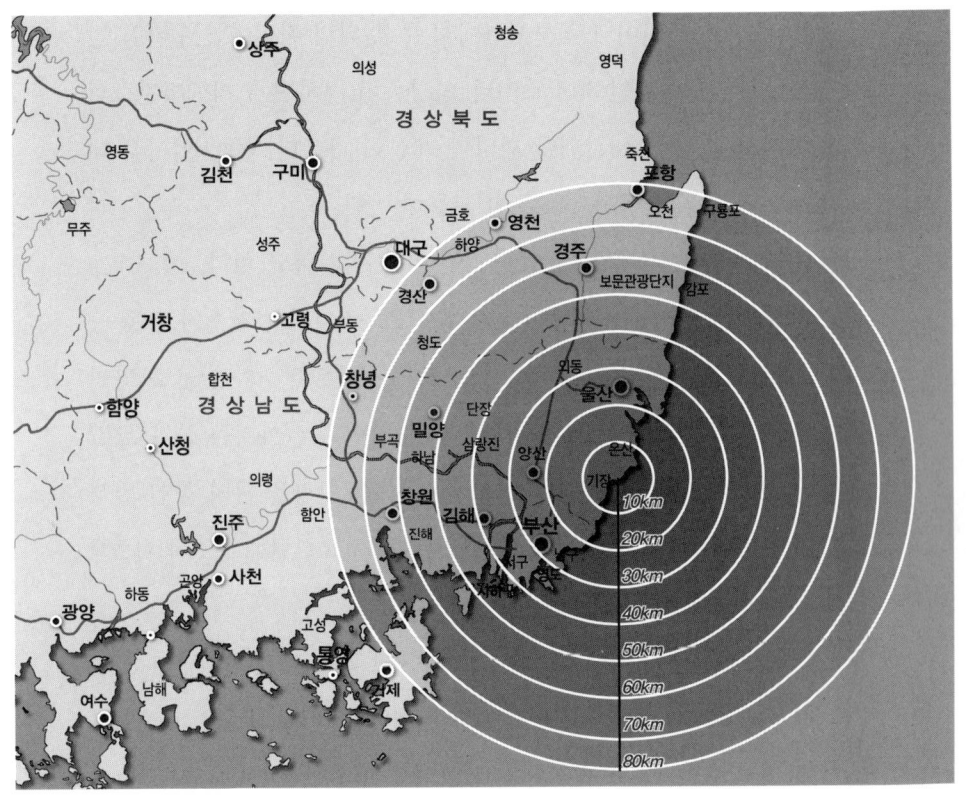

사이에 위치하고 있다. 정확한 위치는 부산시 기장군 기장읍 고리와 효암리이다.

고리 핵단지와 해운대의 거리는 약 22킬로미터밖에 되지 않는다. 해운대는 초고층 빌딩이 즐비하게 들어서 있는 지역으로 2010년 현재 약 42만 명이 거주하고 있다. 고리와 부산 시내의 거리는 30킬로미터 정도이다. 울산과 양산은 모두 고리핵발전소와 24킬로미터 정도 떨어져 있다. 양산시의 인구는 25만 명, 울산은 110만 명, 부산은 350만 명 정도 된다. 체르노빌이나 후쿠시마에서 주요 위험 지역이면서 가장 먼저 주민 대피의 대상인 30킬로미터 반경을 고려하면 고리핵발전소의 사고 시 485만 명이 대피해야 한다는 계산이 나온다. 물론 일시적 대피가 아니라 영원히 돌아오지 못할 확률이 높다.

월성핵발전소는 경주시 양남면 나아리에 위치하고 있다. 이곳에는 최근에 운선을 시작한 신월성 1호기까지 모두 5기의 발전소가 가동 중이며, 추가로 1기가 더 건설될 예정이다. 월성핵발전소와 인구 26만인 경주시의 거리는 약 27킬로미터이며, 대도시인 울산까지는 불과 22킬로미터 정도밖에 되지 않는다. 2012년에 수명 연장을 논의 중인 월성 1호기는 총 51건, 월성 1~4호기는 모두 96건(2011년까지, 전체 사고의 14.7퍼센트)의 사고를 기록했다.

6기가 가동 중이고, 2016년까지 2기가 더 건설될 울진핵발전소 단지(경상북도 봉화군, 울진군 북면 부구리)와 태백시의 거리는 약 40킬로미터가 되지 않으며, 영광군 홍농읍에 위치한 영광발전소(6기 가동 중)의 반경 30킬로미터 이내에는 고창군, 장성군, 영광군 등이 포함된다. 광주 시내까지는 약 45킬로미터다.

좁은 나라에서 바닷가 한적한 곳에 핵발전소를 짓는다고 해도 반경 30~50킬로미터에 대도시가 한 곳 이상 포함되는 것은 당연하다. 1974년 《마이니치신문》은 일본의 과학기술청이 작성한 핵발전소 사고에 관한 보고서 내용의 일부를 실었다. 보고서에는 최악의 핵발전소 사고가 발생했을 때 물적 손해는 반경 1000킬로미터를 넘는다는 내용

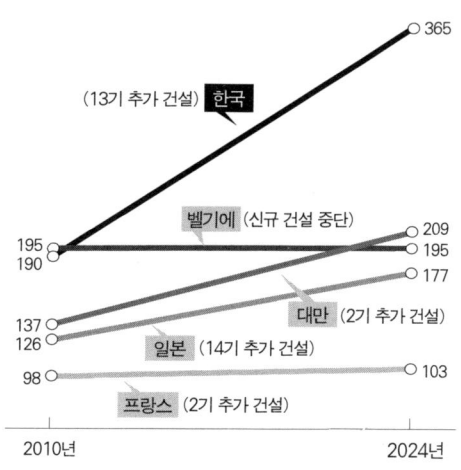

핵발전소 밀집도 상위 5개국

* 밀집도는 국토 면적 1km²당 원전 설비 용량(kW)을 뜻함
출처: 세계원자력협회(WNA), 한국수력원자력(주)

이 실려 있다. 고리핵발전소에서 서울 도심까지는 330킬로미터 정도이다. 발전소 소재 지역과 직접적 영향권으로 불리는 반경 30킬로미터에 포함되는 지역은 총 9개 광역자치단체와 28개 기초자치단체이다. 영광은 2개 광역자치단체와 5개 기초자치단체의 전역 및 일부, 고리는 3개 광역자치단체와 12개 기초자치단체, 월성은 2개 광역자치단체와 7개 기초자치단체, 울진은 2개 광역자치단체와 4개의 기초자치단체가 포함된다. 이곳에 살고 있는 사람들에게 방사능에 관한 위험이나 핵발전소의 사고는 어떻게 인식되고 있을까.

원자력 르네상스

후쿠시마 핵발전소에서 사고가 난 날은 공교롭게도 이명박 대통령이 아랍에미리트로 날아가 한국의 핵발전소 수출을 기념하는 축포를 터뜨리는 날이었다. 엄청난 이면 계약과 불리한 조건에도 아랍에미리트에 한국의 핵발전소를 수출한다는 것만으로 이명박 정부의 지지도는 한때 최고 40퍼센트를 육박했다. 한국은 전력 생산에서 핵발전이 차지하는 비율이 34퍼센트로 세계 4위이며, 설비 용량은 세계 6위의 '핵 강국'이다. 그리고 현재의 이명박 정부는 '원자력 르네상스'를 포기할 생각이 여전히 없어 보인다. 2010년 발표한 제5차 전력수급기본계획에 의하면 2024년까지 발전량 전망을 48.5퍼센트로 대폭 확대할 예정이다.

후쿠시마 사고 후 독일은 핵발전소 폐쇄 정책을 가속화하겠다고 밝혔고, 2022년 탈핵을 천명했다. 이탈리아도 국민투표로 탈핵을 결정했다. 스위스와 벨기에도 탈핵 목표 연도를 설정하고 이를 위해 달려가는 중이다. 한국은 정반대의 길을 걷고 있다. 8000킬로미터 떨어진 구소련의 핵발전소 사고 당시 한국은 방사능비를 맞지 않도록 조심하라는 뉴스를 내보냈지만, 1200킬로미터 떨어진 이웃 나라의 사고는 남의 집 이야기로 치부하고 있다.

2011년 3월 28일 강원도 고성 인근에서 제논(Xe)이라는 방사능 물질이 극미량 검출되었다는 뉴스가 보도되었다. 제논은 핵분열로 발생하는 물질로 자연 상태에는 존재하지 않는다. 언론 보도만 보면 강원도에서만 극히 일부 검출된 것처럼 보이지만, 우리나라에서 제논을 검

전 세계 상위 10개국 핵발전소 현황

국가명	기수	설비용량(MW)	발전량(GWh)	발전량 통계년도	2010년 이용률(UCF, %)
미국	104	101,240	806,968.00	2010	90.9
프랑스	58	63,130	421,100.00	2011	78.5
일본	50	44,215	156,182.13	2011	63.0
러시아	33	23,646	155,107.58	2010	81.6
한국	23	20,671	147,677.26	2011	91.7
인도	20	4,391	28,947.78	2011	75.5
캐나다	18	12,624	85,219.89	2010	79.3
영국	17	9,703	56,440.00	2010	63.0
중국	16	11,688	87,440.00	2011	88.0
우크라이나	15	13,107	84,845.00	2011	78.0

출처: IAEA Pris(Power Reactor Infomations System) 2012년 2월말 현재

출할 수 있는 능력은 강원도의 검지기(동부전선 검지기)밖에 없다. 이유는 북한의 핵실험을 감시하기 위해서 설치한 것이기 때문이다. 그뿐만 아니라 제논의 검출 사실이 밝혀진 뒤에도 4일 동안 발표를 미루었다. 국민들의 불신을 스스로 자초했다고 해도 과언이 아니다. 체르노빌 사고 당시 프랑스의 보건담당 장관은 "바람이 프랑스 쪽으로 불지 않으니 걱정하지 않아도 된다"라고 라디오 인터뷰에서 말했다. 하지만 20년 후 지중해 북부 프랑스령 코르시카에서는 체르노빌과 같은 형태의 갑상선암이 발견되었다.

2011년 9월 22일 제66차 유엔총회에서 이명박 대통령은 원자력은

전원별 발전량 전망, 제5차 전력수급기본계획(단위: GWh)

연 도	원자력	석탄	LNG	유류	양수	신재생	합 계
2010년	144,856	193,476	100,690	14,693	2,084	5,949	461,747
	31.4%	41.9%	21.8%	3.2%	0.5%	1.3%	100%
2015년	201,089	220,886	89,891	6,795	2,551	20,009	541,221
	37.2%	40.8%	16.6%	1.3%	0.5%	3.7%	100%
2020년	259,378	217,454	62,081	3,039	6,256	40,648	588,856
	44%	36.9%	10.5%	0.5%	1.1%	6.9%	100%
2024년	295,399	188,411	59,201	2,912	8,202	54,467	608,591
	48.5%	31%	9.7%	0.5%	1.3%	8.9%	100%

출처: 지식경제부, 제5차 전력수급기본계획, 2010

저탄소 녹색성장의 핵심이라는 내용의 기조 연설을 했다. 핵발전소 정책과 관련하여 과거 어느 정부도 핵발전소를 축소한다거나 폐쇄하는 정책을 펴지 않았다.

월성 1호기의 시동을 연장해야 할 것 아닌가. (중략) 만약 연장하지 못해 봐라. 관계되는 사람 중에 연말에 애 보러 가야 하는 분들 있지 않겠나. 반핵 모임들은 후쿠시마 사고 등 상황 변화와 더불어 반핵 교수, 의사, 변호사 모임이 있다. 야당은 어떤가. (중략) 금년 1년 동안에 이것을 어떻게 돌파할 것인가. 이게 저와 여기 계신 분들에게 주어진 미션이다. 제가 원자력 국장을 4년 동안 했다. 느낀 게 외롭다는 것이었다. 막상 반핵론자들하고 싸움이 붙으면 아군이 안 보인다. (중략) 제발 부탁드리는데 정부 혼자 싸우게 하지 말아 달라. (중략) 둘째는 젊은 사람들이다. 뭣도 모르고 아니라고 한다. 집에 가서 자제분들에게부터 얘기해달라. 젊은 애들은 무조건 반핵이다. (중략) 시민단체 반핵단체만 나라를 생각하나. 그들보다 우리가 생각하면 더 생각한다. 왜 우리가 당당하게 못하나. 자세는 겸손하게 그러나 내용은 강인하게 붙어보자는 부탁 말씀드린다.

— 조석 지식경제부 차관, 한국원전수출진흥협회 신년 인사회, 2012년 1월 20일

정부는 언제나 경제 성장은 핵발전소를 필요로 하고, 우리는 핵발전소 없이 살아야 한다고 주장해왔다. 과도한 수요 예측은 핵발전소 확대의 근거로 사용돼왔다. 핵발전으로 남는 전기는 산을 깎아 양수발전을 만들었고, 전기 난방의 확대를 가져왔다. 싼값의 전기는 또다시 더 많은 전기 수요를 불러오는 악순환의 고리를 끊지 못했다. 일본은 후쿠시마라는 값비싼 비용을 지불하고 54개의 핵발전소 중 52기를 가동 중지했다. 핵발전소를 수출할 수 있는 시장도 줄어들고 있다. 우라늄의 가채년수도 줄어들고 있다. 한국은 갈림길에 서 있다. 어떤 에너지를 쓰면서 어떻게 살아가야 할지 대답해야 한다. 이제 우리가 후쿠시마에서 어떤 교훈을 얻었는지 대답해야 할 차례다.

인터뷰_한국, 2012년 1월

강은주 체르노빌과 후쿠시마에 관한 이야기를 했는데, 우리나라 이야기를 하지 않을 수가 없네요. 먼저 방사능 폐기물 이야기부터 해볼게요. 경주에 중저준위를 위한 방사능 폐기물 처리장 건립이 결정되었지만, 암반과 지하수 안전성 문제 때문에 계속 논란이 되고 있어요. 정부가 완공 시기를 늦추기도 했고요. 지금 우리나라의 고준위와 중저준위 폐기물은 어떻게 관리되나요?

이헌석 고준위 폐기물은 현재 각 발전소 내에 있어요. 건식과 습식 저장이 있는데, 습식 저장인 경우는 발전소 내부의 수조 안에 들어가 있고, 건식 저장인 경우는 밖에 세워져 있죠. 현재 네 군데 발전소 지역에 각자 분산되어서 보관되어 있습니다.

강은주 주로 사용후 핵연료일 텐데 격리되어 보관해야 하는 기간이 얼마나 되죠?

이헌석 10만~100만 년이라고 할 수 있죠. 저준위 폐기물은 300~400년을 이야기하지만, 핵종에 따라 반감기가 1억 년이 넘는 경우도 있어요. 물론 그런 핵종은 양이 얼마 되지 않아 전체 평균으로 대략 300~400년이면 안정화 국면에 접어들었다고 표현할 수 있죠. 고준위 폐기물도 마찬가지예요.

전체적으로 10만~100만 년이면 안정화 단계로 접어든다고 보고 있어요.

강은주 10만 년이라는 시간이 상상이 잘되지 않는군요.

이헌석 6000년 전에 인류가 바퀴를 발명했고, 단군 할아버지가 나라를 세운 것도 그즈음이죠. 상상이 되지 않는 시간이죠. 실제로 고준위 폐기물을 어떻게 표기할 것이냐가 폐기물 처리하는 이들의 관건이에요. 인류가 남긴 기록 유산 중에서 현재까지 남아 있는 가장 오래된 것이 돌에 새긴 건데, 돌에 새긴 것조차 만 년인 것이 없거든요. 그래서 프랑스 재처리 공장 등에서는 피라미드로 쌓아놓자는 의견도 있어요. 피라미드는 인류가 만든 역사물 중에서 가장 오랫동안 형태를 유지하고 있기 때문이에요. 그런 구체적인 아이디어도 나와요. 그 위에 새기는 글자도 당연히 소멸할 것이기 때문에 그림의 형태로 남겨놓자는 의견도 있고요.

강은주 웃어야 할지 울어야 할지 모를 이야기네요. 후대에 열어보지 말라면 열어보지 않을까요?

이헌석 많은 심리학자들이 위험하니 절대로 열어보지 말아야 한다는 의미를 어떻게 하면 잘 전달할 수 있느냐를 놓고 논의를 하고 있죠.

강은주 경주 방사능 폐기물 처리장은 중저준위 폐기물만 담을 수 있고, 고준위 폐기물은 발전소 밖을 벗어날 수 없지요?

이헌석 현재로는 그렇지만 몇몇 예외가 있어요. 노원구 공릉동에 있는 연구용 원자로에 있던 사용후 핵연료는 미국이 가져갔어요. 미국이 가져간다는 것은 인천항까지 누군가 실어 날랐다는 거고, 배로 옮겨졌다는 이야기죠.

강은주 사용후 핵연료의 재처리는 함부로 할 수 없어 우리나라는 할 수 없지만, 프랑스는 하고 있잖아요. 각 나라에서 사용후 핵연료를 받아서 다시 우라늄·플루토늄 혼합 산화물(MOX)로 처리해주기도 하고요.

이헌석 프랑스 같은 경우가 대표적으로 위탁 재처리하는 국가죠. 각 나라에서 사용후 핵연료를 주면, 프랑스가 재처리를 해서 우라늄과 플루토늄으로 구분한 뒤 나머지 쓰레기까지 포장해서 다시 보내줘요.

강은주 굉장히 위험한 플루토늄 같은 물질이 프랑스까지 이동하고 다시 돌아오는 과정이 있는 거네요.

이헌석 그래서 이동이 있을 때마다 그린피스가 시위를 하는 거죠. 유럽에서 고준위 폐기물은 주로 열차를 통해 이동되는데, 사용후 핵연료를 넣는 케이스 무게만 120톤이에요. 그렇기 때문에 그게 지나가기 위해서는 웬만한 다리는 새로 설계해야 해요. 그래서 보통 철도나 해상 운송을 이용하지요. 유럽의 철도 이동의 경우 그린피스 회원들이 궤도에 몸을 묶고 시위를 하는 이유이기도 하죠.

'탈핵'으로 가는 길

강은주 우리나라의 대표적 노후 발전소인 고리 1호기와 월성 1호기가 최근 멈추었다가 다시 재가동했어요. 박원순 서울시장은 임기 내에 핵발전소 1개를 없애겠다는 이야기를 했는데, 우리나라에서 탈핵을 하려면 어떤 과정이 우선적으로 해결되어야 할까요?

이헌석 저는 탈핵은 정치적인 선언과 밀접하다고 생각해요. 최고 정책자의 판단이 없으면, 추진하기가 힘들다고 봐요. 물론 그것만으로 충분하지 않지만요. 핵산업은 굉장히 큰 핵 마피아와 함께 맞물려 돌아가거든요. 그래서 자본의 반발이 생각보다 클 거예요. 우리나라의 경우 현대건설이 대표적이에요. 우리나라 21개 핵발전소 중에 13개를 현대건설이 지었어요. 현재 짓고 있는 7개 중에 5개를 짓고 있고요. 토건 마피아와 핵 마피아의 우두머리가 현 대통령이라고 해도 과언이 아니죠. 그런 측면에서 토건 진영의 반발도 엄청날 거예요. 두 번째로는 다른 산업계의 반발이 있겠지요. 철강, 자동차, 석유화학, 조선 등 대규모 전력 소비를 하는 제조업 등의 반발이 예상되죠. 따라서 탈핵을 하기 위해서는 정책자의 강력한 의지는 물론, 산업 요소요소에서 핵발전이 가지고 있는 문제점에 대해 정확하게 인식하지 않는다면 일종의 잠금 효과에 의해서 기존의 에너지원이 그대로 기득권을 가지고 나아가게 되겠지요. 정책적인 변화 외에도 탈핵에 대한 문제의식을 사회 전반으로 확대시키기 위한 노력이 없다면 탈핵은 이루어질 수 없다고 생각해요. 이는 우크라이나나 벨라루스의 예에서 명확히 볼 수 있어요. 사고의 위험성은 두 나라가 누구보다 잘 알고 있겠죠. 당연히 더 잘 알고 있을 거예요.

하지만 사회 기반 자체가 그 위험성을 받아 안고 대안을 만들어가기에는 힘든 상황이거든요. 우크라이나는 에너지 자급률이 40퍼센트가 넘는 나라예요. 우리나라는 에너지 자급률이 3퍼센트잖아요. 우크라이나가 에너지 자급률이 40퍼센트나 되지만, 핵발전을 하는 이유는 에너지 자급률을 높이기 위해서예요. 아이러니한 거죠. 우리나라는 에너지 문제에 관해서 섬나라와 같아요. 어찌 되었든 문제는 우리나라 내에서 풀지 않으면 안 돼요. 그런데 이런 문제를 일본도 동일하게 가지고 있어요. 에너지 자급률이 3~4퍼센트밖에 되지 않고, 섬나라이기도 하고요. 이런 나라에서 탈핵을 할 수 있다는 건 우리나라도 가능하다는 뜻이거든요. 그래서 일본의 탈핵은 우리나라에 굉장히 중요한 의미가 있다고 봐요.

강은주 토건 마피아나 핵 마피아도 한국과 일본이 상당히 닮았어요. 사실 일본은 후쿠시마라는 엄청난 비용을 치르고 나서 탈핵을 선택했어요. 후쿠시마가 터닝포인트가 된 셈인데, 우리나라는 바로 옆 나라의 일인데도 상당히 안일해요.

이헌석 거기서부터는 우리나라 운동 진영의 몫이라고 보는데요. 일본은 강력한 핵 마피아가 있는데도 지금 탈핵으로 가고 있잖아요. 이것은 핵이 아닌 다른 대안이 분명 있다는 거예요. 일본에서 실험 중인 것 가운데 우리나라에 맞지 않는 부분을 잘라낸다면, 우리의 대안이 만들어질 수 있다는 거죠.

강은주 일본은 재생에너지 비율이 우리나라보다 높은데, 지금 일본의 탈핵 과정에서 재생에너지 확대 방안이 같이 검토되고 있나요?

이헌석 네. 간 나오토 총리가 궁지에 몰리면서도 끝까지 지키려고 했던 것이 자연에너지법이었어요. 이 법안을 통과시키고 물러났지요. 이 법은 우리나라의 발전차액지원제도와 같아요. 재생가능 에너지를 늘리려는 계획의 일환으로 발전차액지원제도를 지금 추진 중이죠. 하지만 일본 내에서도 문제가 지적되고 있어요. 발전차액지원제도에서 요금을 결정하는 심사위원들이 있는데, 그 심사위원 가운데 3분의 2가 발전차액지원제도에 반대했던 사람들이에요. 하지만 제도는 지금 도입되고 있어요. 반면에 손정의 씨의 슈퍼그리드(super grid) 구상은 좀 우려스러워요. 몽골 사막에 대규모 태양광 시설을 지은 뒤 일본까지 끌어오자는 구상인데, 유럽에서 얘기하는 슈퍼그리드 구상을 아시아 버전으로 바꾼 거예요. 북아프리카 사하라 사막에 대규모 태양광 시설을 만들어서 유럽이 쓰자는 구상이죠.

하지만 손정의 씨가 제기하는 구상을 꼼꼼히 살펴볼 필요가 있어요. 이분이 지금 일본의 경제단체연합회의 주요 구성원이잖아요. 경제단체연합회 구성원 중에 유일하게 탈핵 의지를 가지고 있는 분이에요. 일본의 자본가 중에서도 이제 탈핵에 대해 이야기하는 사람이 생겼다는 것은 매우 중요하죠. 즉, 탈핵은 큰 틀에서 보면 시민운동 진영만의 일이 아니라 노동운동 진영의 일이기도 하고, 정치의 영역이기도 하고, 자본의 영역이기도 한 거죠. 그것이 모두 유기적으로 연관되어야만 진정한 의미의 탈핵이 가능하다고 생각해요. 저는 운동만으로 진정한 탈핵이 될 수 있을 것이라곤 생각하지 않아요. 물론 어느 부분이 헤게모니를 갖느냐에 따라서 탈핵의 방향이 전혀 다른 각도로 나올 수는 있겠죠. 중요한 것은 탈핵은 현재 체제를 움직이고 있는 많은 것을 바꾸는 작업이기 때문에 자본가 중에서도 탈핵에 대한 명확한 분파가 생길 때만이 그것이 현실로 이루어질 수 있다는 거죠.

강은주 후쿠시마 이후에 세계적으로 많은 나라들이 탈핵을 고민하고 있어요. 독일이 상당히 주목받고 있지요. 같은 유럽연합 회원국이지만 프랑스는 여전히 핵발전을 고집하고 있고요.

이헌석 프랑스가 얼마 전에 몇 가지 의미 있는 발표를 했어요. 프랑스 내에서도 탈핵이 2013년 대선의 선거 이슈가 되고 있어요. 녹색당과 사회당이 함께 프랑스의 핵발전 비중을 현재 75퍼센트에서 50퍼센트로 낮추자는 거예요. 더불어 전력 비중을 줄이는 것뿐만 아니라, 향후에 재처리 프로그램도 다시 검토하기로 이야기를 했거든요. 이 두 가지는 매우 큰 의미가 있다고 생각해요. 프랑스는 자국 내에서 더 이상 핵발전소를 짓지 않아요. 국내 시장이 포화 상태라 핀란드나 중국 시장을 주목하고 있었어요. 중국 같은 경우는 기존에 계획했던 핵발전 확대 정책을 바꾸지 않을 거예요. 지금은 일시적으로 중단하고 있지만 오래가지 않을 거라고 봐요. 우리가 주목해야 할 것은 그 외의 나라예요.

세계적으로 탈핵과 관련해 후쿠시마 전과 후에서 가장 큰 변화는 탈핵 시나리오를 정부가 발표하고 있다는 거예요. 예를 들어 독일이 2000년대 초반에 탈핵을 법으로 만들었어요. 그때도 정확하게 탈핵을 언제까지 하겠다는 것은 불명확했거든요. 그런데 정치계에서 탈핵에 대해 가장 무관심하던 메르켈 총리가 이야기한 거죠. 독일은 2022년까지 탈핵을 달성하겠다고 발표했어요. 스위스는 2034년, 벨기에는 2025년으로 각자 탈핵 시점을 밝혔어요. 이것이 후쿠시마 이후 중요한 변화라고 봐요. 이탈리아도 마찬가지죠. 이탈리아도 주민투표를 하기 전까지는 계속 핵발전소를 짓겠다고 했어요. 그런데 주민투표에서 압도적으로 반대가 나왔어요. 체르노빌 이후에 26년여가 지나면서 좀 느슨해지던 탈핵의 열망을 후쿠시마가 쐐기를 박은 것이나 다름없죠. 그런 면에서 우리나라는 굉장히 독특한 사례죠.

강은주 최근에 경상남도 밀양에서 송전탑 건설 반대를 외치던 70대 노인이 분신자살을 했어요. 핵발전소가 가지는 '부정의'의 상징 같은 사건이라고 생각해요. 그분이 돌아가시지 않았다면 많은 사람들이 송전탑 문제가 있는지도 몰랐을 거라는 생각을 했어요. 에너지 흡혈귀라고 불리는 서울은 모르는 지역의 이야기라고 할까요. 핵발전은 필연적으로 불평등을 수반한다고 할 수 있죠?

이헌석 네, 맞아요. 사실 그동안 반핵운동을 주위에서 '핵발전을 반대하는 가장 큰 이유가 체르노빌이나 후쿠시마처럼 핵폭발 때문이 아니냐'고 이해해요. 이에 대해서 반은 동의하는데, 반은 동의하지 않거든요. 폭발은 최악의 사고이고 그 일로 생기는 피해가 가장 큰 건 맞지만, 그것으로 모두 다 설명되지 않는다는 거죠. 대표적인 것이 송전탑이라고 생각해요. 이건 핵발전소가 아니라 거대한 화력발전소에서도 똑같이 문제가 생겨요. 온배수 문제도 마찬가지고요. 핵발전소가 터지지 않고 정상적으로 가동되더라도 생기는 문제예요. 대규모 원거리 에너지 수송을 하는 에너지원에서는 필연적으로 송전탑과 온배수 문제가 생기잖아요. 그렇게 문제를 본다면, 반핵운동의 시야가 확실히 더 넓어져요. 우라늄을 채광하는 과정에서 원주민들이 암에 걸리는 문제, 핵폐기물 때문에 지역이 오염되거나 미래 세대가 고통을 지는 문제, 발전소가 운전되는 과정에서의 온배수나 송전탑 문제, 또 그것이 생김으로써 지역에서 생기는 정신적 스트레스 등의 문제까지도요. 핵발전은 굉장히 포괄적인 문제거든요. 핵발전소가 지어지는 곳은 체르노빌이나 우리나라도 마찬가지인데, 항상 행정구역이나 국경 경계선에 있어요. 모두가 싫어하니까요. 제일 외진 곳에, 제일 못사는 동네에 들어서죠. 이런 복잡한 문제가 핵발전소를 둘러싸고 있는데, 폭발 얘기만 한다면 이는 아주 부분적인 얘기밖에 하지 못하는 거지요. 일상적인 핵발전소의 문제를 제기하는 과정에서 이번에 두드러진 송전탑 문제는 새로운 얘기를 해줄 수 있는 계기가 되었다고 생각해요.

핵, 그리고 정치

강은주 2012년은 핵 문제에서 우리나라도 매우 중요한 해가 될 것이라고 생각해요. 특히 총선과 대선이라는 큰 선거가 두 개나 있기도 하고요.

이헌석 맞아요. 현재 23기의 핵발전소가 가동 중이잖아요. 그중에 1기는 수명이 끝났는데 연장했죠. 또 1기는 올해 수명이 끝나요. 그래서 올해 수명을 연장하려고 하죠. 현재 계획대로 다 추진된다면 34기가 돼요. 6기는 아직 터만 닦아놓았어요. 삼척과 영덕에 각각 4기씩 8기를 지으려고 후보지 선정을 지난 연말에 했고요. 탈핵은 정치 영역이기도 하잖아요. 선거의 시기를 거치면서 우선적으로 수명이 끝난 고리 1호기와 월성 1호기는 폐쇄하고, 아직 부지를 선정하지도 않고 땅을 매입하지도 않은 삼척과 영덕을 백지화하는 것은 반드시 달성해야 한다고 생각해요. 다음으로는 부지도 확보했고 땅도 매입했지만, 아직 삽도 뜨지 않은 6기의 계획을 백지화하는 일이 이루어져야 해요. 그 후에는 지금 건설 중인 발전소는 어떻게 할 것인가에 대한 논의가 있어야 해요.

외국의 예를 보면 발전소를 다 건설했는데 가동을 하지 않은 경우가 있어요. 지질이나 안정성의 문제 그리고 사회적인 반대가 이유죠. 건설을 했더라도 가동을 하지 않으면 일반 건축물 폐기하듯 처분하면 돼요. 독일의 경우는 놀이동산으로 만들었어요. 그다음으로는 가동을 했더라도, 즉 수명이 남았더라도 조기 폐쇄하는 방법이 있겠죠. 단계적으로 논의를 진행해야 해요. 한발 더 나아가 탈핵 시점에 대한 시나리오가 나와야 한다고 생각해요.

강은주 후쿠시마 이후에 우리나라의 반핵운동도 다른 국면을 맞게 된 듯해요. 대중의 인식도 많이 달라졌고, 생활 방사능에 대한 관심도 높아졌고요.

이헌석 우리나라의 반핵운동 역사를 놓고 보면, 핵발전소 반대와 핵폐기장 반대로 국한되었어요. 사실 이것은 반핵운동의 여러 이슈 가운데 일부에 지나지 않죠. 후쿠시마 이후에 의제가 확장된 것은 분명해요. 대표적으로 노원구 월계동 아스팔트의 방사능이 문제가 되었죠. 이전까지는 계측기가 있는지도 몰랐던 사람들이 계측기를 사서 들고 다니면서 생활 속의 방사능을 측정하는 일이 생겼어요. 그리고 일본에서 피폭 노동자에 관한 이야기가 나오면서 피폭 노동자에 대해 관심을 가지기 시작했어요. 또 하나는 의료 피폭에 관한 이야기도 상당히 많이 관심을 받고 있어요.

강은주 사람들이 엑스레이를 찍는 것이 위험한 일이라고 생각하지 않았죠?

이헌석 CT 같은 경우에 엑스레이 찍는 것의 40배에서 많으면 60배 정도 피폭이 돼요. CT의 원리가 기계가 돌아가면서 찍는 거잖아요. 이런 의료 과정의 피폭에 대해서 우리는 지금까지 생각을 하지 않았죠. 외국의 경우는 찍기 전에 설명을 해주는 경우가 많아요. 방사능 위험에도 불구하고 왜 해야 하는지 최소한의 설명을 해주는데, 우리는 그렇지 않죠. 저도 건강검진 받을 때 보니 엑스레이를 찍는 분이 문을 열어놓은 채 찍더라고요. 관련 노동자에게도 이런 위험이 충분히 전달되지 않은 거죠. 환자의 선택권도 사실상 없고요. 그런 측면에서 반핵운동의 영역이 넓어지고 있어요. 물론 우리나라에는 없지만 우라늄 광산 이야기도 있고요 만약 통일이 된다면 반핵운동의 당면 과제가 하나 더 생겨요. 북한의 핵 실험장을 어떻게 할 것인가 하는 문제. 그리고 사용후 핵연료 재처리 문제도 있어요. 한·미 원자력 협정과 관련된 이야기이기도 하죠.

다시 말해 후쿠시마 사고를 계기로 일부 넓어지긴 했지만, 우리나라의 반핵운동이 해야 할 일은 아주 많아요. 아직 제대로 소개되지 않은 부분도 많죠. 그런 측면에서 후쿠시마 사고를 단순하게 폭발 문제가 아니라 핵을 중심으로 의제를 확대해야 할 필요가 있다고 생각해요.

강은주 3월 26일 우리나라에서 핵안보정상회의가 열려요. 벌써 강남의 노점상 철거 때문에 문제가 되기도 했죠. 사실 핵문제에서 우리가 다루고 있지는 않지만 핵무기와 핵발전소는 떼어놓고 이야기하기 힘들죠.

이헌석 오바마 미국 대통령이 '핵 없는 세상'이라는 말을 했어요. 그런데 이 말은 사실 앞뒤가 맞지 않죠. 이 의미는 사실 '핵무기 없는 세상'이거든요. 실제로 상업용 핵발전과 핵무기는 물리적으로 구분이 되지 않아요. 이란과 북한이 좋은 예죠. 상업용 핵시설이 필요하다고 했지만, 이면에서는 핵무기 개발에 뛰어들었던 거죠. 상업용 핵발전은 하나의 빌미였던 거죠. 그런 의미에서 반핵운동은 전통적인 의미의 원자력의 평화적 이용에 대해 동의하지 않아요. 핵안보정상회의라는 것이 원래는 핵물질의 안정적인 관리를 위한 회의예요. NGO에서는 두 가지 측면에서 비판해요. 첫 번째는 핵으로부터의 안보를 지키자는 것으로 위장하지만 사실은 핵무기의 안보, 즉 핵무기를 지키기 위한 회의다. 가장 큰 문제인 핵무기를 폐기하는 것에 대해서는 이야기하지 않는다는 거죠. 핵무기를 지키는, 핵무기 수호를 위한 회의에 불과하다는 비판이에요. 두 번째는 이명박 대통령의 주된 목표라고 생각하는데, 핵발전소 수출의 기회로 삼자는 것이에요. 공식 부대행사로 핵산업계 정상회담을 해요. 프랑스의 핵산업계를 비롯해 일본의 도쿄전력도 있어요. 우리나라의 핵발전소 수출 영업을 하겠다는 전략이죠.

강은주 핵 마피아는 토건 마피아와 연결되어 있고, 그 안에는 관료·전문가·자본이 굳건하게 연결되어 있죠. 발전소의 문제를 벗어나 핵무기까지 확장해서 보면 세계적인 마피아가 되는 거라고 생각해요.

이헌석 핵 마피아를 '군산학 복합체'라고 부르기도 하잖아요. 할 일도 많지만 싸울 대상도 만만치 않아요. 탈핵이 매우 어렵고 힘든 과정이며 과제도 많지만, 후쿠시마 이후에 우리나라도 지금 갈림길에 있다고 생각해요. 더 많은 과제가 현실이 된 거죠. 지금 준비하지 않으면 늦을 거예요.

에필로그

체르노빌과 후쿠시마는
우리의 미래가 아니어야 한다

인도의 작은 시골 마을인 자두고라에 살고 있는 아이들은 늘 아프다. 마을 30여 미터 위에 있는 우라늄 광산 때문이다. 마을에는 광산에서 나온 폐석들이 묻혀 있는 폐기장이 있다. 수만 톤의 우라늄 폐석은 거대한 3개의 댐을 이루고 있다. 우라늄 폐석들은 방사능을 뿜어내고, 이 방사능 공기는 아이들을 직접 공격하는 것은 물론 물과 식물에 파고든다. 뼈와 폐 조직을 망가뜨리고, 암을 만들기도 한다. 공기 중에 흩날린 방사능은 아이들의 먹거리까지 내버려두지 않았다. 물을 오염시키고, 물고기를 오염시켰다.

마을 사람들은 서른 살도 되기 전에 남은 생을 병과 함께 살아가는 운명으로 내몰린다. 정신이상을 비롯해 골격 이상, 암 등 각종 질병을 안고 살아간다. 14세 이하의 어린이의 비중도 높다. 마을에서 키우는 소가 기형으로 태어나는 일이 비일비재하다. 인도의 한 민간연구소의 조사에 따르면 마을 여성의 46퍼센트가 생리불순, 18퍼센트가 유산 및 사산을 경험했다고 한다. 이 마을 사람들에게 나타나는 '선천적' 기형은 30세 이하에서만 발견된다. 30년 전 마을에 우라늄 광산이 생겼기 때문이다. 그 후 그들은 그렇게 방사능에 무방비로 내몰렸다. 그들이 생산하는 우라늄으로 세계의 수많은 '원자력 강국'은 '깨끗하고 안전한 전기'를 만들어낼 것이다. 광부도 주민들도 몸이 뒤틀리는 고통과 건강을 포기하는 대가로 얻은 것은 잘사는 나라의 원자력발전소 유지였다. 이 끔찍한 마을 아이들의 이야기는 2000년 5월 17일 KBS 〈환경스페셜〉을 통해 우리나라에 알려진 바 있다.

> 그들(유럽)의 에너지를 위해 우리의 물과 나무를 없애버렸고, 여기는 생명이 사라져버렸다.
> 〈아프리카 니제르 알라셍〉,《한국일보》에서 발췌(2010. 4. 6)

1960년 프랑스에서 독립한 아프리카의 리비아와 나이지리아 사이의 나라 니제르는 지금 죽음의 국가가 되었다. 니제르는 다른 어떤 나라보다 우라늄이 풍부했고, 프랑스의 국영 핵발전 기업인 아레바는 1968년 니제르 우라늄 광산 개발권을 획득했다. 그리고 아레바는 세계 최고의 핵기업으로 성장했다. 하지만 니제르에 남은 것은 가난과 병뿐이었다. 광산 지역인 아코칸의 모래 방사능 오염도는 일반 모래보다 100배나 높다. 아를리트 광산 지역에는 폐기물만 3500톤이 쌓여 있다. 우라늄을 정제하는 과정에서 물도 오염되었다. 광산 노동자들은 방사능에 어떤 위험이 있는지 제대로 알지도 못했고, 그들에게 마스크를 지급한 때는 1980년대 중반이 되어서였다. 수많은 사람들이 각종 질병에 시달리고, 아이 4명 중 1명은 5세가 되기도 전에 사망한다. 광산 개발로 얻은 이익은 부패한 소수의 권력자들에게만 돌아간다. 아레바 소유의 병원에서는 그들의 병을 에이즈나 당뇨병으로 진단한다. 하지만 2010년까지 10만 톤의 우라늄을 캐내 전 세계에 팔아치운 아레바는 '5년간 매해 니제르에 810만 달러의 개발 자금을 지원한다'고 강조한다. 오히려 그들에게 일자리를 제공하고 세금을 내고 있는 자선사업이라고 강변하고 있다. 하지만 니제르에는 죽음과 대면한 국민들만 남아 있을 뿐이다.

　이 니제르 우라늄 광산에서 우리나라도 자유로울 수 없다. 한국전력은 니제르의 이모라렝 광산 지분의 10퍼센트를 소유하고 있다. 2012년 2월 1일 한국전력 김중겸 사장은 "후쿠시마 원전 사고와 유럽 재정 위기로 대부분 우라늄 회사들의 주가가 40~50퍼센트 폭락한 현 시점이 유망 광산을 매입할 절호의 기회"라고 말했다.

방사능으로 오염된 선주민의 땅

우라늄은 자연 상태에 존재하는 광물로 핵발전소의 주요 연료가 된다. 핵발전은 우라늄의 핵분열 과정에서 발생하는 열로 물을 끓이고 그 중기로 터빈을 돌리는 발전이다. 하지만 우라늄은 자연 상태에서는 핵분열을 일으킬 만큼의 힘을 갖고 있지 않다. 우라늄이 핵분열 능력을 갖게 되어 핵발전소의 연료로 사용되기 위해서는 수많은 공정을 거쳐야 한다.

우라늄 광산이 광산으로 경제성을 가지기 위해서는 지질 중 우라늄 정광(U_3O_8)의 비중이 0.1~0.5퍼센트 이상이 되어야 한다. 핵발전소의 거대한 에너지를 생각해볼 때 광석 중 채굴 가능한 우라늄의 양이 최대 0.5퍼센트라는 것은 허무할 만큼 적다. 0.1~0.5퍼센트의 우라늄이 포함되어 있어 경제성이 있다고 판단되면 채굴이 시작되고, 그 지역은 우라늄 광산이 된다.

우라늄 광산에서 캐낸 원석은 앞서 언급한 바와 같이 지극히 미량의 우라늄이 포함되어 있기 때문에 그대로 사용할 수 없다. 채굴한 우라늄 광석은 정련 공장으로 보내진다. 그다음 광석을 잘게 부숴 초산에 녹여 화학처리로 불순물을 제거한 뒤 탈수하는 과정을 거치게 된다. 왕산이나 탄산소다를 이용하는 이와 같은 화학적 침출 과정을 거쳐 탄생한 것이 바로 '엘로우 케이크'라 불리는 우라늄 정광이다. 물론 우라늄 정광 역시 그대로 핵발전의 연료로 사용할 수 없다. 이를 다시 변환하고 농축하는 과정을 거쳐야 한다. 우리나라의 핵발전소에 주로 사용되는 경수로를 기준으로 하면 우라늄 정광을 육불화우라늄(UF_6)으로 바꾸는 과정이 변환 과정이고, 이 과정을 거치고 난 후 다시 농축 공장으로 보내져 핵분열이 가장 잘 일어나는 우라늄인 '우라늄 235'로 만들어진다. 이러한 우라늄 농축 과정은 플루토늄을 추출해 핵무기를 만들 수 있다는 이유로 국제사회의 감시를 받는다. 우리나라는 1992년 한반도 비핵화 선언으로 핵무기의 제작이나 실험은 물론, 우라늄의 농축도 하지 않겠다고 선언했기 때문에 전량의 농축 우라늄을 외국에서 수입한다. 핵연료에 사용하기 위해서는 우라늄 235의 비율을 3~4퍼센트까지 올린다.●

우라늄 광산 때문에 백인과 알코올이 우리 땅에 쳐들어왔다.

—호주 선주민 이본느

호주에는 관광지로 유명한 카카두 국립공원이 있다. 유네스코 세계유산으로 지정된 카카두 국립공원은 남북 200킬로미터, 동서 100킬로미터, 총면적 2만 제곱킬로미터나 되는 호주 최대의 국립공원이다. 풍요로운 자연의 보고이자 호주 선주민의 문화유산이 숨 쉬는 이곳이 국립공원으로 지정되기 전인 1979년 레인저 우라늄 광산으로 개발되었다. 우라늄 광산이 들어선 곳이 바로 호주의 선주민의 땅이었다. 그들은 토지를 빼앗기고, 광산에서 지급하는 생활비로 살아갈 것을 강요당했다. 다국적 자원 회사 리오틴토의 자회사인 ERA는 세계 우라늄 생산량의 11.5퍼센트를 차지하는 세계 3위 회사였다. 이 레인저 광산에서 2004년 사고가 발생했다. 우라늄 광석의 세척에 사용되는 용수를

● 핵폭탄을 제조하는 경우에는 우라늄 365의 비율을 90퍼센트 이상 올리며, 우라늄 농축 시 제거된 우라늄 238은 열화우라늄이라 불리는 무기의 재료로 사용되기도 한다.

나르는 튜브가 실수로 식수 공급원에 연결된 것이다. 광산의 직원들은 이 물을 마시고 씻는 데 사용했다. 그리고 28명의 직원이 위경련, 두통, 피부발진 등에 걸린 것으로 판명되었다. 기준치보다 400배나 높은 우라늄이 함유된 물을 마신 결과였다. 회사는 23만 달러의 벌금을 물었으나, "28명 직원의 건강은 장기적으로 아무런 문제가 없을 것이다"라고 말했다.

우라늄을 제련할 때는 폐석과 화학물질만 발생하는 것이 아니다. 테일링(tailing)이라는 오니(汚泥, 슬러지)가 발생한다. 물론 이 테일링에는 광석에 포함되어 있던 대부분의 방사능(90퍼센트)이 남는다. 이 오니 폐수를 제대로 처리하지 않으면 당연히 토양과 지하수는 방사능으로 오염된다. 우라늄 광산은 이 테일링을 저장하기 위한 댐을 건설하여 소유하고 있다. 호주의 레인저 광산에서 테일링 댐이 무너질 뻔한 위기를 겪었다. 회사는 테일링 오니를 방류함으로써 댐은 무너지지 않았지만 방사능도 함께 방류했다.

1955년 일본의 오카야마 현과 돗토리 현 경계의 닝교 고개(인형고개)가 우라늄 광산으로 개발되었다. 10년에 걸친 우라늄 광산 개발 노력에도 닝교 고개는 경제성이 없는 것으로 판명되었다. 주민들에게 대여했던 토지는 반환되었고, 광산의 노동자로 일하던 주민들은 다시 돌아갔다. 하지만 20만 제곱킬로미터에 달하는 우라늄 폐토사의 처리는 그리 쉽지 않았다. 이 토사는 그대로 인근에 방치되었다. 방사선은 허용치보다 높게 측정되었다. 주민들은 토사 처리를 요구했지만, 안전하다는 주장과 함께 간단한 울타리만 설치되었다. 이 엄청난 양의 폐토

사는 결국 미국에 버려졌다. 이 방사능 흙이 버려진 곳은 미국 유타 주 화이트메사에 있는 선주민의 땅, 나바호족과 호피족이 살고 있는 땅이었다.

　미국 애리조나, 유타, 뉴멕시코 주의 나바호 선주민 보호구역에는 커맥기사와 같은 사기업이 냉전시대에 우라늄 광산을 개발했다가 방치한 지역이 있다. 이곳의 나바호 거주민들은 방사능에 오염된 식수와 먼지에 무방비로 노출되어 있다. 뉴멕시코대학의 연구결과에 의하면 거주민들은 폐 부작용, 골육종(骨肉腫), 신장 손상 등 건강에 문제가 있는 것으로 알려졌다.

핵연료를 만들기 위한 화력발전소

우라늄이 원석에서 핵발전소의 연료가 되기까지는 수많은 에너지가 투입된다. 세계적인 반핵운동가 헬렌 칼디콧은 저서 《원자력은 아니다》에서 미국의 퍼두커 우라늄 농축 공장의 지저분한 실상을 고발했다. 미국은 우라늄의 농축을 위해 켄터키 주의 퍼두커, 오하이오 주의 포츠머스에 농축 공장을 지었다. 농축 공장을 건설하고, 그리고 가동하고 유지 보수하는 과정에서 에너지를 사용하는 것은 당연하다. 우라늄은 원심분리기와 기체 확산법으로 농축하는데, 물론 이 과정에서도 에너지가 필요하다. 그뿐만 아니라 퍼두커의 공장에서는 농축 과정에 필요한 에너지를 공급하기 위해 2개의 화력발전소를 가동한다. 더럽고 낡은 이 화력발전소는 핵발전소 1개와 맞먹는 1000메가와트의 규모다. 당연히 온실가스도 배출한다. 온실가스뿐만 아니라 시설 가동에 이용되는 수백만 킬로미터의 파이프에서 오존층을 파괴하는 것으로 알려진 프레온 가스가 계속 유출되고 있다고 알려져 있다. '온실가스 없는 청정에너지'는 이미 원료를 만드는 과정에서 환경파괴와 온실가스를 '충분히' 배출한다.

단 1그램의 우라늄이 21톤의 TNT와 맞먹는 엄청난 힘을 갖는다는 사실이 알려지자, 전 세계는 우라늄이 매장된 땅을 찾기 시작했다. 우라늄이 묻힌 땅을 갖는 것만으로도 '힘'이 되었고, 우라늄은 세계 자원전쟁의 핵으로 떠올랐다. 애석하게도 우라늄이 묻힌 땅은 잘사는 나라가 아닌 경우가 태반이다. 물론 미국과 캐나다, 호주에도 우라늄이 매장되어 있지만 카자흐스탄·중앙아프리카·서남아프리카·인도·티베트 등에도 우라늄이 묻혀 있다. 아프리카 콩고의 우라늄 광산은 '공식적'으로 존재하지 않는 곳이다. 이곳에는 외부인의 출입도, 비행도 금지되어 있다. 나가사키와 히로시마에 투하된 원자폭탄에 사용된 우라늄의 대부분은 콩고에서 채굴된 것으로 알려져 있다. 콩고가 여전히 우라늄 광석을 밀수출하고 있다는 것은 공공연한 비밀이다. 우라늄 광산은 선진국의 자원 확보 전쟁으로 앞 다투어 개발되기 시작했고, 그 과정에서 제3세계의 가난한 이들은 광산에서 일하거나 인근 마을에 살아왔다는 이유로 죽음으로 내몰렸다. 농축 과정에서 사용되는 화학 약품이 어떤 처리도 없이 버려지기도 한다.

'온실가스 없는 청정에너지 원자력'의 신화 속에는 가난한 나라의 우라늄 광산 인근에서 병들어 죽어가는 아이들이 있다. 땅을 빼앗기고 광산에서 주는 돈으로 연명해야 하거나 삶의 터전이 오염되는 선주민들이 있다. 광석 속의 채 1퍼센트도 되지 않는 우라늄을 채굴하고 변환하고 농축하는 과정을 유지하기 위해서 화력발전소를 운영해야 하고, 이 과정에서 온실가스가 방출된다. 피해는 고스란히 가난하고 힘없고 약한 사람들이 입는다. 도대체 누가 '원자력발전'을 경제적이고 안전하고 친환경적이고 깨끗하다고 말하는가.

우리의 역사를 뛰어넘는 자연의 시간

라듐의 방사능 중독 때문에 사망한 것으로 알려진 마리 퀴리는 "자연의 비밀을 캐내는 것이 인류에게 얼마나 도움이 될까. 그 비밀을 안다고 할지라도 제대로 활용할 수 있을 만큼 과연 인류는 성숙한가"라고 물었다. 산업혁명 이후 인간의 과학기술은 급속도로 성장했다. 그리고 핵분열을 이용하여 전기를 만들어내는 수준에 이르렀다. 하지만 그 뒤처리는 여전히 성숙하지 못했다.

경주에 건설 중인 방사능 폐기물 처리장에 묻히는 중저준위 핵폐기물의 방사능 반감기가 300~400년 정도로 알려져 있다. 반감기는 방사능의 위험이 절반으로 감소하는 데 걸리는 시간이다. 완전히 사라지는 것도 아니고 절반으로 줄어드는 데만 몇 백 년이 걸린다. 방사능의 위험이 사라져 '안전'하다고 말할 수 있는 수준이 되려면 이런 시간이

주요 방사성 물질의 반감기

방사선 동위원소	코발트 60	트리튬	스트론튬 90	네크네튬 99	세슘 135	요오드 129	플루토늄	우라늄 235	우라늄 238
반감기	5.3년	12년	29년	21만 년	230만 년	1600만년	24000년	7억 년	44.6억 년

출처: 이헌석, 〈환경 부정의 사례로서의 핵발전〉, 2011

열 번 정도 더 지나야 한다. 우리나라에 묻히는 중저준위 폐기물은 핵발전소의 노동자가 입었던 옷이나 장갑, 발전소에서 나온 기계 부품이나 걸레, 자질구레한 쓰레기이다. 이러한 쓰레기조차 압축되어 동굴에 묻혀 천 년 가까운 세월을 견뎌야 한다. 우리의 역사에서 300년 전은 숙종 당시다. 드라마와 영화에 종종 등장하는 장희빈과 인현왕후가 살아 활약하던 시기다. 숙종 때 버린 쓰레기가 아직도 위험한 상태로 어딘가에 남아 있다면 우리는 어떤 생각이 들까.

위의 표를 보면 후쿠시마 사고 이후 한반도에서 극미량이 발견되었다는 세슘 135의 반감기는 230만 년이다. 그 자체로 핵무기라고 불리는 플루토늄은 24000년이다. 1만 년 전, 20만 년 전에 인류는 어떤 모습이었을까. 혹은 40억 년 전 지구와 인간의 모습은 어떠했을까. 예수가 태어난 것이 약 2000년이었다. 100만 년 전에는 오스트랄로피테쿠스가 지구를 걷던 시절이다. 5000년 전인 기원전 3000년경에는 수메르인들에 의해 메소포타미아 문명이 번성하던 시기였으며, 기원전 2500년경에는 수메르인들이 인류 최초로 수레바퀴를 발명했다. 당시의 문자나 언어를 우리는 여전히 명확히 해독하지 못한다. 제대로 된 기록유산조차 갖고 있지 않다. 당시에 수메르인들이 무엇이 '위험'하다고 경고를 했다고 해도 우리는 알 수가 없다.

핵연료로 가장 많이 쓰이는 우라늄 235의 반감기는 7억 년이다. 우라늄 238은 약 45억 년이다. 지구의 역사가 50억 년 정도라고 하는데, 인류는 이 긴 시간 동안 유지된 건축물을 건설해본 역사적 경험이 없다. 몇 백 년 동안 핵폐기물을 완벽히 밀봉하고 유지할 수 있는 건축물은 우리의 역사에도 없다. 앞으로 수백 년 동안 어떤 천재지변에도 어떠한 정치·경제적인 상황에도 안심할 수 있는 건축물을 지금 지을 수 있을까. 이 긴 시간 동안 생태계로부터, 그리고 인간으로부터 완벽히 격리할 수 있을까.

동굴에 밀봉해 가두는 방법 외에도 수많은 과학자들은 핵폐기물의 처리를 고심해왔다. 깊은 바닷속이나 빙산 속에 가두는 방법부터 우주로 쏘아 올리는 방안까지 고민했지만, 여전히 최종 처리 방법을 찾지 못하고 있다. 지구상 어디에도 핵폐기물의 최종 처리장은 없다. 핵발전소를 확대하고 광고하면서 정부는 우리에게 방사능 폐기물의 위험에 대해 아무런 말을 하지 않았다. 퀴리 부인의 말대로 우리는 자연의 괴물을 끄집어낼 만큼 '성숙'한 것일까.

우리 안의 러시안 룰렛

체르노빌 당시 소련 정부가 가장 두려워했던 것은 사고의 진실이었다. 핵발전소가 불안전하다는 것은 그들에게 불편한 진실이었다. 핵 산업계는 이 사고로 일시적인 타격을 받았지만, 원인은 소련의 미숙한 기술력 때문으로 돌려졌다. 미국과 유럽 등을 비롯한 각국은 '안전한 원자력발전소'를 건설하고 운영하고 있다고 주장했다. 그들은 안전신화를 공고히 해내갔다. 일본 역시 마찬가지였으며, 우리나라도 다르지 않았다. 후쿠시마 원자력발전소 사고는 일본 정부가 감추기 급급했던 안전한 핵 신화의 붕괴다.

정부는 우리에게 항상 원자력의 안전신화를 강조해왔다. 우리가 내는 전기요금의 3.7퍼센트를 떼어 100억 원에 가까운 돈으로 원자력문화재단 등을 통해 안전하고 멋진 신세계인 원자력발전소의 홍보를 해왔다. 물론 원자력문화재단과 같은 곳은 핵발전 외에는 없다. 화력문화재단이나 수력문화재단은 없다. 이런 한국 정부에게 후쿠시마는 강 건너 불구경과 다르지 않다. 전문가들이 연일 텔레비전에 출연해 한국과 일본의 '원자력발전소'가 어떻게 다른지 강조한다. 한국의 방사능 수준은 '인체에 무해한 수준'이라고 강조하며, 방사능비가 내려 걱정하는 엄마들의 마음을 불순한 세력이라고 준동한다.

방사능 위험은 우리가 알고 있는 여타 위험과는 다르다. 만질 수도 볼 수도 느낄 수도 없으며, 국가나 지역의 경계를 넘고, 우리가 인지하는 시간의 범위를 뛰어넘으며, 그 위험의 책임을 누구에게 물어야 할지도 모른다. 교통사고가 일어나면 원인 제공자와 피해자, 그리고 사고 범위를 명확하게 밝힐 수 있다. 하지만 방사능은 전혀 다르다. 체르노빌이 그러했고, 후쿠시마가 그러하다. 핵발전소 폭발로 발생하는 방사능 물질은 자연 상에 존재하지 않는 물질도 포함되어 있다. 그리고 그것은 주변 모든 생명체의 고유 성질을 바꾸고 스스로 파괴하게 만든다. 스스로 그러한 것들을 그러하지 못하게 만드는 힘을 인류가 만들어낸 것이다. 체르노빌은 이러한 사고의 결정판이다.

　방사능의 위험은 단순히 그것을 인식하고 원인 요소를 제거하는 기계적 절차로 쉽게 해결할 수 있는 것이 아니다. 새롭고, 복잡하고, 어려운 방사능 위험은 현대사회의 대량생산 체제와 과학기술 발전의 산물이다. 복잡한 기술사회에서 100퍼센트 완벽하게 안전한 기술이란 없다. 수많은 요소 모두가 영구히 모래알만큼의 오차와 실수도 없이 굴러갈 것이라 생각하는 것은 명백한 오만이다. 핵심은 아주 작은 사고라고 할지라도 큰 사고로 이어질 수 있다는 것, 그리고 그 피해는 인간이 수습할 수 없는 상황으로 지구를 몰아갈 것이라는 점이다.

자본주의와 현대 기술이 낳은 괴물, 핵발전소

우리는 일상적으로 위험을 안고 또 마주하고 살아간다. 인류가 위험에서 자유로웠던 적은 없었다. 과거에도 벼락을 맞거나 홍수에 쓸려가는 위험은 존재했다. 하지만 현대의 위험은 다르다. 현대사회의 위험은 우리가 감수하며 살아가야 할 부분이기도 하지만, 다른 한편으로는 우리가 위험을 재생산하기도 한다. 자본주의 체제에서 기술 증진은 효율성의 논리를 따르기 때문이다. 더욱 적은 비용과 노력으로 더 큰 효율과 이익을 얻고자 하기 때문에 많은 경우 자본주의에서 안전은 '비용'

의 개념이었다. 노동자가 사망했을 때 지급하는 보상금이 안전장치보다 싸기 때문에 안전장치를 소홀히 하는 경우를 우리는 자주 목격해왔다. 인간보다 돈이 먼저인 사회는 위험을 최소화하는 것이 아니라 '적당히 관리'한다. 그리고 그러한 관리를 '효율'이라고 부른다. 완벽하게 안전한 것이 없다면 어디까지 어떤 위험을 안고 살아가야 할까. 사고가 발생하면 우리는 항상 '안전불감증'을 이야기한다.

새로운 기술은 인류에게 편리함을 가져다주었을지언정 자연과 인간의 존재 및 건강을 위협하기도 했다. 인간은 이제까지와는 전혀 다른 새로운 위험을 만들어낸 것이다. 여기에 자본주의는 '효율성'에 의거하여 위험을 더욱 증폭시킨다. 물론 사고 발생 후나 평상시의 안전 점검 등 예방적 조치가 불충분한 것은 비판받아 마땅하다. 하지만 그 과정에서도 안전불감증은 비용이나 효율성의 문제인 경우가 많다. 후쿠시마의 경우, 1기에 몇 조 원 하는 원전이 아까워 해수 투입을 망설이다가 사고를 더 키웠다. 당연히 '안전불감증' '안일한 대응'이라는 비난을 받았다. 결국 안전불감증이란 단지 안일한 생각 때문이 아니라 자본주의와 복합위험 사회가 함께 부추기고 있는 것이다. 엄청난 내진 설계, 노동자 안전 교육 강화, 일상 점검을 강화하면 우리는 안전하게 살 수 있을까.

핵발전소는 현대사회가 낳은 기술 위험의 결정체다. 핵발전소는 대량생산 체제를 유지하기 위해 선택된 전기 생산의 산물이다. 현재의 자본주의가 산업사회를 위해 만들어낸 괴물에 지나지 않는다. 그리고 이 사회를 지탱하기 위해 어쩔 수 없이 수용해야 하는 위험이라고 말한다. 여기서 만들어내는 방사능은 시간적·공간적·사회적 경계를 모두 뛰어넘는 위험을 안고 있다. 볼 수도 만질 수도 없는 방사능은 우리의 유전자를 바꾸고, 후대에까지 영향을 미친다. 후쿠시마 사고는 운전자의 조작 실수도, 기계 오작동도, 테러도 아닌 '천재지변'에 의해 일어났다. 인간의 영역을 벗어난 자연재해와 문명이 이룩한 기술적 위험이 만나 파괴력을 더한 사고다. '벼락 맞을 확률' 운운하는 안전신화가 얼마나 무기력한지를 다시 한번 일깨워주는 사건이라 할 수 있다.

23개의 핵발전소를 가진 우리나라는 과연 얼마나 자유로운가. 발전소의 수명이 다한 후에도, 동굴에 갇힌 폐기물의 먼 미래도 우리는 감당할 수 있는가. 신기술은 위험을 생산하고 자본주의는 이를 증폭시킨다. 우리에게 핵발전을 선택하라고 강요하는 것은 이윤이 최고의 목적인 그들의 '쌩얼'이다.

우리는 안전하게 생을 영위하고 싶고, 쾌적한 환경에서 걱정 없이 살고 싶다. 독일의 사회학자 볼프강 조프스키는 저서 《안전의 원칙》에서 "안전 이데올로기의 최대 수혜자는 국가"라고 말했다. 우리에게 안전을 말하는 이는 누구인가.

핵의 문제는 인권의 문제다

내 동생이 배불리 먹지도 못하고 허리띠 졸라매서 겨우 장만한 논인데, 오늘 내가 죽어야 해결되려나.

2012년 2월 16일 저녁 8시 10분. 경상남도 밀양에서 70대 노인이 스스로 몸에 불을 붙였다. 그가 저항하고자 했던 대상은 자신의 농지를 가로지르는 거대한 송전탑 건설이었다. 7년 동안 자신의 농지를 잡아먹은 괴물을 향해 외쳤지만 세상은 관심을 가져주지 않았다. "논에 들어온 공사 장비에 불을 지르고 싶은데, 그러고 나면 마을 주민들이 문책을 받겠지요"라던 그는 결국 자신의 논에서 약 100미터 떨어진 마을 다리에서 몸에 휘발유를 끼얹고 불을 붙였다. 공사를 강행하기 위해 매일 용역 50여 명이 마을로 들어왔고, 매일 아침 주민들은 산을 올랐다. 그날도 새벽 4시부터 주민들의 농성장을 철거하기 위해 한국전력과 시공사 직원, 용역업체 직원들이 몰려왔다. 고령의 몸으로 젊은 그들을 막기는 역부족이었다. 주민 편에 섰던 비구니는 용역들에게 폭언과 폭행을 당하기도 했다. 다음 날에도 공사를 멈추지 않을 것이라는 좌절 앞에 그가 선택한 것은 죽음이라는 이름의 비명이었다. 주민들에 대한 보상은 송전탑 좌우 3미터에 위치한 토지뿐이었다.

　'정부의 에너지 정책이니 감수하라.'

　문제가 된 밀양의 송전탑은 신고리 1호기의 부속시설이다. 신고리에서 출발해 경상남도 창원의 변전소까지 가는 초고압 송전탑(765kV)은 밀양을 지난다. 기장군은 주민들과의 불충분한 협의를 이유로 한국전력에 소송을 걸었다. 송전탑의 노선은 최단거리로 설계되지 않았다. 마을을 빙 돌아 건설되기로 했다. 이유는 높은 산이 있기

지역별 1차 에너지 생산량

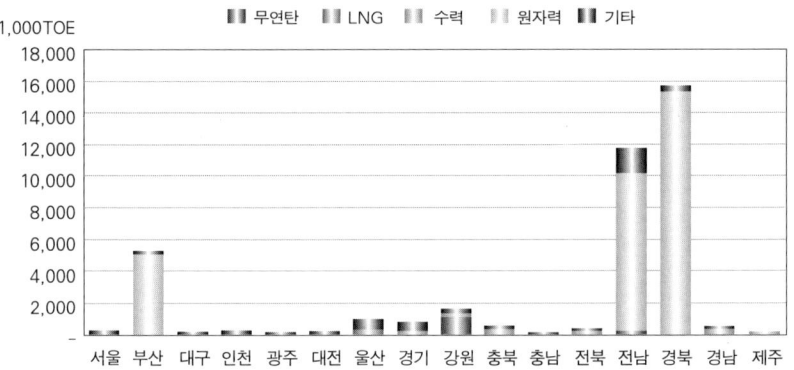

출처: 지역에너지통계연보, 2008

때문에 건설 비용이 추가된다는 것이었다. 주민들의 반발에 대해 한국전력은 '정부의 에너지 정책이니 감수하라'고만 했다. 나이 든 노인들은 도시의 전기 공급을 위해 희생당해도 상관없다는 정부는 누구를 위한 정부일까. 에너지를 빨아들여 소비하는 대도시와 대기업은 누구의 신음을 밟고 서 있는 것일까. 경상북도와 부산시, 그리고 영광군에서 생산하는 핵발전을 전국이 소비하고, 그들이 상처받는 구조는 어쩔 수 없는 일일까.

'전원개발촉진법'이라는 것이 있다. 법의 목적은 '전원개발 사업을 효율적으로 추진함으로써 전력 수급의 안정을 도모하고, 국민경제의 발전에 이바지하는' 데 있다. 5쪽을 넘지 않는 이 법은 실로 무서운 권력을 가졌다. 전원개발 사업 실시 계획을 수립한 사업자가 지식경제부 장관의 승인을 받으면 '국토의 계획 및 이용에 관한 법률' '도시개발

법' '도로법' '군사기지 및 군사시설 보호법' '하천법' '농지법' '산지관리법' '자연공원법' 등 모두 21개의 허가를 취득한 것으로 간주한다. 그뿐만 아니라 사업에 필요한 토지를 수용하거나 사용할 수 있다. 무소불위의 권력을 가진 법이다. 다른 법이 만들어진 애초의 취지를 무색하게 할 만큼 무소불위의 힘을 가진 법이다. 이 법은 다른 법뿐 아니라 주민들의 삶도 깡그리 무시할 수 있는 힘을 가졌다.

핵발전은 미래의 생명뿐만 아니라 지역의 희생을 담보로 한다. 에너지 흡혈귀라고 불리는 수도권의 전기를 위해 어떤 지역은 위험을 안고 살아가야 한다. '에너지 부정의' 문제는 우라늄 광산의 아이들, 미래의 아이들, 가난한 아이들, 노동자를 넘어 지역 사이에서도 발생한다. 그렇기 때문에 핵발전은 명백히 인권의 문제다. 누군가의 희생을 동반하지 않으면 유지할 수 없는 에너지를 우리는 언제까지 사용해야 하는가.

무엇을 할 것인가

체르노빌에서 사고가 나고 전 유럽은 방사능 공포에 시달렸다. 벨라루스에서 갑상선암은 흔한 병이 되었고, 북유럽은 암의 공포에 시달렸다. 암에 걸린 사람들, 발전소 봉쇄 작업에 참여하고 몇 달 만에 죽음을 맞은 사람들의 삶은 누구에게 책임을 물어야 하는가. 후쿠시마에서는 처자식 없는 일당 12만 원의 비정규직이 생을 걸고 복구 작업을 하고 있다.

일본은 후쿠시마 사고 이후인 5월 6일, 도쿄에서 남서쪽으로 180킬로미터 정도 떨어진 하마오카 핵발전소의 가동을 중단할 것이라고 발표했다. 같은 날 우리나라 정부는 고리 1호기의 재가동을 결정했다. 하마오카와 고리의 핵발전소 모두 1970년대에 지어진 노후 시설이다. 하마오카 핵발전소는 지진에 대한 취약성 등으로 내진 강도를 최고로 올리는 보수를 통해 2011년 연장 가동을 기다리고 있던 중이었다. 하지만 후지 산의 지진 상습 지역에 위치한데다, 노후한 탓에 반핵운동 진영은 계속 폐쇄를 요구해왔다. 54개의 핵발전소를 운영하고 있는 일본은 이미 52기를 가동 중단했고, 나머지 핵발전소도 중단을 목전에 두고 있다. 하지만 간 나오토 총리의 기자회견이 있던 날 우리나라는 1978년 가동을 시작한 늙은 고리 발전소에 대해 제 수명보다 10년을 더 늘리기로 결정했다. 그리고 지금 이 순간에도 여전히 삐걱거리며 돌아가고 있다.

우리의 핵발전소가 무결점으로 운영되어온 것이 아니다. 몰래 핵폐기물을 묻거나 반출하다가 걸렸고, 인근 주민의 삶을 파괴했으며, 발전소 노동자가 암으로 죽거나 인근 주민이 기형아를 낳는 비극을 불러왔다. 소소한 사고가 늘 일어났다. 하지만 우리에게는 알려지지 않았다. 이들 사고는 우리가 알지 못하는 전문용어와 함께 그저 기록으로만 존재해왔다. 발전소가 들어올 당시 작은 어촌 마을의 사람들은 그것이 무엇인지 몰랐고, 얼마나 큰 위험인지 알지 못했다.

부산과 울산 사이에 핵발전소가 6개나 있는 나라, 그곳에 2개를 더 짓고 있는 나라, 인구의 절반이 살고 있는 수도권과 핵단지가 불과

300킬로미터밖에 떨어져 있지 않은 나라, 핵발전소 밀집도가 세계 1위인 나라, 오래되어 삐거덕거리는 핵발전소를 앞으로 더 쓸 예정인 나라, 1000킬로미터 밖 핵발전소의 사고에도 바람만 믿고 눈 하나 깜빡하지 않는 배짱을 가진 나라. 우리는 어떤 나라에 살고 있는 걸까.

단 1초도 쉴 수 없는, 그래서 365일 24시간 가동 중인 핵발전소는 지금 이 순간도 핵쓰레기를 만들어내고 있다. 매 순간 발생하는 핵쓰레기는 300년간 그리고 만 년 넘게 어딘가에 묻혀 격리되어야 하는 존재이며, 세상 어디에서도 처리할 수 없는 존재이며, 자연에 존재하지 않는 존재이며, 존재하는 것을 스스로 변형하게 하고 파괴시킬 수 있는 존재다. 핵발전소가 가동되는 한, 우리는 그러한 존재를 끊임없이 만들어내고 있는 것이다.

당신들의 '침묵의 봄'

미야자키 하야오 감독으로 유명한 스튜디오 지브리의 건물에 현수막이 내걸렸다. '원자력발전소에서 만든 전기로 영화를 만들고 싶지 않다.'

일본의 후쿠시마 사고는 여전히 진행 중이다. 유럽방사능위험위원회(ECRR)는 후쿠시마에서 암 환자가 수십만 명 증가할 것이라고 우려했다. 방사능은 체내에 축적되며 살아가는 동안 계속 영향을 미친다. 그리고 공기 중에 존재하는 방사능을 끊임없이 호흡하게 될 것이다. 26년여 전 체르노빌의 발전소 사고가, 그리고 오늘날의 후쿠시마는 우리에게 묻고 있다. 어떤 길을 선택할 것인가. 그리고 오늘 우리의 선택은 우리 아이들의 내일을 결정할 것이다.

"이 마을은 어떤 나쁜 마술적 주문에 걸린 것 같았다. 병아리 떼가 원인 모를 병에 걸렸고 소나 양 들이 병으로 죽어 갔다. 사방이 죽음의 장막으로 덮였다. …… 자연은 소름이 끼칠 정도로 이상하리만큼 조용했다. 그처럼 즐겁게 재잘거리며 날던 새들은 다 어디로 갔는가? 사람들은 모두 당황했으며 불길한 예감에 사로잡혔다. 어쩌다가 발견되는 몇 마리 새들도 몹시 떨면서 날지도 못하고 푸드덕거리다가 죽고 마는 것이었다. 봄은 왔는데 침묵만이 감돌았다."

1962년 레이첼 카슨의 《침묵의 봄》에 실려 있는 내용이다. 이 책은 무분별한 살충제와 화학약품의 사용으로 결국 모든 생물이 죽어가는 상황을 생생하게 고발했다. 세상은 경악했고 미국의 수많은 주 의회가 유기염소계 농약 사용 규제를 결의했다. 이 책은 사람들의 법과 행동을 바꾸었다. 책이 아닌 현실로 벌어진 체르노빌과 후쿠시마는 우리를 어떻게 바꿀 것인가. 여전히 현재 진행형인, 그리고 언제 끝날지 모르는 새가 울지 않는 땅 체르노빌과 죽어가는 땅 후쿠시마는 우리에게 묻고 있다. 당신들의 '침묵의 봄'은 다가오고 있는데 무엇을 준비하고 있느냐고.

참고 자료

1 체르노빌

BBC(EBS), 〈대재앙, 체르노빌 원전 폭발 사고〉
NGC, 〈인류최악의 참사-체르노빌 사고〉
디스커버리, 〈체르노빌 전투〉
이헌석, 〈체르노빌, 아직 끝나지 않은 전투〉, 우크라이나 벨라루스 현장 보고회, 2011.
최예용, 〈미래를 위한 기억〉, 체르노빌 20주년 기념 토론회, 민주노동당, 2006.
USCEAR(United Nations Scientific Committee on the Effects of Atomic Radiation) Report, 2000.
The other Report on Chernobyl(TORCH), 2006.

2 후쿠시마

고이데 히로아키, 《원자력의 거짓말》, 녹색평론사, 2012.
《문춘》, 2011년 7월/ 2012년 5월.
강은주, 〈일본 핵발전소 사고가 우리에게 주는 교훈〉, 진보신당 이슈 브리핑, 2011.
한국원자력안전기술원, 〈일본 지진 관련 후쿠시마 원전 현황〉, 2011년 3월.
〈특집 동일본 지진: 위기를 살아가는 사상〉, 《현대사상》, 39-7호(2011. 5).
《교도통신》
《동아일보》
《민중의 소리》
《아사히신문》
《연합뉴스》

《오마이뉴스》
《요미우리신문》
《프레시안》
《한겨레신문》
녹색연합(http://www.greenkorea.org)
문예춘추(http://www.bunshun.co.jp)
아이들을 방사능 피해에서 방어하려는 후쿠시마 네트워크(http://www.youtube.com)
에너지 정의행동(http://www.energyjustice.kr)

3 한국

굴업도 핵폐기장 철회를 위한 인천시민운동백서 발간위원회, 《굴업도 핵폐기장 철회를 위한 인천시민운동백서》, 1995.

부안 방폐장 유치 찬·반 주민투표관리위원회, 《7개월간의 상처를 딛고 주민자치·참여민주주의의 시대로-부안 방폐장 유치 찬반 주민투표백서》, 2004.

전재진, 《핵 그리고 안면도 항쟁》, 충남저널 출판사업부, 1993.

손규성, 〈반핵의 안면도〉, 《말》 1990년, 12월호.

양이원영, 〈졸속적 후보지 선정, 돈과 폭력, 사찰로 강행하는 국책사업〉, 《말》, 2003.

윤순진, 〈2005년 중·저준위 방사성 폐기물 처분시설 추진과정과 반핵운동: 반핵운동의 환경 변화와 반핵담론의 협소화〉, 《시민사회와 NGO》, 제4권 제1호, 2006.

이태옥, 〈다시 휘날리는 반핵 투쟁의 깃발〉, 《현장통신》, 2002.

장성익, 〈부안의 반핵 물결, 그 깊은 분노와 슬픔〉, 《현장통신》, 2002.

정수희, 〈핵산업과 지역주민운동-고리지역을 중심으로(1967~2008)〉, 부산대학교 석사학위 논문, 2011.

지식경제부, 〈제5차 전력수급계획〉, 2010.

허종화, 〈영광의 반핵운동과 향후과제〉, 《원불교사상과 종교문화》 제27집, 2004.

《함께사는 길》, 2012년 2월호.

《경향신문》

《동아일보》

《연합뉴스》
《조선일보》
《한겨레신문》
원전안전운영정보시스템(http://opis.kins.re.kr)

에필로그

고이데 히로아키, 《은폐된 원자력 핵의 진실》, 녹색평론, 2011.
울리히 벡, 《위험사회》, 새물결, 2006.
헬렌 칼디콧, 《원자력은 아니다》, 양문, 2007.
KBS, 〈끝나지 않은 재앙, 핵 앞의 아이들〉, 2000년 5월 17일.
강은주, 〈안전사회를 위한 제언〉, 민주노동당 정책위원회, 2006.
이재열, 〈위험사회와 생태적·사회적 안전〉, KISDI(정보통신정책연구원), 2004.
〈커버스토리 원전과 결별하라〉, 《이코노미인사이트》 제12호.
《연합뉴스》
《한국일보》
녹색경영포털(http://gmi.go.kr)

저자 후기

'사신(死神)'의 얼굴. 무너지고 일그러진 채 검은 입을 벌리고 죽음을 내뿜는 체르노빌과 후쿠시마 핵발전소의 모습은 죽음의 신이 가진 얼굴과 다르지 않았다. 잘못된 시간, 잘못된 공간. 영원의 시간. 기록되지 않은 이름들. 지워진 마을들. 떠난 자와 죽은 자. 그리고 '공포'. 내가 느끼는 공포는 보이지 않는 살인자 방사능 때문이 아니다. 니제르의 우라늄 광산 때문에 스러져가는 사람들, 인도 자두고라 마을의 아이들, 고리의 어민들, 파리쉬브의 할머니, 어린 병사들, 비정규직 노동자들의 희생을 모르고 있거나, 애써 모른 척하고 살아가는 우리의 모습에 대한 공포다. 이럴 때일수록 니제르의 광산을 적극적으로 개발해야 한다는 뉴스는 이 세계에 대한 회의다. 공포와 회의는 질문으로 진화한다.

'청소'를 위해 체르노빌에 투입된 병사들에게는 담배와 보드카가 무료로 지급되었다. 어린 소련의 병사들은 보드카를 마시며 다큐멘터리

필름 속에서 태연히 웃고 있다. 화면을 멈추고 한참을 본다. 저들을 감싸고 있는 공기는 어떤 공기일까. 순박해 보이기까지 한 미소의 그 청년은 2012년 어떤 모습으로 어디에서 살고 있을까. 아니 살아 있을까. 후쿠시마 인근 대피소에서 나를 바라보는 사진 속 소녀는 어떻게 살아가게 될까. 훗날 그녀가 기억하는 고향은 어떤 모습일까.

안전하게만 운영하면 우리는 핵발전소와 함께 살아도 되는 것일까. 체르노빌은 노동자의 실수였을 뿐이고, 후쿠시마는 천재지변으로 인한 어쩔 수 없는 일이었던 것일까. 새가 울지 않는 땅, 아직도 '생명'의 반대말인 체르노빌을 우리는 얼마나 '기억'하고 있을까. 국토의 일부분을 포기했다는 후쿠시마의 미래는 어떻게 되는 것일까. 한치의 물러섬도 없이 '원자력 르네상스'를 부르짖는 우리는 어떨까. 체르노빌과 후쿠시마에 살고 있거나 그곳을 거쳐간 이들은 어떻게 되었고, 어떻게 될까. 삶이 뜯겨나간 이들의 미래는 어떤 모습일까. 수많은 질문이 머리를 떠나지 않는다. 질문은 뒤엉켜 하나의 커다란 화살표가 되어 나를 향한다.

이 책은 '배제된 자들의 서사'다. 또한 이 책은 '기억'임과 동시에 '질문'이다. 우리가 살아가는 모습에 대한 성찰이며, 살아갈 모습에 대한 고민이다. 우리의 '당연' 속에 들어와 있는 핵발전은 '죽음'의 다른 이름이다. 헛간에 '원전만 없었더라면'이라고 분필로 유서를 새겨넣은 농부의 모습은 우리의 미래일지 모른다. 지금 우리는 미래를 태우는 자들이다. 당신의 대답은 무엇인가.

체르노빌 후쿠시마 한국

지은이 | 강은주
기획 및 감수 | 이헌석

초판 1쇄 발행일 2012년 3월 12일
2쇄 발행일 2015년 8월 24일

발행인 | 김학원
경영인 | 이상용
편집주간 | 위원석 황서현
기획 | 문성환 박상경 임은선 최윤영 조은실 조은화 전두현 최인영 이혜인 정다이 이보람
디자인 | 김태형 유주현 임동렬 최우영 구현석 박인규
마케팅 | 이한주 김창규 이선희 이정인 이정원
저자 · 독자 서비스 | 조다영 채한올(humanist@humanistbooks.com)
스캔 · 출력 | 이희수 com.
용지 | 화인페이퍼
인쇄 | 청아문화사
제본 | 정민문화사

발행처 | (주)휴머니스트 출판그룹
출판등록 | 제313-2010-59호(2010년 2월 24일)
주소 | (03991) 서울시 마포구 동교로23길 76(연남동)
전화 | 02-335-4422 팩스 | 02-334-3427
홈페이지 | www.humanistbooks.com

• 아카이브는 (주)휴머니스트 출판그룹의 자회사입니다.

ⓒ 글 강은주, 사진 이헌석 · 최형락 · 남종영 · shutterstock.com, 2012

ISBN 978-89-5862-461-5 03300

만든 사람들

기획 | 박세원
편집 | 배전미
문의 | 정다이(jdy2001@humanistbooks.com)

이 책은 저작권법에 따라 보호받는 저작물이므로 무단전재와 무단복제를 금합니다.
이 책의 전부 또는 일부를 이용하려면 반드시 저작권자와 아카이브의 동의를 받아야 합니다.